主　　编 何海明
执行主编 陈荣勇

中国市场品牌成长

攻略 II

中国出版集团
现代出版社

图书在版编目（CIP）数据

中国市场品牌成长攻略：我的品牌　我们的世界. 2
/何海明主编. —北京：现代出版社，2011.9
ISBN　978-7-5143-0219-6
Ⅰ. ①中…　Ⅱ. ①何…　Ⅲ. ①企业管理－品牌战略－
研究－中国　Ⅳ. ①F279.23
中国版本图书馆CIP数据核字(2011)第172035号

中国市场品牌成长攻略Ⅱ

主　　编　何海明
执行主编　陈荣勇
责任编辑　刘　刚
出版发行　现代出版社
地　　址　北京市安定门外安华里504号
邮政编码　100011
电　　话　（010）64267325
传　　真　（010）64245264
网　　址　www.xiandaibook.com
电子邮箱　xiandai@cnpitc.com.cn
印　　刷　中国电影出版社印刷厂
开　　本　787×1092　1/16开
印　　张　22.5
版　　次　2011年9月第1版　2011年9月第1次印刷
书　　号　ISBN　978-7-5143-0219-6
定　　价　88.00元

《中国市场品牌成长攻略Ⅱ》编委会

前言　成就品牌传奇

去年此时，我们与七位专家携手，历经半年多的努力，首次出版了《中国市场品牌成长攻略》案例集第一辑。十家企业，十段酸甜苦辣的品牌成长故事，十种各具特色又息息相通的品牌成功模式。出版之后，反响比我们预料中的热烈。被访谈的十家企业通过专家的第三方专业视角，梳理了品牌发展的历程，提炼了品牌成长的规律；许多没有受访的企业纷纷表示，希望能够作为今年案例调研的对象，透过专家的眼睛来审视自己的发展道路；还有许多媒体、广告界的同行朋友，希望我们能把书提供给他们作为培训的教材。各方的关注与回应，让我们有了坚持下去的信心和动力，更让我们意识到了一种责任感与使命感。

在今年的案例调研中，我们把自己更多地定位在“观察者”的角色，更多地注入思考，向企业提出问题，与企业一同探讨品牌转型与升级的策略。因为，我们所处的市场，无时无刻不在变化着，唯有齐心协力，敏思捷行，才能让中国经济的曲线真正地微笑起来。

打造品牌是中国经济转型的必然选择

改革开放三十多年来，我国走的是一条“制造业输出”的发展之路，为世界提供廉价的商品，一直没能建立起属于中国自己的品牌优势。如今，“中国制造”的低价优势逐渐消逝，品牌的弱势让中国企业的发展后继乏力。

奥美广告公司最近对英国、美国、意大利等发达国家的消费者所做的调查显示，谈到什么样类型的产品更容易想到中国？在答案中“经济”和“廉价”分别高达70%和80%的比例。全球消费者对中国品牌的这种消极印象，无疑加大了中国品牌走向世界的难度。

而在全球消费潜力最大的中国本土战场上，中国品牌的境况似乎也并不好过，甚至可以说内忧外患、危机四伏。

近几年，国内几乎每个行业都遭遇了大大小小的危机事件，大大影响了中国老百姓对本土品牌的信任度。同时，随着全球知名品牌涌入中国市场大举“淘金”，中国消费者也纷纷涌向洋品牌。2011年6月9日，世界奢侈品协会在北京发布《世界奢侈品协会2011

官方报告》，指出从2010年2月初至2011年3月底的一年内，中国国内奢侈品市场消费总额已经达到107亿美元，并预测，中国很快将成为世界最大的奢侈品消费市场。

在这种局面下，我们不能放弃对民族品牌的支持，而是要花更大的力气扶持本土企业，打造民族大品牌。实际上，品牌企业和品牌产品对消费者的益处是显而易见的。试想，如果市场的主流是非品牌企业和产品，消费者的权益保护和政府的监管都要困难很多。

因此，通过打造品牌，将制造优势转化为品牌优势，是中国企业面对全球经济格局转变的必然选择。当然，打造品牌绝非一蹴而就的事情，这是中国经济转型发展的必经阶段。其实，各国都曾经历过类似的阶段，当年德国也戴过“德国制造”的帽子，20世纪90年代在中国也有“明星开韩国车都不好意思出门”的现象。值得欣慰的是，国内的很多优秀企业都已经在行动，正在摸索一条中国式的品牌升级之路。

清华大学经管学院曾对国内百家企业CEO做过一个关于“中国企业转型升级的途径”的调查，结果显示，93%的企业CEO认为，面对经济转型，企业必须做出品牌升级的选择。调查结果还显示，业绩出众的企业，也就是年均毛利率大于20%的企业，会更加积极地思考转型，并且已经有了积极的部署和行动。

基于这个大背景，今年我们精选了十家在各自行业中做得非常出色的企业，他们及其所属的行业都极具代表性。例如，腾讯所在的IT互联网行业，是我国同美国基本处在同一发展阶段的行业，这样的企业和行业在我国并不多见；洋河所在的白酒行业，是我国目前为数不多的能培育出奢侈消费品的行业；山东旅游，则浓缩反映了我国消费升级和经济结构调整中地区和政府的探索。

在研究这十个案例的过程中，我们除了梳理其品牌发展历程，总结成功经验，还更多地将目光聚焦于它们在转型期所面临的问题，以及它们在品牌升级过程中所付出的努力。我们希望，通过对过往的总结、对现状的拷问和对未来的展望，为诸多正在发展转型与品牌升级的道路上奋斗的企业们，提供一些有益的参考。

中国式品牌成长之道

选择哪些企业，能够多方位地揭示中国式品牌的成长之道？选择哪些专家，能够更精准地把握这些企业品牌发展的规律？经过反复的斟酌，我们最终选定了十家企业、十位专家，希望他们之间能够产生和谐的化学反应。

腾讯·喻国明

互联网行业是中国为数不多能与美国同步发展的一个行业，而腾讯是中国互联网行业最值得研究的企业之一，跟随扩张的策略既是它成功的秘诀，也是它饱受诟病的伤疤。让喻国明教授来研究腾讯再合适不过。喻教授对互联网的传播现象有多年的研究积累，在启动研究案例前还曾受腾讯邀请参与了数十场“诊断腾讯”头脑风暴会，对腾讯的了解是很有基础的。在采写过程中，喻老师下了很大力气，从总裁马化腾到网络媒体总裁刘胜义，采访了数十位高管和员工。腾讯也非常重视，有专门的团队对接，提供了大量的一手资料，在采访马化腾之前还开了数次研讨会。

这个案例最难能可贵的地方是，喻教授对这样一个市场上很成功的一流企业满怀着忧患意识，甚至用批判的眼光来看，不仅精要地提炼了腾讯成功的要素，更是尖锐地指出了腾讯面临的困境和问题，也尝试对它的转型方向提出了建议。由喻教授亲自操刀的案例一气呵成，行云流水。相信读者阅后会深有启发。

中国平安·刘凤军

中国的金融企业虽然不是国际上的领先者，但它们在中国市场的特殊土壤上找到了自己的生存之道，与国际金融巨头分庭抗礼。在保险业内，“平安速度”创造了奇迹，但是继续壮大的机会在哪里？它们开始向集保险、银行、投资为一体的综合金融巨鳄转型，直面国内其他金融企业和国外金融巨头的挑战。

拥有众多EMBA学生的刘凤军教授，曾经研究过许多金融企业，对平安的分析非常全面、严谨。董事长马明哲的一句话让他很震惊：“平安的20年，就是探索综合金融道路的20年。”综合金融王国的版图，其实早就在马明哲的心中。因此，案例让我们从一个全新的视角来理解平安，让我们看到平安无论在产品、管理、服务还是传播上，都早早地为综合金融王国做好了准备。刘凤军教授是案例研究的高手，中国平安的案例平实易懂，但不失鲜活、生动。

北京现代·钟以谦

汽车产业的挑战性非常大，全球产业规模大，产品单价高，产业链复杂，科技含量高，品牌对消费者购买的影响很深。在中国，汽车业的竞争格局更加复杂，外资、合资、自主品牌三强对抗。北京现代是合资车企的佼佼者，没有“欧美血统”，却在中国市场上创造了“现代速度”。

为了更全面、更准确地理解现代，以认真苛求著称的钟以谦教授曾特意到现代的4S店去实地感受，采访时与北京现代常务副总经理李峰一见如故，长谈数小时。李峰是汽车科班出身，赶上中国大力发展汽车工业的好时机，和他的大学同学尹同耀等一起创造了“奇瑞”的品牌传奇，2008年年末来到北汽集团的合资企业北京现代。李峰说，“品牌是个硬碰硬的东西，是靠一城一池拿下来的，它本身就是对实力的诠释，更是一种信赖。北京现代花十年来提升品质，还准备再花十年甚至更长的时间来塑造品牌，这种精神是浮躁的中国汽车企业最需要的。”这是肺腑之言，发人深省。汽车企业的案例很难写，企业、产品、品牌纠结在一起，钟以谦教授啃下了这块骨头。

雨润·黄合水

改革开放三十多年，中国人从吃得饱、吃得起迅速过渡到吃得好、吃得安全，观念和意识发生了巨大的变化，很多食品企业由于不能适应这种变化而被淘汰。在全世界都对中国的食品安全产生信任危机时，我们该做些什么？刚刚接到采访雨润的任务时，黄合水教授心里也有很多问号。带着这些问号，黄教授在采访的过程中刨根问底，不漏掉任何一个细节。他在采访手记里感叹道，“食品是一个巨大的市场，也是一个高风险的行业。雨润所在的猪肉及其深加工产品行业，产业链很长，任何一个环节没有把握好，都很容易出安全问题，每个环节的质量把关又是那么的复杂、琐碎”。

黄教授心里的问号也在采访中得到了解答。雨润董事长祝义材在建厂之初就提出“食品工业是道德工业”，“产量是钱、质量是命，我们不能要钱不要命”，并用了十几年的时间来解决肉制品生产中的一系列质量控制问题。我们在案例中可以读到很多细节：工人每天进厂房都要按六个步骤洗手，双手洗净后每隔5分钟要用酒精消一次毒，长达16万字的管理制度里连工人的指甲长短都做了规定……这些细节令人信服。雨润的成功源自一边生产高品质的产品，一边做品牌传播，与消费者沟通。而消费者对品牌企业又有更高的要求和期待。我们希望雨润这样的品牌能长盛不衰。

海天·罗子明

随行采访海天的《国际品牌观察》社长助理王纪辛形容海天是“最熟悉的陌生人”，我们对海天的广告很熟悉，我们经常消费海天的产品，但我们对海天这个企业、对调味品这个行业并不了解。酱油是厨房里的小角色，一个家庭的年消费量也不过12瓶，但海天却把小角色做成了大品牌，其产值超过行业第二名到第五名之和。

负责海天案例的罗子明教授去过很多企业，但这是第一次来到一家没有酱油味的酱油厂，亲眼看到海天如何精挑细选黄豆，如何严格把控产品质量。他说，在海天听到最多的一句话，就是“做好了再说”，正是这种低调、认真的精神，才造就了海天的好品质和好品牌。这家务实的企业现在面临的是与国际品牌间的激烈竞争，每一位家庭主妇的每一次购买行为将决定竞争的结果。我们祝福海天这个百年品牌。

雨润和海天的案例让我们意识到，对于食品行业，我们要支持和培育像雨润、海天这样的大企业、大品牌，让它们承担起食品安全的大任，给予它们更多的监督，这才是对消费者真正的负责任。

洋河·江明华

白酒可以说是最有中国特色的行业，也是中国最有可能做成中国人自己的奢侈品牌的行业。白酒行业的竞争异常激烈却严重缺乏创新。2010年，我们做了郎酒案例的研究，2011年，我们选择了洋河，因为在竞争惨烈的“红海”中，“蓝色”洋河成功突围，创造了市场奇迹。

江明华教授是北大光华管理学院案例中心的主任，分析过很多企业案例，但洋河在他心目中依然是一个“小小的谜”。案例研究中他化繁为简，概括道：“洋河打破了白酒的传统营销思路，制造了“蓝色”这个差异点，从外部包装、情感诉求到渠道模式、传播方式，建立了一整套差异化品牌体系，从而成就了一段品牌传奇。”洋河案例的价值，不仅是给在同质化的“红海”里挣扎的企业予以启示，更是给白酒业打造国际奢侈品牌打开了一扇门，因为“蓝色”是可以让世界读懂的颜色。

好客山东·陈刚

当初是否将“好客山东”选入案例集，颇有一番争议。然而，当我们看到旅游业成为经济增长的新引擎，政府成为新型广告主，打造区域旅游品牌成为新潮流，山东旅游局主导的“好客山东”品牌和“捆绑营销、联合推介”模式带来的示范效应……一切都具有非常新鲜而丰富的研究价值。

一开始，山东旅游局就指名由北大的陈刚教授来写这个案例。陈教授研究生毕业后的第一份工作就是到北京联大旅游学院教书，不久后进入北京市旅游局工作，深谙旅游行业发展规律，加上陈教授就是山东人，对山东既熟悉又有感情。他来写“好客山东”，真是天作之合。山东旅游局的于冲局长对这次案例采访给予了特别的支持。于冲局长带领山东旅游局及十七个市县，一手打造“好客山东”品牌，带来的社会、经济效益难以估量，他甚至为媒介投放这样具体的事情数次谈判，精打细算。我们为这样像企业家一样的政府官员感到自豪，也感谢陈刚教授给我们贡献了一个杰出案例。

波司登・杨同庆

中国庞大的服装市场，世界第一的服装产量，难掩大而不强、品牌匮乏的尴尬。波司登却是一个例外。它掀起一场“冬天里的革命”，让羽绒服时尚变身；它锁定央视“天气预报”等独家资源，策划珠峰登顶等轰动性事件，让消费者认定波司登就是羽绒服；它悄然扩张，从单一的羽绒服发展到四季化、全天候的服装王国；它连续15年代表中国防寒服向世界发布流行趋势，成功在欧美主流国家市场树立中高端精品服装的形象。

一个企业做多元化品牌很难，但裁缝出身的高德康却使旗下波司登、雪中飞、冰洁、康博四个品牌均位居行业前列，多元品牌创造奇迹。高德康有着成功企业家的个性和气质，坚定、执著、精明、注重策略。第一次为央视品牌企业撰写案例的杨同庆教授在案例手记中写道：“中国并不缺乏优秀的产品，缺乏的是这种能将本土产品义无反顾地拿到世界市场接受检验的勇气与信心；中国也并不缺乏优秀的企业，缺乏的是这种能将本土品牌的一点一滴注入到世界版图竞争当中去的决心与毅力。”波司登这个案例，对于中国大量仍在兢兢业业地为国际品牌贴牌生产的服装企业来说，无疑具有重要的思考价值。

招商银行・黄升民

品牌对于银行业的意义高于其他行业，因为它凝聚的是公众对银行及其产品的信任，而信任是银行发展的根本。招商银行是一家客户口碑很好的银行，也是一家总是给人感觉充满活力、善于创新的银行。我们的问题是她“为什么总能领先一小步”？

由传媒大学广告学院院长黄升民教授带队来探究招行“总能领先一小步”的奥秘，不仅是因为黄教授深厚的学术底蕴和严谨的学术态度，更是因为黄教授对金融行业的熟悉，他有很多学生在银行负责品牌传播，许多金融企业请他做品牌诊断，去年兴业银行的案例也是他来操刀。正是因为黄教授的专业影响，招行的马蔚华行长欣然接受采访。

案例组最后得出的结论是招商银行品牌的成功是“文化凝聚体系，体系支撑品牌”。文化有一种说不清道不明的魅力，体系独具特色、暗含玄机，二者环环相扣，互为支持。希望读者能够领悟，得到真经。

张裕·张树庭

葡萄酒是舶来品，是西方世界的宠物。然而，中国葡萄酒市场人均不到1升的消费量和13亿人口的巨大市场消费基数，诱惑着全球的葡萄酒品牌前来抢滩。作为中国本土最早的葡萄酒企业，百年历史的张裕如何在这块西方人的领地上攻城掠池，取得胜利？

张裕品牌传播是中国传媒大学张树庭教授上任MBA学院院长后的第一个案例，他对这个案例研究倾注了心血。他写道：“张裕对葡萄酒品质的坚持使得它们放弃眼前利益而选择对葡萄种植农户的培育；张裕对技术创新的坚持，使得它们放弃固步自封而选择与国外先进酒庄的合作与交流；张裕对管理效益的坚持，使得它们选择资本引进而忍受着一次次改革带来的阵痛；张裕对品牌形象的坚持使得它们选择在中央电视台投放广告而不轻易涉足新、奇、特的取巧行为。”这就是张裕这个案例给我们带来的启示，牢牢抓住百年历史的文化积淀，用各种渠道让消费者体验中西合璧的葡萄酒文化，换来国际同行的合作与尊重，换来消费者的信任和选择。

十位传播学、营销学、广告学的专家均是教授，大多是博导，门下弟子众多，江湖地位显赫，近年有些动口的多，动手的少，此次被我们软磨硬泡请来，亲自上阵，规定期限，过程虽苦，但成果斐然。而王纪辛、朱磊、谢海峰、朱熹妍、闫芬等几位财经、广告主编，从记者的视角提问，配合专家，润色文稿，也使本书增色不少。

用责任心锻造，成就品牌传奇

在此次案例的走访中，我们看到这些优秀的企业都把“责任”作为品牌发展的生命线。张裕说，“百年品质，用心酿造”；雨润说“食品工业就是道德工业”；海天则是“做好了再说”，良心、爱心、责任心“三心”文化深入员工内心；北京现代说“我们不是在造火箭，但是要胜似造火箭”；波司登说“诚信为本，要用生命捍卫这个品牌”；洋河为了确保产品的品质，进行了几十、上百次的消费者“密码品尝”；山东把“好客”文化转化为实际的行动，让每一位游客都像回到了家里；招商银行将消费者比做太阳，自己比做向日葵，一切行动都是“因您而变”；中国平安志在“平安中国”，建立了平安小学和平安大学；腾讯相信“弹指间、心无间”，他们要努力从成功企业跨越到伟大企业。

一个人承担责任的能力，决定他赚钱的能力。品牌做大做强了之后，就意味着要承担更多的社会责任，这是社会公众赋予领导者的属性。当一个品牌企业出现问题时，消费者就会质疑“这是品牌企业该做的吗？”所以，品牌企业必须有这种责任感，要求自身比别人做得更好。这个逻辑，对于媒体一样成立。越是品牌媒体，越要有大胸怀与大担当，敢于并乐于承担社会公众的高期待。

当代中国正在经历广泛、深入的社会变革，经济结构调整，社会矛盾突出，舆论环境复杂。品牌企业和媒体广告时常成为社会不满情绪的发泄口，甚至作为市场经济重要一环的广告的正当性，都需要再次正名。社会公众对广告弊端的批评，有助于广告业的健康长远发展。但是，我们也要看到广告对经济、文化、消费等领域发展的正面作用：

在我国经济增长方式由“出口拉动型”向“内需促进型”转变的过程中，广告是促进消费、扩大内需的重要手段，起到了至关重要的推动作用。

广告助推民族品牌、民族产业崛起,提升国家综合实力。我在中央电视台广告部门工作十四年，在这方面有很多切身感受。纵观中国各行各业尤其是消费品行业，越是竞争激烈的行业，广告的投入就越大，企业的规模也越大，消费者的选择也就越多，价格也会更便宜。以家电业为例，美的集团1997年时营业额只有30亿元，2010年突破了1000亿元大关；格力电器2003年时营业额只有100亿元，2010年突破了600亿元。美的目前是中央电视台最大的广告客户，而格力也已连续十五年和我们合作。也正是因为美的、格力、海尔、海信等一大批家电企业的做大做强，我们的国产家电才可以在中国市场遥遥领先于国际品牌，我国的消费者才能享有价廉物美的产品。

广告促进媒体的发展，提高国际影响力和话语权。对媒体来说，广告是其生存与发展的血液，是动力和保障。如果没有广告，目前媒体的运转资金只有通过两种方式获得：要么由政府财政支持，要么由受众付费支持，最终都是老百姓买单。我国在改革开放初期发展电视事业时没有选择收费电视，而是选择了广告加免费电视的方式。如果没有广告，媒体之间就没有有效竞争，老百姓的需求也很难得到敏感有效的满足，媒体本身也不会长足发展。以中央电视台为例，过去二十年间，因为广告提供了资金支持，开路频道数量才能迅速从一个发展到二十五个，海外记者站从无发展到超过五十个，为观众奉献精彩的节目，同时做大做强，提升国际话语权，从而为中国经济发展、改革开放的大局服务。

作为国家电视台，自身发展时更要考虑社会发展，当社会效益和经济效益冲突时，经济效益让位于社会效益。因此，中央电视台的节目和广告经营是分开的，广告经营不影响新闻报道的客观公正性。我们也痛心地看到了一些品牌企业出现问题曝光后受到重创。当然，我们相信大多数品牌企业无论从产品质量、售后服务和其他管理方面都是当今中国企业中的优秀者，即使出了问题，也会改过。因此，希望社会公众应当抱着更理性、更宽容的态度对待他们，要严求，也要呵护，可以说，没有品牌的市场就是一个黑暗的市场，因为消费者无法选择。

中央电视台更会一如既往地坚持公正、客观的媒体品格，坚持引领积极价值观的媒体追求。在广告经营中，我们也会一如既往地坚持“广告总量要少，广告时长要短，广告品质要高，广告审查要严”的原则，我们会尽一切努力确保企业在中央电视台播出的广告内容是真实的、合法的、美观的。

今年5月，我们与客户一同登上了井冈山，走朱、毛小道，探革命起源，体会井冈精神的精髓。今年的案例写作，我想我们践行了井冈精神的精髓：解放思想——带着开放与批判的态度来思考与提问；实事求是——亲身实地采访，透过真实的一手数据来看问题、解决问题。

品牌是用良心铸就的百年大计，我们付出再多的认真与汗水，也是值得的。我们也真诚地期待，成就中国品牌的传奇，就在这些认认真真做品牌的人们身上，一步一步地实现。

何海明
2011年7月1日
于北京稻香湖景

Contents

目录

第一章　进步的力量

市场的迷雾，总是在回溯时才能被轻易拨开。

企业成长的每一步，却只能在迷雾中寻找出路。

当真正的强者穿过时光的淬炼，定格在千禧第二个十年的入口处，我们不禁要问，到底是什么力量在护佑他们一路前行？

中国平安的董事长马明哲说，我们的事业人生好比一盏灯，能否永远亮下去，就看能否及时地加油充电。QQ之父马化腾则更加坚定地认为，如果格局真正要改变，要革自己的命！

腾讯、平安和北汽现代，将在本书的开篇，为我们揭示一条塑造伟大品牌的铁律：伟大的品牌不是一个结果，而是一个过程，更是一种永远寻求升级的状态。这，就是进步的力量！

立足于中国市场上为数不多与国际保持同步的行业，腾讯之于互联网的影响是超越国界的。十余载的发展，让它跃升为中国市场上最赚钱的互联网公司之一，却同时也饱受诟病。当生存已经成为一个遥远的课题，处在风口浪尖上的腾讯将用什么去赢得明天，赢得尊重？

从赢家到王者

——腾讯品牌战略的行动路线图

1998年11月11日，一只小小的企鹅，在五个男人的守候中，悄然破壳而出。

在随后十多年的时间里，这只小小的企鹅，游过冰冷的深谷，穿越骇浪与险滩，超越迷人的泡沫，挺过寒冷的严冬……它最终获得的，不仅是一片温暖的沙滩。

然而，艰险和挑战赋予了它强悍的性格，却没有给它王者之心。当企鹅终于拥有自己庞大的帝国，那凶猛的生存信念该如何继续？埋藏在帝国灵魂深处，对于生存的忧虑，将如何化解？

2011年春节期间，一则名为“弹指间　心无间”的广告在中央电视台播出。其中的浓浓温情让许多中国人心弦为之一动。

广告契合过年情境，以温情亲情的感性叙事方式讲述身在国内

▲ 腾讯创始人马化腾

的妈妈与留学海外的儿子通过QQ沟通情感，寄托相思，突出12年来QQ与消费者的相知相伴。在赢得感动的同时，人们方才意识到，QQ这只胖乎乎的企鹅已经陪伴我们度过了无数个黑夜白昼，十余载寒冬酷夏，它早已嵌入我们的生活，成为无距离亲密沟通不可分割的一部分。

事实上，QQ早已不仅仅是聊天工具，它已成为一代人文化的一种印记，一种生活方式，是数字化时代的一种基因密码。而其背后的腾讯公司，却让公众又爱又恨，情感复杂。

一、QQ传奇

毫无疑问，腾讯从一开始就是中国最懂得赚钱的互联网公司。

▲ 创业最初的5人合影（正中为马化腾）

腾讯成立于1998年11月，连马化腾在内，一开始员工只有5人。

1999年2月，腾讯模仿国外的即时通信软件ICQ（I Seek You）开发了易于国人应用的即时通信网络工具——OPEN-ICQ（简称OICQ），腾讯的网络神话大幕就此拉开，数亿人的沟通习惯也因此发生改变。仅9个月OICQ注册人数就超过了100万，超越了当时的所有对手；不到一年时间用户发展到了500万。

2000年4月，腾讯启用新的域名tencent.com和tencent.net，此后整整两年时间，腾讯一直以tencent.com域名作为主要网站入口。2000年11月，随着QQ2000正式发布，OICQ正式更名为QQ。次年2月，腾讯的在线用户则成功突破了100万大关，注册用户增至5000万。

（一）创新赢利模式

如何让庞大的用户群产生利润？在2000年，这是所有互联网公司都不曾想明白的问题，除了腾讯。

2000年年底，腾讯结盟中国移动推出“移动梦网”业务，通过腾讯最流行的免费即时通信服务发展第一批用户。移动QQ通过手机代收费的“二八分账”协议（运营商分二成、SP分八成），提供了一种新的赢利可能性。

2001年，腾讯的第一款广告问世，它标志着世界上第一个即时通信软件广告的诞生。其后，腾讯凭着庞大注册用户的优势，又相继开发了十多种创新广告形式。一系列的客户端广告形式，使得腾讯广告的日曝光量超过10亿次之多，单则广告日曝光量超过1200万次，强大的宣传力量，使腾讯的广告客户累计超过500家，涉及近20个主要行业。

2001年7月，腾讯实现了正现金流。

2001年年底，腾讯实现了1022万元人民币的纯利润。[1]

2002年3月，腾讯的第一种虚拟支付代码——“Q币”正式投入使用，宣告互联网增值服务进入新阶段。

2002年5月，为了适应日新月异的个性化增值服务，腾讯推出了“Q币卡”，取代了最早的QQ会员卡，其后又发展出“QQ卡”等形式。

2003年6月，腾讯在线销售系统（ESALES）正式推出，丰富了腾讯渠道的产品类型，从以前的单一销售发展为实物卡与虚拟卡相结合的形式，通过公司的不断努力，使腾讯Q币支付体系得到了发展、完善，能够承担支撑腾讯互联网增值服务和网络游戏业务等众多产品的任务，成为支撑公司半壁江山最具战略意义的渠道点。

---

[1]《外滩画报》：“马化腾的低调与凶猛”（2010年4月）

（二）夯实媒体平台

2003年8月，腾讯推出“QQ游戏”，仅仅用了一年的时间，在2004年年底，QQ游戏的最高在线人数就发展到了100多万人，超过竞争对手之后成为国内第一大休闲游戏平台。

2003年12月，腾讯推出自己的门户网站“腾讯网”——QQ.com，这是“集新闻信息、互动社区、娱乐产品和基础服务为一体的综合性门户网站，是腾讯公司旗下并列于QQ的横向媒体平台。

2004年中国互联网开始从单纯通过运营网络赢利延伸到资

▼ 2004年6月16日，腾讯控股在香港上市

本运作赢利，隐示着中国网络将进入新的整合期，以更成熟的姿态向资本市场进军。以腾讯为代表的即时通信业务，也迈向了繁荣与全面的财富收获。腾讯也以上市为分水岭，吹响了“二次创业”的号角。

2004年6月16日，腾讯QQ正式在香港主板挂牌上市，简称“腾讯控股”。此次上市，腾讯超额认购的首次公开募股（IPO）带来总计14.4亿港元的净收入。上市当天，腾讯的股价稳步从4港元升至10港元，市盈率达36倍。[1]

（三）缔造行业神话

上市之后，腾讯确立了全盘产品布局和发展模式。以QQ和QQ.com为战略核心，展开一横一竖的业务模式，将无线增值服务、互联网增值服务、互动娱乐服务、网络内容服务及电子商务服务融入到两大平台当中。与此同时，腾讯深度整合业务资源，相继推出了面向商务人员的即时通信工具TM，网页浏览器腾讯TT（Tencent Traveler），以及首款中型休闲游戏“QQ堂”等产品。腾讯的一站式“在线生活”战略布局初见端倪。

2005年3月，腾讯收购了中国用户数量最大的共享软件Foxmail，这是腾讯上市后的首次资本运作；2005年9月，腾讯旗下的电子商务网站（www.paipai.com）——拍拍网，正式开始试运营；2006年，腾讯宣布启用全新的品牌标识，以绿、黄、红三色轨迹线环绕的、更具扩展感的小企鹅替代了过去的QQ企鹅图案。

这些都成为腾讯布局的重要节点。

2010年，硅谷最著名的IT博客techcrunch指出，硅谷公司应该深入了解这家来自中国的互联网巨头，“因为未来几年以小企鹅为标志的腾讯将影响全球的网络世界”。

2011年3月中旬，腾讯公布2010财年全年财报，全年总收入

[1]《人物杂志》：“腾讯创始者马化腾”（2008年11月）

196.460亿元，同比增长57.9%；净利润80.536亿元人民币，同比增长56.2%。其即时通讯平台（QQ）的活跃用户已达6.476亿。其微博自2010年4月重新推出以来，也已拥有1.1亿注册用户……

腾讯，缔造了自己的商业帝国，也缔造了中国互联网的神话。

二、腾讯品牌价值激增之道

如果说商业上的巨大成功是腾讯帝国最重要的支柱，那么伴随着腾讯的高速发展，腾讯品牌价值的快速增长，则是其最为重要的第二根柱子。

从2007年至2010年胡润品牌榜（胡润研究院结合了相关经济数据和对消费者的调研结果进行的中国品牌价值综合评估），我们可以看到腾讯品牌价值的迅速提升。

表　腾讯的品牌价值

年份	排名（位）	品牌价值（亿）	品牌价值占市值比例（%）
2007	28	62	14
2008	22	130	18
2009	14	180	16
2010	11	460	20

从上表中我们可以看出，腾讯的品牌价值增长速度很快，排名也是快速靠前，品牌价值占市值的比例也越来越高。这些都是腾讯在企业建设、品牌战略等方面探索的结果。

互联网产业在中国是一个年轻的产业，若以1995年张树新创立国内首家互联网服务供应商瀛海威计算，互联网进入中国也就是16年时间。就如腾讯一直将自己比做一个12岁的孩子，对于这样一个年轻且还处于高速发展期的产业来说，品牌建设的道路还很漫长。

纵观腾讯发展的历史，我们可以看到在其高速发展、快速壮大直至成为中国互联网企业领导者的过程中，实际上它也扮演了中国互联网企业品牌构建探索者的角色，在它面前并没有现成可供参考的经验。正如腾讯网络媒体总裁刘胜义曾说，腾讯的品牌建设过程并未套用任何一套品牌构建理论，而是按照用户体验来引导方向。

尽管没有具体的理论可以套用，我们依然可以通过梳理腾讯品牌建设过程中一些突出特点加深对其品牌形象形成的认识，并从中探得腾讯品牌建设的得与失。事实上这些特征特点也能为公众形成对腾讯现有品牌认知做最好的注解。

链接

2004年12月28日，CCTV中国经济年度人物评选结果在京揭晓，腾讯总裁兼CEO马化腾荣膺2004 CCTV中国经济年度人物年度新锐奖。马化腾在获奖后表示，这项荣誉是对他及腾讯公司6年来不断成长发展的肯定，腾讯公司今后将继续以务实专注和诚信创新的发展理念来推动中国互联网的进步。

（一）极致的用户体验

腾讯的核心产品——即时通讯工具QQ自1999年推出以来已经发布了上百个版本，从最开始的聊天室到增加语音聊天、隐身功能、视频聊天、QQ群、个人网络硬盘、远程协助……QQ的功能在不断强化。这一切都是依据用户需求进行的优化，它也是腾讯注重用户体验的最佳范本。

“我们认为不断推出对用户有核心价值的产品和服务才是企业发展的关键。用户体验永远是第一位。”马化腾在与笔者的交谈中，多次强调用户体验对腾讯的重要性，他最常被贴上的标签是“超级产品经理”，而他自己也认同这一说法。事实上，从技术起家的马化腾在QQ邮箱产品改进过程中，自己就提出了几百项用户体验的不足，推动这个产品不断完善。

2006年8月，为了能更好地服务于腾讯的用户，更细致地了解用户的需求，腾讯在公司范围内开始推广用户研究工作（Customer Experience,简称CE）。同年，腾讯在原有设计中心的基础上，成立用户体验与设计中心，开始在公司范围推荐“用户体验”的方法，并斥巨资购买仪器设备，建立用户体验实验室，开展全方位“用户体验”方面的培训和考核。

在腾讯内部，无论是技术部门还是产品部门，查看用户对产品的反馈几乎是每日的必修课。对用户体验的关注还体现在日常的管理制度中：每两个月腾讯会召开总办的管理会议，总办指的是马化腾等创始人和职业经理人；每个月会和公司总经理级别的干部面对面地谈业务层面的内容；每一年有两次召开整个公司及公司五六百个中层干部的大会。

网络媒体总裁刘胜义认为，这四个会议定格了公司运营理念的传承，让大家知道这家公司认为什么是正确的，什么是关键的，什么是我们要关注的，这四个会中谈得最多的就是用户体验。

创造这些体验的基础，毫无疑问是腾讯持续的产品创新能力。

截至2011年，腾讯获得1000多项授权的专利，是国内互联网公司中最多的。

2007年10月，腾讯研究院成立。

这是中国互联网公司历史上第一个真正意义上从事互联网核心基础技术自主研发的机构。

“我们需要储备核心技术，为未来3~5年腾讯的产品提供支持。”马化腾说。

事实上，腾讯是中国互联网企业中研发投入较高的企业，2009年研发投入11.9 亿元，接近百度研发投入的3倍，超过网易研发投入的5倍。从2005年至今，腾讯的年平均研发密度（研发投入/ 销售额）达到10.3%。[1]

这在中国企业中是不多见的。持续的研发投入换来腾讯主营业务的不断升级、可适应终端不断丰富、在线产品不断推出的基础。

腾讯也并不缺乏自主创新。

早在1999年，当时国内外的各种即时通信工具，包括QQ，全部都面临一个重大缺陷：黑客可以冒充用户的好友向其发假消息。因为他们可以反汇编，完全了解程序的源代码。为了解决这一问题，腾讯重新设计了一套加密协议，实现了即使源码曝光，也能使服务器低负载下的客户端相互认证。这项百分百原创的国际领先技术，为QQ一举打败国内外其他即时通信软件奠定基础，并且这套协议一直沿用至今。

但公众对此知之甚少。

（二）线上到线下的品牌延伸

腾讯的品牌延伸包括线上和线下两部分。

线上的品牌延伸实际上就是腾讯的产品线拓展。长期以来，腾讯的低调务实让其把握住了即时通讯这一机会，并不断跟进用户需求，改进用户体验，形成了一百多项全业务线的产品，并提出“一站式在线生活平台”，进而延伸为“做互联网的水和电”。腾讯的收入70%以上来源于网络游戏和娱乐服务，增值服务绝大部分是游戏和娱乐性质的会员等。

线下则是通过品牌授权的方式获得品牌增值，也就是网络品牌

[1]《腾讯十年》深圳报业集团出版社

向传统行业延伸。腾讯的品牌授权包括四种模式：商品形象版权的授权——向被授权商提供形象版权；促销授权——被授权商可以运用商标、人物及造型图案，与自己的促销活动结合，规划赠品，促进公司产品销售；主题授权——被授权商可运用商标、人物及造型图案为主题，并经营主题项目；通路（渠道）授权。

在实践过程中，腾讯向传统行业进行品牌扩张的体系不断完善，并且建立了科学严谨的运作体系。目前腾讯已授权品牌及合作的QQ形象产品有：服装、玩具、电脑周边产品等60多种产品。中国电信、中国移动、西门子、摩托罗拉、可口可乐等逾百家企业与腾讯开展了广泛的合作，都在自己的产品或活动中使用了QQ品牌。在这个品牌授权的过程中，传统行业借助腾讯的品牌影响力实现自己的营销目的，腾讯也通过传统行业扩展了自己品牌的影响范围。

在品牌线不断延伸的过程中，腾讯不断地对自己的品牌进行提炼，从强调产品的功能到强调产品的情感，不断摸索与公众良性互动和阐述品牌价值的方式。在网络媒体总裁刘胜义看来，腾讯春节广告能达到叩击人心的传播效果，一方面得益于央视强大的品牌宣传平台；另一方面是品牌提炼的结果："QQ里面最大的精髓是我们把人与人之间的距离拉近在一块儿。我们觉得确实是有必要去向外跟大家说，其实这不是一个产品，这是一个品牌，这个品牌是12年来在大家的共同支持下成长的。在这种碎片化的年代，在这个科技发展的年代，我们的使命是要让人跟人之间的关系拉在一块儿，这是QQ品牌的定位。"

（三）以大事件营销为主的品牌推广

在腾讯的历史上，大规模的品牌推广并不多，而是以单个产品为主，而且这些大规模的品牌推广往往和企业的战略布局相关。比

[QQ效应]
释放2.3亿用户之影响力
中国流量领先的互联网门户QQ.COM
2.3亿活跃帐户数的QQ即时通信
5700万活跃帐户数的QQ个人空间
271万同时在线帐户数的QQ游戏
大回响 大影响
腾讯网
QQ.com

▲ “大回响，大影响”广告截图

较重要的两次大规模品牌推广，一次是2007年4月，腾讯网启动了“大回响，大影响”的品牌升级战略。另一次则是2009年底，腾讯启动了总预算为1600万美元的“公司历史上最大规模的品牌推广计划”，在央视和部分地方电视台投放了一组主题为“在线精彩·生活更精彩”的温情广告片。

主题为“大回响，大影响”的品牌推广主要体现的是腾讯在媒体影响力方面的价值。当时的背景是，腾讯刚刚完成了“在线生活”战略的全面布局，寄希望于通过沟通、资讯、娱乐、商务的业务组合模式伴随用户的成长。时隔两年发布的“在线精彩，生活更精彩”的品牌理念，是腾讯一站式“在线生活”理念在新时期的感性解读，而其反映的内涵则是腾讯所期望为用户创造的价值。

对此，马化腾也说：“我们过去做宣传更多是产品，公司级对外的品牌公关其实力量投入还是比较少的，更多是放在业务部门去投入去推广，可能没有针对品牌整体去考虑。”

但是，腾讯很擅长利用大事件营销来扩大自己的品牌影响力，特别是能够灵活调动自己横向、纵向两个平台以达到资源整合。2008年腾讯网以网络主场的气势成为网络媒体奥运报道中的最大赢家，其他各业务单元也全民动员。在QQ平台上，用户可以参与虚拟的奥运火炬旅程；可以从35个奥运比赛项目的徽章选择自己支持的项目；可以通过迷你门户、弹出消息等地方第一时间得到最新的奥运资讯。腾讯搜搜在距奥运会开幕十天之际，率先推出奥运搜索服务，让用户能够准确、快捷地搜索奥运相关信息。手机腾讯网也为用户提供了丰富的互动内容，无线业务系统推出“2008，你的手机主场！”

在2010年的上海世博会上，作为唯一的互联网高级赞助商，腾讯同样发挥了自己的平台优势。腾讯的研发团队为世博会开发了名为“i城市i世博”大型互动社区。该社区通过组织用户参与的活动，激发用户参与度，把个人、城市、世博联系起来。同时，腾讯发起了一场世博历史上最大的网络志愿者行动——“城市志愿者活动”，由线下17万世博志愿者在QQ上向所有网友发出倡议和邀请，邀请网友加入世博网络志愿者，并在好友之间传递志愿者接力棒，传播世博信息，传递世博精神。另外，迎合时下流行的“晒”概念，“i城市i世博”互动社区集腾讯4.48亿网友和现场近亿游客构筑包罗万象、完全由用户制造内容的大型分享平台，打造网络版世博游览百科全书。同时，腾讯还组建了由超过16家主流电视、平面媒体组成的世博城市媒体联盟，在上海世博会期间进行深度联合报道，资讯最大范围覆盖全国各地，结合腾讯网世博频道，向用户呈现快速、权威、生动、实用、全方位的世博资讯报道。

通过这些大事件互动营销，发挥了腾讯产品链的优势，腾讯的品牌影响力得到进一步的提升。

（四）跨媒体内容合作

腾讯一直注重和不同媒体的内容配合，利用自己的用户规模优势和平台优势为传统媒体的内容、形式创新提供支持。针对媒体在推广、互动、内容等多个层面的需求，腾讯在2010年推出了一体化的媒体合作平台，涵盖QQ、QQ空间、腾讯网、腾讯微博等多个产品。

目前，腾讯的媒体合作平台已经先后与央视20余档栏目或节目达成合作，涉及综合、财经、新闻、社会与法等多个频道。2009年，央视财经频道的栏目《消费主张》一开播就公开了企业QQ号码12315，向观众伸出橄榄枝。结果在节目播出后短短十天里，就有30万观众加12315为好友，远远超出栏目组的预期。自2009年9月节目推出企业QQ平台以来，截至目前已聚集超过500万的网友。

现在，企业QQ12315平台平均每天在线互动网友超过15万人。在2010年的3·15晚会，《消费主张》更是利用企业QQ平台开展了十大行业调查，一共有37万多人参与了此次调查，在晚会现场，主持人还通过QQ视频连线网友现场直播，声画流畅。

此外，腾讯利用春晚这个契机广泛同其他媒体合作也取得了很好的效果。2007年腾讯作为央视春晚网络联盟成员之一，SOSO搜吧开展“春晚大家谈“的业务，腾讯QQLive不仅直播春晚现场节目，同时QQ投票将取代短信投票，成为春晚唯一的付费投票方式，用户可在QQ上添加800999为好友参与投票，而人们以往熟悉的短信投票方式在春晚中将不再出现。QQ网友将在很大程度上决定春晚最受欢迎演员和节目的荣誉榜单。

2011年，腾讯微博相继与央视网络春晚、BTV网络春晚以及东方卫视春晚达成全面合作。腾讯微博根据不同春晚主题设计的关于春晚节目、春节祝福以及回家拜年等话题吸引了数万网友的关注和参与。

CCTV网络春晚账号落户腾讯微博后，一天时间就汇集了6万关注听众。“腾讯微博墙”在春节期间轮番亮相几大春晚。以微博展现为主题的屏幕墙，不仅呈现此前微博上热议的经典话题，同时还会有现场观众与节目的精彩互动、精彩直播以及见闻分享，从而实现场内场外、线上线下的全方位打通，打造真正的跨界盛宴。以BTV春晚的前期互动话题“春节回家的第一句话”为例，很多饱含感情或简单直接的问候，都引起热议，在大家留言中出现最多的就是“爸妈，我回来了”，这简简单单几个字代表了万千游子沉甸甸的心情。还有很多如“新年祝福”、“微情书”等话题，也为营造春晚节日氛围增添了浓墨重彩的一笔。在几大春晚启动与腾讯合作的第一时间内，节目官方账号也同步落户腾讯微博，并将其打造成为节目对外播报、宣传和听取民意的核心平台。通过官方账号不时更新筹备进度以及片场趣闻，网友们不仅可以更快获知晚会的信息，同时还可以通过与官方账号的互动获得很多有趣的内幕。

通过同传统媒体的内容合作，打通了不同的内容呈现形式，不同媒体之间形成优势互补。传统媒体的内容得到了更好的呈现，而腾讯在参与的过程中提升了自己的品牌影响力。

（五）务实的“工程师文化”

IBM前董事长小托马斯·沃森曾说：“企业的基本哲学对其成就的影响力，远远超过技术或是经济资源、组织结构、创新和时机。”事实上，这是阐述了企业文化的重要作用。2006年谈到企业愿景的时候，马化腾曾言：“腾讯要成为最受尊敬的互联网企

▼ 腾讯员工个性化合影

▲ 腾讯员工个性化合影

业。”而企业文化显然是达成这一愿景的支点。

互联网产业属于高新技术产业，腾讯的创始人都是学技术出身，加上员工50%以上是研发人员，技术至上成了腾讯固有的基因，而且这种基因通过一整套制度在不断传承，可以说“工程师文化”是腾讯最大的企业文化。

2005年7月，马化腾向全公司宣讲了新的腾讯价值观：正直、尽责、合作、创新。

为保证腾讯文化的有效落实，从2006 年开始, 公司成立了文化管理委员会, 最高管理层人员都参加。委员会下设执行委员会, 参加者大部分是各个部门的普通员工, 他们共同推动公司文化建设。马化腾说：“我们的企业文化说白了，很重要的部分就是一种公德文化。”2007年年初，腾讯开展“瑞雪行动”，引导员工从日常的身边小事做起，做一个“受尊敬的腾讯人”。

作为一家互联网公司，腾讯拥有许多有个性的年轻人。腾讯负责人力资源的高级副总裁奚丹说，腾讯文化有包容性，对于一些个人范畴的东西，比如从事游戏创意的部门，有些人不修边幅、个性十足，公司并没有约束他们，而是给他们展示个性的空间和机会。但是对一些大是大非的问题，腾讯处理起来很坚决。腾讯价值观的第一条是正直，任何不正直的行为都是不允许的，具体包括不能贪污受贿、弄虚作假等，这就是公司的“高压线”，一碰就“死”。奚丹举例说：“以前有位员工，工作表现不错，但在一次财务报账时，被发现出租车票里有很多连票现象。这位员工的解释是，上次出差票不够，这次补上。公司内部反复讨论以后，觉得这样的情况虽然值得体谅，但还是按照公司制度辞退了他。这个事例说明，腾讯的价值观是刚性的，是不容侵犯的。维护公司的价值观，其实正是在保护所有的员工。”

通过对腾讯企业发展过程中一些特点的梳理，我们可以看到，腾讯是一家专注的技术型企业，它一直致力于产品优化和用户服务，而且它也很擅长利用自己的特点和优势形成聚合效应。同时对创新和人才的重视，以及务实的企业文化无疑都是腾讯能成为一家成功企业的重要原因，同时也是它保持品牌领先地位的制胜法宝。

三、复杂的公众评价

（一）企鹅的苦恼

2010年7月，《计算机世界》一篇题为《“狗日的”腾讯》的封面文章，将腾讯绑上了中国互联网产业的“被告席”。

报道详细叙述了联众、奇虎、360 等与腾讯之间的恩怨情仇。配合辛辣的言辞，报道还在联众创始人鲍岳桥等“受害者”声泪俱下的哭诉性文字中，组合以惊悚的视觉冲击力，配发了中刀流血的QQ企鹅公仔图片。

该文章煽情的标题、配图和叙述使其一经发表便引发了舆论的轩然大波。从新闻报道的业务规范的角度看，该报道对于腾讯的解读和形象阐释显然是有失偏颇的，它仅仅窥到了庞大帝国的一面，却将其极具煽动力地放大了。

当然，文章确实也点到了腾讯“在线生活社区”的发展战略以及“超越式模仿”的发展战术所带来的问题：“在中国互联网发展历史上，腾讯几乎没有缺席过任何一场互联网盛宴。它总是在一开始就亦步亦趋地跟随、然后细致地模仿，然后决绝地超越。”“腾讯从来不做第一个吃螃蟹的人，却总能在成熟的市场中找到空间，横插一杠子。”显然，腾讯的发展模式并不符合人们对一个互联网领导者的要求。

然而令腾讯没有想到的是，接下来它遭遇的危机更大、影响更深刻。

事件的起因表面上看是腾讯和360之间的客户端之争：“QQ电脑管家”、偷窥用户隐私事件、起诉与反诉、“360扣扣保镖”……

这场被称为“3Q大战”的互联网战争不断升级，但真正将这一喧嚣的事件推向顶点的是腾讯发布的公开信。

2010年11月3日傍晚6点，腾讯宣称，将在装有360软件的电脑上停止运行QQ软件，腾讯这招是逼迫用户作出二选一的选择，引发了业界震动，以及相当多网友不满。舆论几乎一边倒地同情360，抨击腾讯。尽管事后腾讯等来了法院对360侵权的判决，但是腾讯的品牌形象却在相关信息不对称的情况下不可避免地受到损伤。

确切地说，在整个事件中腾讯其实是受害者，但它却没有得到公众应有的支持，这种“无端”蒙受的不白之冤，看似腾讯危机处理的不成熟，其实质则显示了腾讯在成为中国互联网市场的领导者之后整体发展战略上的模糊甚至迷失。人民网发布的舆情报告指出，2010年是企业舆情危机的井喷年。由于3Q大战，腾讯成为2010年在互联网领域中声誉损耗最大的品牌。

（二）公众评价

作为一家成功的互联网企业，腾讯的市场表现已经毋庸置疑，腾讯的品牌价值也可以通过数量统计来计算，但是“被感知的事实永远比事实本身更重要”，用户的评价所塑造的品牌形象可以超越企业宣传的品牌形象。同时，用户的好恶表达也是最为直观的品牌印象，我们通过随机抽取网友近一个月（2011年5月）对腾讯的评价，并将这些评价按照支持、中立、反对三种态度倾向进行分类，得出网友当前对腾讯大致的态度：

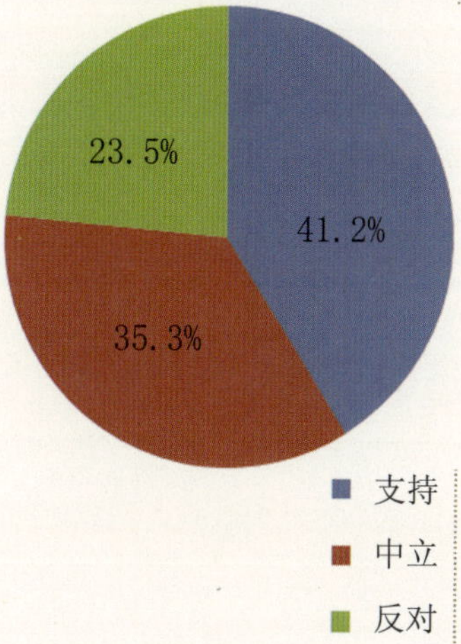

▲ 网友对腾讯的态度倾向

从统计情况来看，网友各个态度倾向差别不大，可见大家对于腾讯的情感复杂。总的来说，还是支持者多过反对者，用户在很大程度上还是肯定了腾讯对人们生活带来的便捷，但对腾讯的发展策略，例如跟随策略和在线扩张等持质疑态度。

支持方：

◇作为我们上网用户而言，需要的就是一个方便的上网环境，而腾讯满足了我们的需求。通过腾讯提供的服务，我们能够实现在线交流、搜索、娱乐、游戏、购物、支付等几乎所有的互联网服务，极大地方便了网民，打造了一个便捷的在线生活平台。

◇很多人在指责腾讯处处抄袭，但是我认为互联网不存在抄袭，赢得用户才是硬道理！腾讯有些产品是在模仿，这点不能否认，但是腾讯的这些仿制品绝对有“真品”无可比拟的优点，腾讯的产品从用户角度出发，处处存在着创新。这也是腾讯每出一款产品都有大量忠实用户竞相使用的重要原因。

中立方：

◇谈不上喜欢，也谈不上讨厌，Q币，靓号，蓝钻这些是别人强制要你弄的吗？你可以选择的嘛，当然它的不好之处就是山寨，让别人无路可走。

反对方：

◇腾讯通过复制别人的商业模式进行无限扩张是无可厚非的，但在客观上必然会扼杀一些创新的好苗头。腾讯很少有创新，它基本都是看上目前什么东西受欢迎的，就自己模仿并打出“Made in 腾讯”的口号推出，并且不断地在自己的用户组宣传。

◇因为使用QQ的朋友占有绝大多数，所以我还暂时不能离开QQ，但是我从此以后不会再使用腾讯网相关的其他任何项目，不会再投资一分钱在里面，以表达我对创新领域的一点微薄的敬意。

（三）模仿者之困

公众对于腾讯的质疑主要集中在两点：微创新和跟随扩张策略。在腾讯高速发展的过程中，这两种策略也是腾讯取得成功的重要原因。

腾讯在市场上一直受到缺乏创新和山寨的质疑，主要是因为它总是在市场已有相关产品的情况下，对其加以改进，然后后来居上，即便是其所有业务的基础QQ也是这样来的。就“复制或在已有产品基础上进行部分创新”这一点上看，腾讯的确是山寨的。但这其中不可忽视的大环境和现实是：在后发国家山寨模式是一种创新的必由之路，也是中国互联网产业发展的重要模式。

虽然腾讯公司的微创新实力可圈可点，但是微创新毕竟不是大规模创新，不能形成良好的口碑，反而会被用户忽视。腾讯公司自诞生到现在缺乏具有显示度的革命性创新，而互联网的本质是创新。

在公众眼中，在互联网世界层出不穷的创新型产品接二连三诞生的潮流中，腾讯公司只是紧随其后的跟随者。长期的模仿与借鉴不仅抹杀腾讯公司的创新色彩及创新力，更有可能给腾讯的品牌声誉带来毁灭性打击。人们看到的是创新的产品，如SNS、微博、团购等，在一浪高过一浪地攫取市场，而缺少创新引领性的腾讯公司却无法利用其平台优势占据先机，只能追随其后，成为一个“模仿者”。

跟随的好处是，一个新概念已经被人家推出并热炒，用户教育和市场培育已经完成，市场价值已被认可，赢利模式已被发掘，后来者可以完全依照别人的模式推出一个应用，再依靠它原有的其他资源迅速将其推广出去，实现“后来居上”。

从企业赢利的角度来说，腾讯的这种策略也无可厚非。但是腾讯的成功难免会受到行业的质疑。

这也是互联网行业一直推崇开放的原因，开放让大家看到了互联网企业的共赢。而腾讯帝国大门的开放，或许将迎来不一样的明天。

四、从成功到卓越的距离

汤姆·彼得斯和罗伯特·沃特曼在《追求卓越》一书中提出：卓越的标准是指企业除了表现在财务方面的长期的优异业绩外，更重要的是具有高度的创新精神，这种创新精神指企业不仅特别擅长制作可批量生产或提供新产品或是服务，还能更加灵敏地持续应对任何环境变化。

显然，腾讯距离卓越，还有一段路要走。

3Q大战之后，包括马化腾本人也认识到，在中国这个环境，这个行业发展的长河里，如果只是考虑企业内部的情况已经远远不够了：“一个企业发展到一定的规模，我们愈发感觉到企业不是属于创始人、管理层、股东和员工的，更多地属于社会，因为它的一举一动都会牵扯到业界的看法，牵扯到生态体系里的连锁反应。”

在品牌管理方面，腾讯缺乏系统性，还停留在边做边想、边做边改的阶段，这使得腾讯的品牌建设滞后于企业的发展。马化腾对此也深有感触，他曾说：“品牌经营是发展这么多年我们比较忽视的一个地方，整个公司的基因和创始人团队都是技术型的。大家都觉得只要把产品做好就行了，其他东西也不感兴趣，也不擅长。发展到现在越来越多的内外的环境，以及自身要继续做大做强，包括中国这个环境等多种客观因素要求我们必须在品牌形象塑造和其他一些方面要去想得更多。”

2010年的12月5日，腾讯公司董事会主席兼CEO马化腾公开发表了《关于互联网未来的8条论纲》并宣布腾讯将开始为期半年的战略转型筹备期。2011年3月，腾讯展开了总共10场的“诊断腾讯”研讨会，用谦逊和开放的态度邀请众多专家来给自己“挑毛病”，这在中国互联网历史上是史无前例的。从“马八条”到“诊断腾讯”，不管是态度上还是决心上，腾讯改变自身的努力其意已决，其力也巨。

（一）借力传统媒体

2011年春节期间，一则名为“弹指间　心无间”的广告在中央电视台播出。其中的浓浓温情让许多中国人的心弦为之一动：“她，是我最亲近的人。但也许，正因为相距太近，反而有了距离。当我们相隔在地球两端，我才逐渐读懂生活，读懂她。偏见因为距离而消失，弹指间，心却近了……”

▲“弹指间　心无间”广告截图

广告契合过年情境，以温情亲情的感性叙事方式讲述身在国内的妈妈与留学海外的儿子通过QQ沟通情感，寄托相思，突出QQ12

年相知相伴。不少人有感于这就是自己真实生活的写照，在赢得大量泪水和感动的同时，大家才意识到QQ这只胖乎乎的企鹅已经陪伴我们度过了无数个黑夜白昼，十余载寒冬酷夏，它早已嵌入我们的生活，成为无距离亲密沟通不可分割的一部分。

马化腾对于腾讯春节的广告效果非常满意，通过国际调研机构获得了较好的定性定量反馈，但他更直观地从微博、论坛等媒介的网友反馈中看到了用户对腾讯此次形象塑造的认可。这让马化腾意识到利用传统媒体塑造品牌形象和提升品牌影响力的重要性。

不同媒介本身作用于人的层次存在差异，有些媒介专门作用于人的情绪、情感、感觉层次，有些是作用于人的理性层次。看起来都是传播渠道，但其实不同。中国人民大学舆论研究所进行的脑电实验表明，电子化的媒介更多作用的是人的情绪层次，而纸介质的内容更多作用的是人的理性层次。此外，不同媒介固有的形象会造成受众对传播内容印象的差异。传统媒介、尤其是像中央电视台这样的权威主流媒介虽然在整个内容的丰富性程度、互动、全媒体方面与新媒体相比有其先天的不足，但它的社会地位授予功能和强大的社会议程设置功能却是目前任何一个互联网企业所无法比拟的。

▲"弹指间　心无间"广告截图

腾讯一直以来同传统媒体在内容层面的合作很多，但利用传统媒体进行整体形象的塑造还是很少，最具代表性的也就是2009年"在线生活　在线精彩"这则广告。

马化腾说，之前并不重视利用传统媒体塑造品牌形象是认为腾讯本身也是媒体，媒体很少去投媒体。而这次腾讯春节期间的广告让他转变了这个想法："整个用户在电视、互联网、其他纸媒来看覆盖的用户群还是相当不一样。尤其是央视效果还是非常强的。我们开始逐渐认识到跨媒体的品牌交叉宣传的重要性和效果，通过几次案例也找出了方法。包括我们投入制作和找代言人等方面，这都是传统行业很熟悉的，但在互联网行业很少考虑这个。我之前觉得不太需要，但现在来看还是很有必要，实际上国际上一些大的互联网企业都是持续去做的，包括微软也好、谷歌也好、雅虎也好，它们都有跨媒体做品牌营销预算。我们刚入门，慢慢去找适合我们的方式，后续希望有一个慢慢可持续的思路去拓展这块。总的来说，我们还在学习中，希望能多和业界，像央视这样的媒体去探讨。因为我们和传统行业又不一样，广告主对品牌的需求也不完全一样。”

换言之，只有充分利用新老媒体的整合影响力，才能完成对于品牌社会化的完整过程和无缝链接。

（二）开放的未来

2011年5月9日，一则题为“互联网的未来，你准备好了吗?”的广告非常醒目地出现在多家主流媒体的显著位置，引发了业界对腾讯QQ开放的诸多猜测。

时隔一周，5月16日，腾讯QQ通过官方网站(im.qq.com)正式推出“Q+”，并向第三方开发商发出邀约，希望与大家一同构建互联网的未来，实际上也是对“为期半年战略转型筹备期”的实现。

其实，QQ早在2006年就已经在酝酿开放大计，而非公众普通猜测的是源于3Q大战的压力。2006年腾讯为开放做了最初的准备，筹备以将QQ基础体系组件化、模块化为特点的“蜂鸟”（Hummer）平台，使各个业务部门得以调用QQ的各种核心功能。虽然只是针对内部，但“蜂鸟”在腾讯的产品中植入了开放的基因，本身也是一种初级的开放平台形态和理念，并为现在的全面开放奠定了坚实的技术基础。

马化腾将腾讯的战略转型比做在高速奔跑的火车上换发动机，“不是说停下来检修就可以检修的”。因此，整个开发计划经过了漫长的筹备期。马化腾一直强调“开放是一种能力”。经常有人将腾讯比喻为“航空母舰和它的舰群们”，一方面，这显示出腾讯的强大；另一方面，当航母需要转弯时，它必须一海里一海里地转舵，耗费周期和覆盖半径之长，绝非小船可以比拟。这也折射出腾讯所面临新战略时的状态。当腾讯向着开放平台加速运转时，其难度恐怕只有腾讯内部的管理者们最清楚。如果跑得太快，一个不慎，就有可能导致一场公司的运营灾难。

在风靡中国的社交游戏“开心农场”接入QQ空间开放平台后，刚上线“五分钟”自行运营的服务器就被千万量级的用户涌入冲垮。面对用户的咆哮，最终腾讯不得不买断了“开心农场”在QQ上的运营权，将程序、后台、数据库和安全验证机制等全部重写一遍，相当于重新开发了这款游戏。

此事之后，腾讯对联合运营的游戏开发商提出了一个必须无条件遵守的要求：开发者必须“租用”腾讯的服务器资源，并按腾讯的规范重写底层代码。一款应用，会先放在“腾讯朋友”这个相对安全的“小水池”里，给予一定的推广资源，让它去试跑。如果前端体验不错，用户量增长比较可观，后台技术架构过关，就会让它升级到QQ空间这个更大的用户平台。

2011年6月15日，腾讯在北京国际会议中心召开合作伙伴大会，介绍各平台开放的情况，以期吸引更多的第三方开发者加入。在马化腾看来，这是腾讯在从使命1.0时代向使命2.0时代进化。腾讯不是最早实施开放战略的中国互联网公司，但无疑却是最受人瞩目的开放者。因为这与其过去的战略截然不同。与开放同步进行的是腾讯的一系列投资举动，在过去半年内，腾讯陆续投资于高朋网、华谊兄弟、艺龙旅行网、网上鞋城“好乐买”等各类公司以及创新工场人民币基金。稳步推进开放平台建设和寻找更多共赢性的财务投资热点显然是腾讯公司新的发展思路和发展重点。

（三）勇气与明天

事实上，品牌的生命周期远比产品的生命周期复杂得多。产品的生命周期长短是市场需求变化、企业竞争、科技进步的必然结果。而品牌的生命周期是可以通过企业在品牌发展的各个时期采取正确的策略，发展出更新换代的同品牌新产品，经过不断地创新而得以永续。也就是说，要保持品牌的生命力必须保持对新形势、新情况的清醒认识，勇于探索，然后找到最适合自己的道路。

作为中国互联网领导品牌，腾讯最大的价值并不仅仅是其所创造的高额利润以及构建的庞大帝国，而在于它作为中国互联网品牌的先行者“摸着石头过河”，并在曲折中不断前进。腾讯的品牌探索发展道路实际上是整个中国互联网产业在品牌建设方面的探索，它所面临的问题实际上也是中国互联网产业的问题。互联网产业属

▼ 马化腾（中）与案例组成员合影（左三为陈荣勇、右三为喻国明）

于高新技术产业，技术人员的务实往往使得他们擅长用技术型的语言和方式来思考问题、解决问题，却并不懂得如何同公众做更有效的沟通。同时也因为这是个更迭发展迅猛的产业，企业家们在紧追技术革新的时候，企业品牌的建设却常常跟不上。在企业发展前期，仅靠做好产品和技术能够获得成功，但随着企业的壮大，若品牌建设的速度跟不上企业发展的速度，那么企业的发展就会由此被牵绊。

因此，腾讯作为中国互联网企业的领导者，它有因为追求极致用户体验，不断优化产品和服务，快速跟进市场需求等适应品牌发展策略而带来的品牌知名度急速扩张；也有因为不懂得用社会化语言同公众沟通、品牌建设滞后企业发展而造成的品牌美誉度损伤。我们看到，毁誉之中，腾讯从来不曾迷失前进的方向。

“对内对外我都说我们要勇于革自己的命，即使你现在推的一个服务是对你原有的服务有竞争的，你也要推出去，勇于挑战自己。”马化腾在谈话的最后对笔者说，“如果格局真正要改变，要革自己的命！”

中国人民大学新闻学院：喻国明　刘燕锦

《广告导报》杂志：朱　磊

中央电视台广告经营管理中心：李　卓　汪　杰

孙苗青　李相伯

采访手记

一个伟大企业发展的行动路线图

腾讯无疑是一个中国互联网企业中最为成功和辉煌的公司。但是一个辉煌的企业和一个伟大的企业之间还有相当长的路要走。其间横亘着的，不仅仅是距离，还有凤凰涅槃式的脱胎换骨。而所有这一切的发生与发展，都必然包含着贯穿始终的自我反思、自我否定，以便为自己的发展营造更加适合的体量、架构和模式。于是，在这样一个发展的关键点上，于2011年伊始，腾讯连续组织了10场“诊断腾讯”，邀请100多位专家学者直击主题、不讲情面地问诊和剖析。这是非常可喜的讯号，它标志着腾讯在向伟大企业攀登的路上，迈出了极为关键的一步。

那么，“诊断腾讯”到底是一场什么样的活动？它致力于解决的是什么样的问题？如果简单地把它理解为，腾讯在反思自己的过去，或者是腾讯在寻找自己企业未来的发展方向，我想这都未免流于肤浅。

腾讯的尴尬在于，它自以为在按照一家正常的企业去发展，但它周围所处的环境和社会，却对它提出了更高的要求。原因之一就是腾讯迅猛的发展已经使它成为中国互联网领域的“巨无霸”——任何领域只要它一进入，其他的竞争者就会无形中感到巨大的压力。

“木秀于林，风必摧之。”成为社会批评和挑剔的对象，成为人们严苛对待的对象，肯定不是一种让人感到舒服的状态，但它却是一个伟大企业成长过程当中必须经受的压力和挑战。“诊断腾讯”出现，可谓恰逢其时。与其说是腾讯在为自己寻找答案，不如说是腾讯在为中国企业的发展探究一个共同性的问题：成为一个伟大企业的行动路线图是什么？赖以成功的社会土壤是什么？一个伟大的企业应该具备怎样的气质与胸怀？

我认为，首先，一个伟大的企业，应该善于倾听。做企业的人，往往容易陷入两种误区，一种是埋头做事，两耳不闻窗外事，只管一心把产品做好，把企业经营好，虽然对市场的感觉良好，但却不知道怎么跟社会交流，甚至害怕跟社会交流；还有一种是成天架着高音喇叭对外喊话，只顾自说自话却不愿意听取社会的看法。在我看来，这都不是伟大的企业，真正伟大的企业，面对社会和公众永远是谦逊的，它总是用谦卑的心态，倾听来自社会各个层面的声音，有则改之，无则加勉，这不但是给自己提供一个反思自己的机会，其实也是在帮助企业与它所处的社会形成一个友好的关系圈。我们很多企业，现在恰恰缺乏这样一个友好的关系圈。也许在企业走上坡路的时候，负作用还不是太明显，一旦遭遇危机，企业发展不顺的时候，你就会发现，批评之声从四面八方潮涌而来，颇有“墙倒众人推”的感觉。为什么会这样？其实就是企业早在社会关系的层面上被这个社会所抛弃了。

其次，一个伟大的企业，绝对不是一个只关注自己成长发展的企业。一个普通的企业，对社会最大的贡献，是能把自己的企业做好；但一个伟大的企业，对社会最大的贡献，是能营造一个更为良性的业态，并帮助更多的企业取得成功。就像孔子所说的：“独乐乐，众乐乐，孰乐？”小企业可以小乐、独乐；伟大的大企业却必须要做大乐、众乐。这是社会默认分配给伟大企业的属性，如果企业不能正确看待自己的角色，那么它就会失去社会的支持土壤，受到来自社会的诘难和批评。腾讯和许许多多正在高速成长的中国企业一样，正在面临一个企业转型的关口：从过去的关注自己成长，变成必须关注整个产业的成长、关注社会生态圈的形成。

最后，一个伟大的企业，要有领导者的担当。做大企业难，做伟大的企业更难。从大向伟大迈进的过程中，腾讯和所有其他企业一样，都需要学会修炼“领导者”的气质。何为领导者气质？我想就是敢作敢为、敢为天下先的担当。换句话说，这个伟大的企业常常肩负着为整个行业代言、并为行业甚至社会寻找方向的责任，常常需要做“摸着石头过河”的事情，而且还得告诉后来者石头在哪里。

在本案例采访写作的过程中，我常常听到意见领袖们对腾讯这样或那样的期许。不知道腾讯的高层们是否真切地意识到了这一点：现在的社会期许中，腾讯必须站在行业和社会的高度上规划自己的发展和战略。在这个高度上，腾讯只做自己的事情已经远

▼ 案例组走访腾讯

远不够。就像大家经常打的一个比方：腾讯原本只是一头小象，在瓷器店里和其他瓷器相安无事地生活，没想到不知不觉地长成一头大象，挤得周围的瓷器一片惊叫和破碎之声，瓷器店已经无法容纳。腾讯该怎么办？是继续挤压这间小小的瓷器店，和大家争夺空间；还是建造一个新的瓷器店，既让自己轻松生长，也让更多瓷器有安身之所？

其实，腾讯已经在羽化成蝶的痛苦反思中寻找到了自己的答案。2011年5月16日，腾讯QQ通过官方网站(im.qq.com)正式推出“Q+”，并向第三方开发商发出邀约，希望与大家一同构建互联网的未来，实际上是实现其基于“为期半年战略转型筹备期”所构建的整体战略迈出了重要的一步。希望我们所做的腾讯这个案例能为中国企业的成长提供一个极富借鉴价值的范本。这个案例的问世同时也表明，处于产业最前沿的实践者们正以一种更为自觉的态度思考着中国式的企业发展之路、尤其是一个立志于做伟大企业的行动路线图。

喻国明

喻国明

中国人民大学舆论研究所所长，中国传媒经济与管理学会会长，中国人民大学新闻学院副院长、教授、博士生导师，中央电视台广告中心策略顾问。主要研究领域为传媒经济学、传播学研究方法、新媒体研究等。已出版学术著作20部，发表学术论文及调研报告400余篇。1986年至今，喻国明教授已主持进行了200余项调查研究项目。

欣赏和追求一种经世致用的学术路线：“我们不愿意给学术披上盛装，因此竭力避免与那些总是乐于用曲高和寡来诠释学术水平的人遭遇。我们要做的，恰恰是把在暗室尘封的理论搬入广场，放置于活生生的社会生活之中。学术应该是透亮的，像阳光那样，照亮大多数人的生活。”

竞争和创新的压力不断增加，中国的金融业正面临着前所未有的新局面，以商业银行、保险公司、证券机构为主体的多元化金融组织体系，成为一种必然的趋势。而提供这种综合金融服务需要长期的服务能力的积淀，以及对综合金融行业特质的深刻理解。马明哲曾说：平安的20年就是探索“综合金融”道路的20年。以保险起家的中国平安，一直致力于打造保险、银行、投资三驾马车齐头并驱的金融控股集团。而综合金融将成为平安的核心竞争力，成为其他企业难以复制的“差异化”。在这条路上，“平安速度”创造了其他企业无法企及的奇迹。而在以品牌价值为标尺的品牌世界，平安选择了在央视这个高平台上“起跳”，积累了深厚的品牌影响力。这是一个企业创造自己品牌史诗的历程，更是一个综合金融帝国逐渐崛起的过程。

平安的“一天”

——中国平安的综合金融之路

非洲的大草原上，一只羚羊从睡梦中猛然惊醒。“赶快跑”，它意识到，“如果慢了，可能被狮子吃掉！”于是它向着太阳升起的方向飞速跑去。就在同时，一头狮子也惊醒了。“赶快跑”，狮子想，“如果慢了，就可能会饿死！”于是它也一跃而起，飞奔而去。

企业界也存在着同样的故事，几乎每天都在上演。速度在某种层面上甚至决定着企业的生存与否。速度，对于平安来说，某种程度上意味着将平安旗下车险万元以下赔案的结案时效，从当前的三天大幅缩短至一天，保险业服务标准再度被平安刷新。

在以反应速度为标尺的商业世界，平安的一天赔付已经远远地跑在了其他同行的前面。“平安速度”创造了其他企业无法企及的奇迹：截至2009年年末，平安车险万元以下理赔案件约350万件，平均结案时间为0.46天，3天内赔付达成率为99.87%[1]。理赔提速带来了业绩的提升：2009年，平安产险实现保费收入384.83亿元，同比增长44%。2009年平安产险所有万元以下车险赔案中，一天内结案的占97.42%。

▼ 星河大厦——中国平安总部

[1] http://business.sohu.com/20100203/n270025877.shtml

在以品牌价值为标尺的品牌世界，平安在探索综合金融的路上选择了在央视这种高平台上“起跳”。2010年，中国平安选用“天气预报”和“焦点访谈”作为传播阵地，占据了品牌传播的制高点，在行业品牌中广告效果位居前列，积累了深厚的品牌影响力。

这是一个企业创造自己品牌史诗的历程，更是一个综合金融帝国逐渐崛起的过程。在行业发展的大背景中，我们听到时代的车轮嘎嘎转动的声音，唯有勇者选择一往无前、披荆斩棘，而只有勇者，才能赢得汗水与骄傲编织的桂冠。

一、产品创新魔方

2008年的金融危机是所有人的梦魇，从美国华尔街迅速蔓延，继而席卷全球各国，主要股指大幅下跌，恐惧心理和信心危机笼罩整个市场，消费者信心也纷纷落到谷底，不少消费者把一些购物预算删减，并且对于投资更加谨慎小心。

在全球经济的大寒流中，我国保险行业异军突起，在2008年至2009年仍保持了相对较高的增长，尽管在2009年放慢了增长速度，但全年整个保险市场保险保费收入突破了1万亿元，达到了11137.4亿，相比2000年保费规模约为前者的6.92倍。截至2009年年底，全国共有保险集团公司8家，保险公司121家，保险资产管理公司10家，全国共有省级（一级）分公司1208家，中支和中支以下营业性机构66818家。在这样的一种竞争环境下能够取得胜利，离不开让客户满意的产品。

中国平安创新性地将寿险引入内地，多元化产品布局，从各个方面细分化地满足了客户的需求。

（一）将寿险带入内地市场

▲ 平安集团董事长兼CEO马明哲

国内市场首张个人寿险保单“平安长寿”是中国平安于1994年在国内率先推出的中国第一款个人寿险产品，也正是这张保单在真正意义上把个人寿险带进了中国市场，也暗示了中国平安从此不平凡的创新历程。

早在1992年以前，中国还没有保险代理人制度，而保险代理人制度又是国际保险公司通行的制度。当时，平安集团董事长兼CEO马明哲在参访台湾过程中，台湾最大寿险公司国泰人寿的发展速度和规模让他印象深刻，个人寿险业务一直在他脑海中挥之不去。马明哲一直相信寿险是块大蛋糕，这让他坚定了自己的决心：一定要发展平安的寿险业务，尤其是寿险个人营销业务。

寿险是一种十分特殊的产品。这种无形产品的购买与消费是相互分离的，且由于产品本身的偏好以及专业性较强，消费者的介入程度较高，因而对于专业化的销售需求也越发增加。在考察过国外保险业发展之后，并且在产险市场进展放缓的情况下，中国平安决定要在民族保险企业中率先推行个人寿险营销体系，把真正意义上的寿险带入中国。在确定了战略方向的变化之后，中国平安又调整了自身的组织结构，成立了深圳平安人寿保险公司将产险和寿险分设。

那是1993年，深受马明哲赏识的田地被任命为新成立的深圳平安人寿保险公司的总经理。“对你和你的队伍来说，这是一场只能成功、不能失败的战役。”马明哲交代说。当时，田地把寿险部的20余人拉出来放话说：“我们的任务一是1.5亿元的保费；二是证明我们自己，证明我们独立出来的决策是正确的！”业务员们有摩托车的开车跑，没有车的靠双脚，每天拜访客户多则十多家，少则也有两三户，很多时候解决午饭的办法就是快餐。1994年7月31日，中国平安终于拿下中国大陆第一份个人寿险保单。

之后，平安从台湾请来国华人寿的常务副总黄宜庚等专家做顾问，从业务员的培训，到核保核赔、续期收费、客服保全，到精算、电脑，甚至财务管理，进行培训、指导，为平安在国内率先建立起一整套成熟的寿险营销及培训体系，对平安寿险的发展产生了深远影响。

（二）多元化产品组合出拳

中国平安始终追求产品领先和创新，从传统险种再到万能、分红等险种，平安实现了传统保险向分红型、投资型产品的提升，历经多年积淀和探索，深入了解了如何进行不同类型险种的内部经营与投资管理之道。早期，平安还推出了银行综合保险、电梯责任险、计算机保险、信用卡保险、移动电话保险、计划生育保险、养老金保险等创新险种。

为了进一步深挖中国消费者各种投资理财的需求，中国平安先后成立了平安人寿、平安产险、平安养老险、平安健康险等子公司，使得子公司更加专注于各自的领域，为目标客户提供更完善的服务。

中国平安人寿涵盖从传统的储蓄型、保障型产品，到非传统的分红型、投资型产品。中国平安产险经营业务范围涵盖车险、财产损失险、责任保险及信用与保证保险等一切法定产险业务及国际再保险业务；近年又适时开发推出了个人抵押贷款房屋保险、个人分期付款购车保证保险；律师责任保险、会计师责任保险、医师责任保险、董事及高级职员责任险等符合市场需求的新险种，经营的险种已达150多个。平安健康保险股份有限公司是中国平安集团旗下的专业健康保险公司，主要业务范围包括各类健康保险业务、意外伤害保险业务、政府委托管理健康保险业务、健康咨询服务业务、健康保险再保险业务等。平安养老保险公司围绕“养

链接

平安在中国保险业中创造了多个第一

2006年12月，金玉满堂两全保险（万能型）

2007年3月9日，世纪天使少儿两全保险分红型外币版

2007年7月1日，根据《重大疾病保险的疾病定义使用规范》升级的健康险新产品

2007年7月31日，国内首个专用于电话销售的车险产品

2007年11月15日，在北京、上海、广州等全国16个城市正式推出个人寿险投连产品——聚富年年投资连结保险。

2008年9月1日，世纪才俊少儿投连产品

2009年4月，覆盖全球绑架勒索保障及危机管理的全新产品《公司绑架勒索保险》

2009年4月22日，“无忧”系列附加意外伤害保险和附加意外伤害医疗保险

2009年5月19日，平安产险特别推出“平安甲型H1N1流感综合保险”产品

2009年9月27日，新型团体医疗保险

2011年4月，首款网销产品安康无忧住院日额医疗保险

老”开展业务，主营企业年金，兼营商业补充养老保险，代理团体短期险业务。

二、捋顺生命线

当年美国“挑战者”号航天飞机发射升空后不久便爆炸，仅航天飞机本身就价值12亿美元。这是人类航天史上最严重的一次载人航天事故，而失事的原因仅仅是因为助推火箭上连接处的一个小小的橡皮圈失效。

“细节处存在魔鬼”，企业经营者经常这样说。细节管理更多来自于制度和流程的管理，一个公司的流程是否高效将影响该公司战略执行效率以及整个公司整体运作效率。中国平安实行无纸化投保，以集约化后援中心为基础，实现了客户的快速理赔，将上乘的服务质量体现在细节当中。

（一）无纸化投保

在传统的寿险投保流程中，通常投资者需要根据自身的情况填写各种保单，然后将传统纸质保单承保后打印，通过物流送达投保人手中，整个服务流程延续的时间较长，这样的一种服务效率往往会带来顾客的各种抱怨，而且整个过程主要的时间都集中在促成交易之后的工作。

中国平安以创新眼光以及敏锐的洞察力，把电子商务以及企业信息化与业务流程结合起来，不断地对投保流程进行优化，提升流程效率。在2010年10月正式在全国46家机构推广电子保单服务，同时启用了与物理签章具有同样法律效力的电子签章技术，由国家认可的数字证书认证中心进行认证。电子保单的制作、传递过程均由系统自动加密处理完成。拥有电子签章的电子保单如果在网上被改

▼ 平安负责人向案例组介绍中国平安工作流程

动，通过CA认证即能发现，确保电子保单的安全性。

（二）快速理赔与客户有利原则

平安高效率的运作机制以及科学化的流程还体现在客户的理赔过程中。我们来看另外一组数据，伊春空难中国平安第一单赔付；汶川地震中国平安第一单赔付；舟曲泥石流中国平安第一单赔付；玉树地震第一单赔付的还是中国平安。

理赔的过程讲究的是速度，如何在最短的时间内把钱送到客户的手中，是平安一直在关注的问题。2009年，平安寿险承诺主动革新理赔理念，对所有投保平安寿险的客户，在合约范围内遵循“客户有利原则”主动帮助客户寻找赔付的事实及依据。中国平安通过对金融保险市场和消费者需求的深入研究，发现保险客户十分关注中国保险业理赔难、理赔慢的问题。针对上述两项顾虑，在保持优良服务传统的同时，中国平安着意提升保险理赔以及信用卡保障的服务品质。

平安人寿推出的服务承诺口号是“信守合约，为您寻找理赔的理由”，对所有投保平安寿险的客户，在合约范围内遵循 “客户有利原则”主动帮助客户寻找赔付的事实及依据。提出“拒赔更审

链接

汶川地震中的平安小学

2008年5月12日中国遭遇了历史上罕见的大地震——汶川大地震，当时的四川绵阳北川县桂溪乡援建的四川绵阳北川县平安希望小学被夷为平地。当时，在集合地点发现有一个班不在方，于是全校女老师都围着学生，而全校的男老师全部冲往已经倒塌的该班级所在的地方，但并没有找到该班的学生。就在此时发现不远处的树林里，这个班的女老师也围着同学蹲在那里。由于学校老师妥善快速的应急措施，该学校学生无一遇难。平安公司第一时间赶到该学校进行理赔，当日还宣布公司将出资重建该小学，并调整其建筑布局，为师生营造更好的学习环境。

链接

为客户寻找赔付的理由——江苏案例

2007年3月，江苏淮安的赵先生在平安保险公司投保了平安鸿利3万元保额附加5万元重大疾病，以及个人费用99、个人安心99险种。2008年，他不幸被医院诊断出患疾病精原细胞瘤，随后住院进行了手术治疗。出院后，赵先生亲属向平安保险公司只是提出了关于住院费用和住院安心两个险种总计5000元的赔付要求。平安人寿淮安中心支公司理赔人员接到报案后，在受理资料时发现，赵先生此次所患精原细胞瘤属于恶性肿瘤的一种，同时可以获得重大疾病申请赔付。而赵先生及其亲属对保险理赔条款并不清楚，只是按照住院费用等申请索赔。于是，理赔人员前往赵先生就诊医院进一步调查，证实无误。平安人寿坚持按照“信守合约，为您寻找理赔的理由”的服务承诺，和依据“有利于客户”的原则，在合约范围内最大限度主动帮助客户理赔，在客户提出理赔30小时后，最终赔付6.5万元。赵先生一家十分感动。

慎”原则，优化理赔程序，确保每一起拒赔案件均由具有多年从业经验的资深核赔人审慎核查，处理争议案件时，在条款及法律规定范围内，公司将作有利于客户的解释。客户也可通过理赔申诉绿色通道进行申诉，平安资深核赔人将对此负责到底，详细复核申诉理由及证据，协助客户补充收集资料，进一步寻找赔付的依据。

与此同时，平安车险2009年推出“资料齐全、三天赔付”，到2010年、2011年更实现“一天赔付”，树立行业标杆。2011年前4月，平安车险万元以下理赔案件约191万件，1个工作日内赔付达成率为99.95%。统计显示，约97%的车险理赔案件金额在万元以下，因此该承诺基本满足平安车险绝大部分客户的理赔时效需求，而前4个月数据显示平安车险索赔资料齐全后平均案件赔付时效0.095天。

（三）打造集约化后援中心

一天赔付达成得益于平安车险对理赔全流程的持续优化，系统化科学化的过程管理。平安产险95512热线月平均接通率不低于95%[1]，平安车险第一现场查勘率接近80%，上述两项数据均居同业领先地位，客户满意度也常年居行业前列。这些荣誉的背后，是后援集约化的支持，是目前行业领先的后援集中运营平台。

后援中心的优势之一是标准化，几千个机构一个标准，可以有效控制风险，提升效率的同时降低成本。比如：一张保单有十几个要素，过去由当地机构的某个人负责输入，现在将全国保单集中到后援中心，引入像工厂一样的保单“流水线”，所有保单按照一个标准来完成，每人只负责中间一个要素的填写，不仅提高了效率，还杜绝了道德风险和违规风险。

平安产险已经完成国际领先的车险定价系统与核保系统的无缝

链接

一个大厨房——张江后援中心

平安一直高度重视信息技术平台的建设，其信息化应用在全国始终居于领先地位。平安按计划推进长达10年的后援集中规划。平安从2005年开始逐步推广集中，相继实现了年金、证券、信托与银行后台集中，最终建立了运营集中作业模式以及严谨、量化、完整的运营管理体系。

2006年6月，平安在上海张江建设的全国运营管理中心正式投入使用。该中心依照国际先进标准规划和配置，可以实现服务标准化、客户资源共享、后台运作统一标准，有效降低成本、控制风险，是对金融企业业务流程的重大变革，对提升平安集团的核心竞争力具有重大意义。平安高层将这个面积17万平方米、能容纳近1万名员工的后援平台戏称为“大厨房”。平安要学习汇丰的成功模式，在一个厨房中为平安客户提供标准一致却有差异化的服务，“好像一个大厨房，什么菜都可以做。你点什么菜，我都可以上。”

平安率先在中国金融保险行业引入“金融工厂”概念，将全国3000多个分支机构的后台作业和服务全部集中统一纳入到运营平台，为约5000万客户提供全国统一的标准化服务，使集团得以更有效控制风险、降低成本、提高效率，进一步提升核心竞争力。2007年11月，这一在全球金融业中领先的集中运营平台，被授予“中国管理学院奖”。

---

[1] 平安官网，chexian.pingan.com

▲ 中国平安张江后援中心

接轨；通过持续推动优质客户的续保力度，使优质业务续保率同比提升10%；通过差异化核保政策和风险地图指引，优化了各项业务品质；通过渠道化改革及运营项目改革，全面降低了销售及运营管理成本；截至2009年年底，在历时18个月共计10大子项目22个模块的运营改革后，平安产险初步实现涵盖车险在内所有业务的“全面集中”，改革后的承保、理赔全流程的作业规则，得以简化、标准化及自动化，运营作业70%以上职能都集中到后台进行处理，从而产生规模效应，实现了产能提升。

（四）科学化的内控流程

中国平安还大力推进制度化建设，以制度的进一步完善来促进和实现核心竞争力。

中国平安建立了一套集中管理、防范风险的运营机制。经营方面，平安建立了权限分明的集中两核管理体制、严格的新产品开发流程和领先同业的精算制度；管理方面，平安有着严密高效的组织架构体系、严格的资金控制流程和资金管理制度、双重的经营和投资风险控制体系、独立于经营的稽核审计体系以及责权明确的区域性督导体系，使平安的不良资产一直保持在1%以下。

长期以来，中国平安坚持稳健的财务政策，实行透明的、符合国际标准的财务报告制度，极大地提高了平安的经营实力。平安第一家聘任国际会计师事务所和采用国际会计准则出具财务报告，第一家聘任精算顾问进行价值评估和准备金检讨，采纳国际标准的准备金提存标准方法。并引进甲骨文（Oracle）财务系统，确保财务报告实时准确；实行年度预算制度，进一步加强财务成本控制。健全的财务管理机制为平安的有序经营提供了坚实的保障。

除此之外，平安还建立了完善的内部稽核体系，委任首席稽核执行官，制定了内部稽核的红、黄、蓝牌制度等一整套促进企业守法合规经营的方针政策。平安的内控稽核工作通过内审和外审两个途径实现。内审侧重于经常性的内部监控，通过专业公司的审计部门或产品部门财务部门进行财务、两核、交易、电脑、业务等方面的审计；外审侧重于定期的外部监控，范围包括财务、两核、交易、电脑、业务，侧重财务稽核，独立于专业公司，直接向集团CEO汇报。

三、客户是最大的财富

在美国商界也有句名言："百货店唯一的差别在于对待顾客的方式。"因此，它们拼的不是更低的价格，而是优质的服务。

优质的服务留住了客户，从而使他们对企业品牌产生忠诚，稳定的客户群为企业的发展壮大提供了必要的条件。

（一）4A模式提供全面服务

作为一家服务企业，产品和服务对于客户来说同样重要，而服务的载体又是以人为主。中国平安除了提供产、寿、证、投、银等全方位的产品服务外，已经形成了电话中心、一账通、门店中心、业务员服务队伍四大体系，整合成完整的4A服务体系，使客户无论何时（Anytime）、何地（Anywhere）、以何种方式（Anyway）、任何产品（Any Product）都能享受客户所需要的任何金融产品和服务。

1. 天网整合，提供多元化服务

随着信息化和市场化的发展，客户对信息平台的友好程度以及操作的便利性要求越来越高，早在2000 年，中国平安就试图通过信息化提供更加贴心的服务，当时定位于“理财新概念和生活新概念的融合”的平安电子商务“新概念PA18”金融网站正式开通，后来为了更加突显信息化平台的战略作用，“新概念PA18“网站不再同时服务于业务员和客户两大群体，而收归内部使用成为行销支持管理系统，而针对外部客户提供了平安网站和一账通服务。

作为平安集团企业门户网站，平安网站融“保险·银行·投资”服务于一身，是一个以客户为中心的一站式综合金融服务平台，整合了平安集团和各专业公司的最新动态及产品服务信息，其“网上理财”平台是国内首个集保险、股票交易、信托投资、企业年金、期货等业务为一体的综合金融服务平台。

2000年7月28日，中国平安“CALL CENTER”正式成立，并在两个月时间里实现了寿险客户服务热线“95511”在全国30个省市的全面开通。2003年12月，产险客户服务热线“95512”在全国开通。为满足多渠道、多产品的服务需求，2007年1月1日，平安集团电话中心（GCC）成立。整合后的GCC功能更趋完善，围绕细分

▲ 中国平安金融培训学院

客户群、清晰把握市场需求的战略思路，不断推出新的服务项目。2006年10月，平安首次使用客服号码4008866338作为全国总机号码，并在三个月内实现全国30多个省市、4万余门电话集中转接、网内互通。2008年2月，GCC在原有寿险VIP专线4008895511的基础上，首次把平安产险、寿险、银行、证券、信托等多个产品、多种服务统一到4008895511，从而为公司最高端客户群提供多种金融产品的一站式服务。

2. “人网”“地网”，升级服务体验

在重资打造以PA18和GCC为核心的“天网”的同时，平安还不断地对“人网”（营销队伍）和“地网”（客户服务门店）实现“升级改版”。

2001年，平安人寿在国内寿险业率先实行“一柜通”，在全国范围内实现统一的外部形象、统一的服务行为模式、统一的内务管理及考评系统。2002年，平安在国内率先引入营销员“礼贤业务员甄选系统（LASS）”，通过互联网甄选高素质业务员，平安“人网”的门槛变高了。同时，平安开始对优秀的营销员进行“理财顾问”式培训。2005年，平安开始通过电话回访客户满意度，有效监控客户服务中心的服务质量。在2006年保监会组织的保险公司满意度调查中，平安人寿的客户服务满意度高居榜首。2007年，平安客服中心重新升级规划，通过改变装修风格、提升装修规格和硬件配置、增加方便客户的服务设施等措施，营造温馨如家的柜面服务环境。平安产险在全国335个柜面设置了小额案件快速通道，设立95512产险热线及柜面专岗服务，增加服务时长，实施柜面周末服务制度，建立未承诺案件的罚息政策等等，不仅完成了“一天赔付”的服务承诺，更兼顾了服务品质的全方位提升。

（二）不吝承诺，忠诚服务

现代保险行业险种多，信息量大、更新速度快，客户情况和需求也不尽相同，想要在激烈的竞争中赢得客户，赢得市场，专业化、电子化的网络型保险售前、售中与售后服务是最大的竞争力。

中国平安分别针对保险理赔慢、理赔难、业务办理不便等问题，先后推出车险“一天赔付”和寿险“网络E”服务等承诺，2009年，中国平安旗下平安人寿率先推出旨在缓解“理赔难”的服务承诺 “信守合约，为您寻找理赔的理由”。数据显示，2010年，近1500位客户在该公司理赔人员的主动帮助下，寻找到赔付的理由和依据，合计受益金额达到上千万元。[1]

2010年，该公司推出“24小时保单自助服务”，全面提升保单服务的人性化体验。数据显示，累计510万平安人寿客户开通了“网络E”服务功能，合计完成了380万件保全变更，客户足不出

[1] 广州平安，http://www.gzpingan.com/ReadNews.asp?NewsID=2093

▲ 中国平安"一天赔付"广告

户，动一动手指，就可以实时完成多项保单服务。

2011年，他们又一次推出理赔服务承诺。归平安人寿承诺"标准案件，资料齐全，三日赔付"，平安车险承诺"万元以下，资料齐全，一天赔付"，定位于理赔时效的极大提速，着力消除客户对于保险"理赔慢"的顾虑。符合承诺要求的平安车险件均结案时间，只需要6.5个小时；而在寿险方面，通过强大的"网络E"服务，486万平安人寿注册客户能够更轻松地解决保险的保全和查询问题。[1]

（三）增加客户价值

客户关系管理是现代企业经营中的重要环节，VIP客户服务是

---

[1] 中国平安集团副董事长兼副CEO孙建一在2011年发布会上致辞

客服关系管理的重要组成。根据产品的顾客价值层级，产品层次分为核心利益、基础产品、期望产品、附加产品以及潜在产品层级。

中国平安早早就关注到了客户对附加价值的需求，附加价值的实现可以超越客户期望，把客户培养成终身客户。客户管理是以大量调研为基础，通过专业化的客户数据分析，形成对客户经济价值的深刻认识，将对不同经济价值的客户进行分类管理，并针对不同级别进行维系。

精细的调研是定制服务的基础。在调研了解到客户对于增值服务最需要的是紧急救援类服务，平安产险据此推出免费的道路救援服务，同时承诺：凡平安产险VIP客户和通过电话、网络购买平安商业车险的客户，均可在保单有效期内，不限次数、免费享受全国车辆故障紧急救援服务。

持续更新附加价值才能不断满足车主的个性化需求。为此，平安电话车险又推出了“爱车大管家”的理赔增值服务。同时，“爱车大管家”还向投保车主提供理赔温馨提示、咨询和指导等数项贴身服务，以及“三代办”服务，即代缴车船税、代缴违章罚款，代办年审等服务。依托强大的后援集中平台和面向全国的理赔服务网络，平安电话车险客户还可享受全年无休的出险接报案和理赔一条龙的直赔服务、异地出险就地结账的全国通赔服务等多项增值服务。由于国家对酒驾日益重视，并且客户也越发重视驾驶安全，从2011年春节期间起，平安电话车险还正式推出免费酒后代驾服务，凡是平安电话车险的优质客户，就可在保险期限内享受到3次免费酒后代驾服务。最后，关注VIP客户。“彰显VIP客户尊贵身份”一直是平安针对VIP客户进行维系的主题。

平安车险除保证1天赔付外，还将为其VIP客户以及通过4008000000、平安官网和平安人寿代理人、购买商业车险的客户免费提供包括接电、紧急送油、现场抢修在内的多项道路救援服

▲ 中国平安“财富人生　平安相伴”广告

务。中国平安还启动了“财富人生　平安相伴”——中国人财富商数调研项目，从而成为国内首家研究并推出财商指数的金融企业。

四、站在更高的平台起跳

在完成了价值的选择和创造之后，中国平安需要做的是把产品以及公司代表的价值传递到客户的心目中，从客户认可到市场认可，只有在竞争中传播到位才能进一步地巩固原有的优势。只有在明确传播目的之后，选择合适的传播手段，并将这些营销传播方式相互整合，才能最终实现企业在市场上的成功。中国平安的营销传播一直在业内非常突出，也为其赢来了出色的市场美誉。

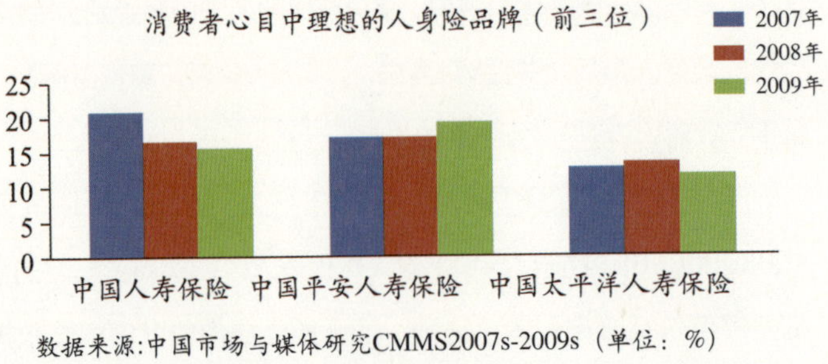

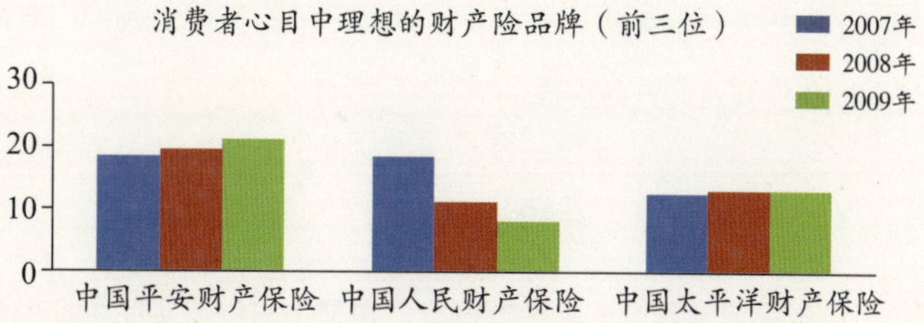

数据来源:中国市场与媒体研究CMMS2007s-2009s（单位：%）

（一）CI演进史

中国平安公司主要经历了三个最主要的战略阶段，为了保持配合战略的实施，平安公司首先对其CI设计进行了相对应的调整，以便对内和对外进行其战略选择的价值传播。

1988—1992年是中国平安的“蓝色时代”，“平安保险公司”被很多人简称“平保”，在整个行业其实并无过多的品牌意识，最基本的品牌类别方面的认知是一家保险公司。

1992—2007年，中国平安步入“绿色时代”，“平安保险公司”更名为“中国平安保险公司”，平安的标志从蓝色转为绿色，寓意了平安借由保险事业对人类生活、未来的关注，以绿色的生命力追求卓越和高效，力争做同行业中的第一。在这个阶段，中国平安还完成了完成分业，由保险公司发展成为囊括信托、证券的金融集团。平安启用了新的标识系统体现金融服务提供者的专业化形象，标志简化为“中国平安”品牌名称和“专业价值”的品牌诉求。

2008年至今是平安的“橙色时代”。中国平安在2008年启用全新的标识系统，以简化的“中国平安”中英文字标，标注了“保险、银行、投资”三大业务框架，色调从绿色变为活力、创新、温暖的橙色。在这个时期平安正在朝着国际领先的综合金融服务集团迈进的远景，平安的综合金融控股规模和协同效益日益显现，为客户提供一站式金融服务，并努力成为现代家庭首选的综合金融品牌。中国平安也开始进行大范围的品牌形象的宣传，各种广告片开始陆续在央视及地方台投放。

（二）携央视，传温暖

广告是最普通的一种传播媒介，也是抢占客户头脑中地位最基本也最有效的工具，因而一个成功品牌的打造，也与其选择的广告创意、表现手法、传播媒体直接相关。

对于保险、金融企业的客户来说，一家公司的专业形象和可信度是非常重要的，这也将影响客户的最终选择，但是并非所有媒介都能为平安的专业形象锦上添花。中国平安在选择媒介的时候主要通过两个方面来考虑：第一，广告受众要广，这样才能获得更好的广告效益，能够迅速地建立起企业形象；第二，媒介需要有较高的公信力，保险等金融行业由于提供的产品的特殊性，需要专业、可信的媒介支撑，才能获得广泛客户的信任。这样的媒介的确不多，这样的电视媒体就更加少，而央视就是这样的一种稀缺资源。因此，中国平安选择与国内最有公信力的电视媒体央视进行长期合作。

表 2009年CCTV（前5位）及省级（前3位）卫星电视频道全国覆盖情况

电视频道	可接收人口（万人）	可接收率（%）
CCTV-1	123 652.4	97.2
CCTV-7	112 229.8	88.2
CCTV-2	111 575.3	87.7
CCTV-10	105 122.4	82.6
CCTV-4	104 558.8	82.2
浙江卫视	86 734.5	68.2
安徽卫视	85 877.9	67.5
山东卫视	85 218.9	67.0

数据来源：陈洲，全景覆盖电视频道覆盖情势：2009年全国电视频道覆盖总体形势研究[J]，《广告人》，2010年第2期，P137−139

▲ 中国平安广告截图

1. 借广告之意，传“平安”温暖

2003年以前，在“中国平安，平安中国”主题口号下，平安主要打情感牌，更多依靠情感诉求打响保险品牌知名度。2006年，中国平安提出“让每个家庭拥有平安”主题，不断丰富与诠释“平安中国”的内涵，进一步巩固中国平安与家庭的关联。2007年，强打核心保险业务，树立保险业务的行业领先位置，为向综合金融过渡做准备，提出“买保险就是买平安”主题传播，2009年，适应金融危机和市场信心缺失的市场大背景，全面推出保险、银行、投资各项具体的服务承诺举措，强化品牌可靠形象，提出“你的平安 我的承诺”主题传播。目前，中国平安以“财富人生 平安相伴”的全新口号，致力于满足现代家庭全方位理财需求。

为了不断提升“中国平安”的品牌在企业声誉各层级上的表现，从而推动业务发展，中国平安调研发现消费者更加关注在有地位的媒体上、有名人做的广告，比如央视播出的有名人代言的广告，会让消费者更容易记住、提及以及信赖。因此自去年开始，中国平安请了葛优、海清分别为其寿险和车险做代言。

2. 乘央视之势，走进千家万户

中国平安在传播层面上分为两层，一层为集团层面；一层为业务层面。集团层面突出综合金融，业务层面重点传播产品/服务独特利益点；两个渠道都需要突出“专业”化的形象。

▲ 中国平安海清代言广告

在常规投放上，中国平安的媒体资源配置策略，一般是以央视为主，地方台为辅的策略进行选择投放。因为央视的传播面广、媒体品质强、对企业声誉指标建设度高、在社会中有极强的公信力，所以中国平安选择在央视投放更多的是企业形象的广告，而地方台更多的是产品广告。中国平安与央视达成合作协议之后，为了取得广泛的受众实现品牌传播效益的最大化，选择了其几个核心的频道形成了以CCTV-1新闻时事类栏目为主，CCTV-新闻/2/3/4套配合的频道组合，进行了广告投放。在2010年1—6月，中国平安获得的广告累积效果（毛评点、平均暴露频次、到达率）位居榜首，远远领先于竞争对手。

表 2010年1—6月中国平安各频道投放汇总

频道	插播数	播出天数	累计毛评点	平均暴露频次	1+(%)	2+(%)	3+(%)	实际花费	费用占比	GRP占比
CCTV-1	424	147	536.3	9.5	56.0	41.7	32.4	59 206 538	90.54%	79.18%
CCTV-2	184	126	22.7	1.9	11.8	3.9	2.0	5 208 800	7.97%	3.35%
CCTV-3	121	108	35.9	2.1	17.0	7.0	3.6	821 500	1.26%	5.30%
CCTV-4	6	3	1.6	1.1	1.5	0.1	0.0	0	0.00%	0.24%
CCTV-7	6	6	0.5	1.1	0.4	0.0	0.0	0	0.00%	0.07%
CCTV-8	63	63	9.3	2.0	4.6	1.5	0.9	154 980	0.24%	1.37%
CCTV-新闻	221	119	71.1	3.6	19.7	10.3	6.7	0	0.00%	10.50%
1-6月总体效果	1025	169	677.3	10.1	67.0	51.4	41.7	65 391 818	100%	100%

中国平安还善用央视的其他稀缺资源。自2006年7月1日开始，中央电视台《新闻联播》前出现了以中国平安保险企业标识为底色的表盘和“中国平安保险为您报时”的提醒语，这就是中国平安保险投放CCTV-1 19点报时广告形式，实现了品牌和传播平台的完美结合。2010年，中国平安选用“天气预报”和“焦点访谈”作为传播阵地，占据了品牌传播的制高点，配合套售资源持续投放，扩大覆盖人群，在行业品牌中广告效果位居前列，积累了中国平安品牌影响力。

另外，春晚作为央视每年一度的核心黄金资源，许多企业都想一方面窥视春晚无可匹敌的收视率和广大的受众；另一方面又担心观众对植入广告行为产生的负面评价而影响公司形象。相比之下中国平安堪称春晚的植入高手，先是主持台正中央“中国平安　平安中国”八个大字，以及右下角反复出现的“中国平安　平安中国”小图标，总让人们能够舒坦地接受来自平安公司的问候。

▲ 中国平安春晚植入广告

（三）投身公益

中国平安公益项目主要聚焦于教育公益、环境公益、红十字公益和社群公益四大方向。教育关系国家的未来。中国平安自创建以来一直投身于教育公益，涵盖基础教育和高等教育两大方向。在基础教育方面，自1994年到2010年年底，中国平安已在全国各省市边远地区规划援建100所平安希望小学，并从简单的硬件设施建设，逐步转向提升学校的软实力，帮助学校制定、规划长期发展的目标。2007年开始的支教行动，参与志愿者累计已超过1000人次，志愿服务时间超过7万小时，受益师生超过1万人。2009年，平安在平安希望小学设立中国平安希望奖学金，截至2010年，已奖励学生3120名，总奖金额达168万余元；2010年，在希望小学援建了4所梦想中心。高等教育方面，中国平安每年都在不断地增加投入，孕育、培养人才的成长，关注学术研究的运用的同时，支持商业模式的创新。自2003年起开展的中国平安励志计划，以评选优秀学术论文、举办创业大赛、设立励志奖学金、组织励志人物论坛巡讲、搭建励志计划获奖同学交流平台的形式，营造轻松、自由的学术研究氛围，推进国家科教兴国战略和人才强国战略的实施。从2003年项目开展7年以来，累计实现奖励学生3080人，奖金总额达到人民币1069万元。

▼ 中国平安公益广告

在环境问题日益严峻的今天，中国平安注重倡导和实践低碳理念，用实际行动加入到低碳经济的建设中。2010年中国平安正式启动主题为“绿色承诺　平安中国”的低碳100行动，将100条具体的低碳举措贯彻至企业的经营管理、业务发展、日常办公等各个环节，并从绿公司、绿金融、绿公益三个维度，全方位、多层次地开展绿色行动。 绿公司层面，2010年较2009年人均能耗降低了约10%；绿金融层面，推出了绿色账单和绿色保单，共节约纸张89.2吨，平安产险环境污染责任险年度内新增承保较2009年增长300%，保费收入较2009年增长64.4%；绿公益层面，参与了由气候组织、中国绿化基金会及联合国环境规划署联合发起的“百万森林计划”，推动低碳车主公益活动，代表60万平安车险VIP客户，在西部气候相对恶劣的国家级重点贫困县“甘肃省定西通渭县”种植60万沙棘树苗，以种树的方式抵消客户因驾车带来的碳排放，此项活动的捐赠款项达300万元。

中国平安持续多年举行全国范围的红十字主体公益月大型献血活动，截至2010年年底，平安员工的累积捐血量已达3600万cc；中国平安已连续多年向造血干细胞捐献者赠送重大疾病和意外伤害保险，捐赠总保额已逾近7亿元。历年以来，中国平安在洪涝灾害、抗“非典”斗争、印度洋大地震和海啸灾难、抗击“禽流感”、雪灾、地震等各种灾害中累计捐款已达上亿元。

为了将爱传递到神州大地，数千的平安人走到一起，开创以平安员工为主体的志愿者协会，2010年3月，平安员工志愿者协会正式成立。志愿服务志愿性、无偿性、公益性、组织性四大特征，有效地拉近你我之间的心灵距离，使得平安的形象更加深入老百姓心中。

多年来，中国平安积极履行自己的社会责任，倡导并弘扬“企业公民”的理念并努力付诸实施，在慈善教育、红十字公益、急难救助、环境保护等方面进行广泛的参与和实践，使企业赢得了良好的品牌形象和社会广泛的尊重。

结束语：综合金融的探索之旅

中国平安与深发展磕磕碰碰相恋10余月后终于等到了瓜熟蒂落的时候。2010年5月，中国平安与深发展双双发布公告，平安已收到证监会的批复，平安将向新桥定向增发2.99亿股境外上市外资股，新桥以其持有的5.20亿股深发展股份作为对价支付。交易完成后，平安将如愿以偿成为深发展第一大股东。作为以保险起家的中国平安，一直致力于打造保险、银行、投资三驾马车齐头并驱的金融控股集团。

▼ 案例组成员合影

马明哲几年前曾说：平安的20年就是探索“综合金融”道路的20年。“综合金融”是一种全新的消费体验，对于客户来说能够根据自身的需求，一站式的选择购买自己所需要的各种金融服务，比如车险、寿险、银行信用卡、投资理财产品等等，中国平安内部把这比喻成“一个厨房，多个菜系”。

而综合金融服务是一条铺满荆棘却又充满希望的道路，中国平安要直面国内其他非保险综合金融机构的挑战以及国外先进专业化的金融公司的竞争，这条路上必然兼有风雨与彩虹，坎坷与坦途。

福特汽车董事长兼首席执行官小威廉·克莱·福特曾说：”好的企业和伟大的企业之间是有差别的。一家好的企业可以提供优秀的产品和服务；一家伟大的企业也可以提供优秀的产品和服务，但它还要努力让这个世界变得更美好。”

作为一家优秀的企业，平安从保险起家，一路成长、发展、壮大，今年已经是第23个年头。

而23年，对于一个致力于基业常青、让世界变得更美好的伟大企业，只是一个开始。

中国人民大学商学院：刘凤军　李敬强
谭政焘
《新营销》杂志社：闫　芬
中央电视台广告经营管理中心：陈高杰　胡　重
李　悦　马轶红

采访手记

在去深圳的飞机上，我的脑海中就一直萦绕着这样熟悉的声音："中国平安 平安中国"、"买保险就是买平安"、"4008六个零"，"我唱着就把保险给保了"……无疑，这些家喻户晓的广告，是平安保险快速成长的重要条件之一，也是其发展迅速的体现。

在实地接触过平安之后，我更加深深地感受到：中国平安品牌的成长，除了有效的传播以及案例正文中提及的集约化、流程化、科学化等因素以外，还有几点必不可少的元素。这些见闻与感受虽然是编外话，但却是中国平安发展过程中不可缺少的一部分，也是其如今获得成功的原因之一。

第一，孔子+爱因斯坦，中西文化合璧。平安大学（平安金融培训学院）的主楼大厅，我们看到了两个代表了平安企业文化的人物青铜像——孔子和爱因斯坦，这两位相隔千年的中、西方历史人物，分别代表了中华的儒家精神与西方的科学理性精粹，也构成了中国平安中西融合、古今贯通的文化内涵。

第二，公园式大学，积蓄后备人才。平安金融培训学院（亦称平安大学），号称中国最美的企业大学。进入校门，美景便扑面而来，葱郁的高尔夫球场，古典的欧式建筑，古朴的钟楼，空气中满是鸟语花香，置身于此，仿佛进入了公园一般。加上星级服务的酒店，以及其他配套服务设施，让学员得到最好培训体验的同时，也增加了他们身为平安人的自豪感。平安大学设有寿险学院、产险学院、金融学院、管理学院及博士后工作站，面向公司所有内外勤员工，提供面授培训、认证考试、网上学习、卫星电视教学等培训方式。中国平安不仅有完善的职业培训体系，而且还有初、中、高级讲师近3000人，如此庞大的讲师队伍，分别对准有不同培训和学习需求的员工群体，使每个人都能从中获益。我想：正是得益于这样的高瞻远瞩，得益于可持续的人才培养的基础，中国平安才能获得永续发展的动力。

第三，综合金融服务跨步向前。众所周知，银行是综合金融服务的核心机构与主渠道。中国平安集团并购深圳发展银行，无疑是在中国平安巨大的服务网络中增加了平安银行这一节点，使平安集团的银行业务步上了另一个台阶，同时也使其综合金融服务的渠道大为扩增。现如今，中国平安集团已经从一个地方保险公司发展成为一个集保险、银行、投资于一身的综合金融服务集团，这种基于

▼ 案例组走访中国平安
（左三为刘凤军，右二为盛瑞生）

保险业的综合金融模式在国内来说，还是第一家。

此外，平安银行推出的自助开户终端机，使得更多的客户可以通过自助形式接受中国平安的服务。通过银行开发新客户，利用“一账通”实现交叉销售，这是中国平安正在尝试的综合金融营销模式。

如今的中国平安，已经形成了包括保险、银行、证券、基金、信托、期货、资产管理等在内的综合金融服务架构，大大提升了其在金融行业中的竞争力。随着金融行业改革力度的进一步加强和深入，适度的混业经营将成为有利于综合金融服务、有利于中国平安的制度环境。我们祝愿中国平安成为让世界震惊的中华民族金融帝国。永远平安，平安永远！

刘凤军

刘凤军

1963年生，经济学博士后。

中国人民大学商学院教授、博士生导师。

兼任中国市场学会副秘书长、中央电视台广告中心策略顾问、“教育部新世纪优秀人才”入选者、“北京市社科理论人才百人工程”入选者。

主要研究领域：品牌运营、服务营销、中国企业营销，先后主持国家自然科学基金、国家社会科学基金、国家教育部博士点科学基金、中国博士后科学基金和全国教育科学十五规划项目等多项科研课题，

出版《品牌运营论》《市场营销学》《影响力营销》《顾客导向的内部营销》《银行竞争与营销创新》等著作及教材，在《中国软科学》《中国工业经济》《财贸经济》《中国人民大学学报》等杂志上发表论文多篇。

中国汽车工业经历了从新中国成立以来的闷头造车，到打开国门以市场换技术的跨越式发展。2009年中国汽车产量登上千万级台阶后，三股力量交错前行。国际跨国车企纷纷看好中国；拿出“拳头产品”争夺中国汽车市场份额；合资企业纷纷祭起“合资造自主”的大旗，自主品牌在坚守质量强国的道路上艰难跋涉。

迷雾中，我们从北京现代汽车有限公司看到了一种回答：汽车制造业需要一种精神，一种后来者居上的坚韧，一种对质量的坚守。“质量控制不了是完全不可能在制造业里立足的。”曾以“现代速度”为世人称道的北京现代，用它们的严谨让我们看到了中国汽车制造业的精神内涵。

后来者何以居上

——北京现代的品牌升级之路

进入2011年，北京现代汽车有限公司一改过往品牌结构上的内敛表现，以全新的第八代索纳塔为先锋，做出向高端汽车市场冲刺的架势，其势头不亚于8年前的“现代速度”。紧接着，六月初北京现代又向汽车市场投掷了一枚“爆破筒”。发布了“5年10万公里整车保修”服务计划，为亮相不久的第八代索纳塔提供了更具市场吸引力的售后服务措施，该计划是首次将国内的整车保修提升至与

▲ 北京现代第八代索纳塔广告

发达国家同等的水平，此举可谓重新标定了国内中、高端车市场的服务高度，为北京现代进入高端车市场撕开了一个口子。

与此同时，在全球市场，韩国现代汽车逆势崛起，借经济危机放缓欧、美、日等汽车生产大国发展速度的历史机缘，针对多年来

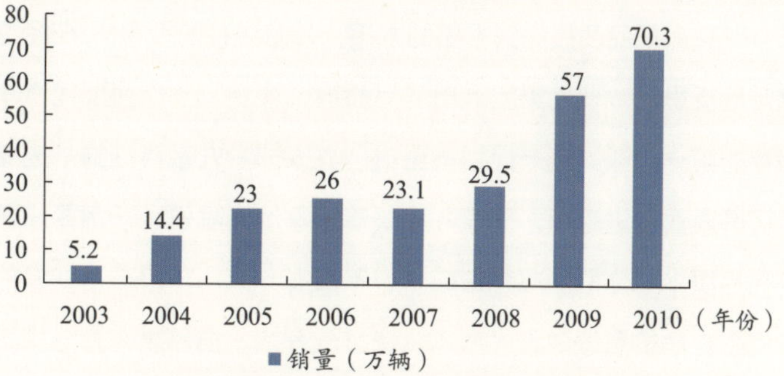

2003—2010年北京现代年度总销量（万辆）

只重品质不重品牌的营销短板，发起全新的品牌运动，剑指高端市场。其中以新的品牌口号：“New Thinking New Possibilities”为信号，将全球战略车型之一新雅尊作为利刃，直刺日系对手凯美瑞、雅阁等款车型，并欲与大众等欧美高端一较高下，攻入美、欧、日盘踞多年的高端阵营，从而实现后来者居上的品牌梦想。

一、好车是怎样炼成的

（一）跨越品质经营

如同一个励志故事，开头总是因为身世、处境不尽如人意，激发出图强者的斗志。这一次，斗志中更融合韩式的倔犟和中国汽车人的执著。

因为家底薄，韩国现代汽车在国际市场的口碑始终不理想。作为小字辈,现代汽车的“高性价比”策略曾一度遭受市场冷遇。甚至曾有英国BBC记者这样形容现代汽车：“像大众汽车一般大小，但价格却如三明治一样便宜，除了便宜，没有任何优点。”刻薄的英国人道出了当时现代汽车的致命弱点：“品质上的严重缺失。”然而，这还不是最尴尬的，真正令现代汽车感到切肤之痛的，是没有深厚的品牌积淀、过硬的汽车工艺，拿什么说服消费者？

“只有把品质提高到丰田的水平，才是生存的根本!”在经过痛苦地反思后，现代集团提出“品质提升计划”，作为现代汽车图存的第一功课。这一计划甚至由创立人郑梦九亲自挂帅，成立专门的质量推进组织。郑梦九会长曾形象地比喻说：一定要注重产品品质，“你把情况想象成，说不准哪一天汽车停在了沙漠的中间”。危机意识令现代汽车从决策层开始，把品质作为一切工作的出发点。

在坚持品质的基础上，2009年，韩国现代提出了“GQ-3.3.5.5”的全球质量发展规划，即在3年内“产品品质”进入到全球汽车行业的前3名；5年内“品牌形象”进入到全球汽车行业的前5名。

服务方面，现代集团在美国市场率先提出“5年10万公里”整车保修服务，这也是此前汽车企业从未涉及的服务领域。事后证明，这种激进的营销手段极大地提升了消费者对现代品质的信心，为其品质飞跃埋下了伏笔。

北京现代完全继承了现代汽车成功的精髓，把品质至上的经营理念逐一贯彻下来。由此，“品质经营”加速年成为北京现代2010年的关键词。从2011年起，“品牌提升”将作为北京现代今后发展的重中之重。

近年，北京现代有意识地降低了发展速度。2010年，北京现代制定了67万辆的销售目标，同比增幅仅为17.5%，重心转移到苦练内功、强化产品品质上。“满意度经营”也成为考核工作成效的重要指标。在提升服务质量方面，北京现代加大了二三级市场的营销服务网点建设，建成550余家销售网点和100家特约服务站。让消费者惊喜的是，现代汽车在增加了B级车和城市SUV之后，深耕各级细分市场的动作更加频繁而清晰起来，正在逐步挣脱单一家轿体系的桎梏，品牌形象也在消费者心目中发生着变化。

北京现代汽车董事长卢载万在解释品牌战略时提出：“品质是品牌的基石，品牌的美誉度建立在品质的长期积淀之上。一个公司树立品质意识，长抓不懈，大概需要5年左右，才能转化为好的实物质量。而要让消费者认同‘品质’并购买汽车，还需5年，才能使品牌认知和美誉度得到提升与确立。”

目前，北京现代产品的一次性合格率已经达到98%。在现代集团最近的一次评分中，27个海外工厂里，北京现代的产品质量和服务质量都是最好的。

（二）强化体系性管理

从品质到品牌，现代汽车正在经历着一场脱胎换骨的蜕变。

“技术、产品都可以通过引进、购买等其他手段达成，唯有质量不行，质量控制是制造业中唯一需要自身完成不可外包的环节，是一个非常复杂的体系性管理。”北京现代汽车有限公司常务副总经理李峰说，“品牌是实力的代名词，它不是打赢一场战役，占领一个山头就能取得的，品牌是靠一城一池拿下来的，它本身就是对实力的诠释，更是一种信赖。”

2006年北京现代斥资近120亿元，开始了第二工厂的建设，并于2008年建成投产。第二工厂的建成不仅提高了20万辆的产能，更为重要的是，在质量控制水平上把北京现代带入了新的高度。

汽车生产的高自动化程度是第二工厂的亮点。在冲压、车身、涂装、总装四大车间，共计314部进口机器人是第二工厂“最为繁忙的工人”，在汽车生产高度要求精确、严密的过程中，以机械手代替人工，不仅提高了速度，更重要的是减少误差，提高精确程

▼ 北京现代汽车第二工厂外景

▲ 北京现代汽车第二工厂冲压线

度。第二工厂自动化率已经达到100%，5400吨联动压机、100%焊接自动化率、无干涉精确喷涂等工艺，全部采用世界顶尖设备，生产自动化率达到国内领先水平，可以引进任何一款韩国现代产品，是国内乘用车生产领域最为先进的工厂之一，就是在全球范围内，第二工厂的设备、管理水平也是处于领先地位的。

在生产效率与质量控制方面，第二工厂也做到了二者的完美结合。

每小时生产的汽车数已达66辆，也就是54.5秒就有一辆汽车下线。先进的高科技设备和严格的品质管理系统，在保证了高效生产率的同时，保障了每一辆车的高品质。

除了先进的技术支撑，汽车生产流程方面，北京现代也独具创新。

在第二工厂总装车间采用了北京现代特有的柔性生产作业体系。在同一条作业线上，最高同时进行6车种1100多种式样的交叉生产，不仅避免了混线生产导致的安装误差，同时保证了产品的高质量。

北京现代不仅以重金引进现代化的生产设备，更是在内部品质管理方面下足了工夫，从预警、测评等几个方面完善出特有的一套品质管理经，并针对各环节分别采用有效方式保证品质，真正做到全面、全员、全过程的质量控制。

在生产过程中，为保证产品一致性，凡对品质标准有影响的环节及重体力劳动都由机械手完成，检查、调整、管理由人工完成。在质量控制方面，流水线作业过程中每个环节都有检验标准，必须在满足当前工序的检验标准后，才能进行下一个工序。同时，每台下线车辆都要在检测线100%质检，包括四轮定位、灯光检测、底盘、制动性能、淋雨和尾气检测等，并在专业试车跑道路试后送PDI(出厂前检查)车间。为保证生产后的使用效果，每一台车都要通过严格的实际测试后才能进入市场。

服务体系管理也是如此，比如在质量管理考量指标中，有一个代号“CS1000”的指标，它是指新车在3个月内，每1000辆车当中有多少个质量问题和投诉。针对这些问题，售后服务团队会定期予以改进，并提请生产部门改善。

“把事情做细，把细节做久，把习惯做好”，是北京现代中韩汽车人对汽车制造业的坚守。

北京现代汽车有限责任公司总经理卢载万有个习惯，每天早早的来到车间，看到任何小问题，就用手机录像，拍下来，回去之后马上解决。为了贯彻管理思想，卢载万提出在厂区划上斑马线，员工不得随意穿行马路。一开始，很多员工不理解，认为太教条。但是，在这位倔犟的韩国汽车人的坚持下，人们慢慢发现，严谨、严格的做事态度，才是汽车制造业的灵魂，毕竟汽车这种特殊商品是和生命息息相关的。

严谨的精神渗透到北京现代的各个层面。

在北京现代的车主中，流传着一个途胜车主挽救受伤藏羚羊的故事。2008年8月，一位北京现代车主驾车路经可可西里戈壁滩时偶然发现了一只奄奄一息的藏羚羊。为了挽救这只受重伤的国家特级保护动物，车主只能冒险抄近路，在崎岖不平的戈壁高速行驶，并最终在2个小时内成功将受伤藏羚羊送至可可西里自然保护局。保护局领导对车主的行为表示感谢，同时对途胜车优越性能赞不绝口。因为如果没有四驱功能，没有优秀可靠的悬挂和底盘，在海拔4000米以上没有公路的可可西里，这一次救助是不可能完成的。

“我们不是在造火箭，但是要胜似造火箭。”这是北京现代车间工程师在生产第八代索纳塔的过程中严格工作的写照。为了保证车身精度，轿车二厂人手一把间隙尺，严格按照车身工艺要求操作，调整精度要达到0.1毫米。为确保在极限天气下的品质，测试工程师要在大约摄氏零下30度的严寒气温下，进行各种冷启动试验。

从2010年开始，北京现代提出了“内涵式增长”战略，即从注重发展速度，向注重经营质量过渡。那么，第八代索纳塔自然就承担起品牌、产品形象等多重压力。参与新战略执行任务的北京现代常务副总经理李峰对此深有感触。还是在和他的大学同学尹同跃等人一起为中国自主汽车发展谋求出路的时候，李峰就提出了“汽车产业要从以往的爆炸式发展，转向更注重产品品质、顾客满意度和品牌建设的发展方向。建立、完善和管理质量体系是自主汽车品牌发展的重点所在。”

今年“3·15”晚会报道了锦湖轮胎（天津）有限公司部分批次轮胎存在安全隐患的问题后，北京现代随之采取了紧急措施，推迟了第八代索纳塔新车的下线工作，把一辆辆新车重新送回装配

▲ 车身车间全自动二氧化碳气体保护焊接

线，卸下所有问题轮胎，安装上性能可靠的产品。此举，给索八的面世带来一个不小的“插曲”。也正是这种对产品品质的严格自我审视，才有了260万消费者对北京现代的满意使用体验。

经典中级轿车伊兰特对北京现代产品品质更是有着坚实的体现。作为销量已经超过100万辆的“家轿王”，伊兰特一直有“百万公里无大修”的美誉。

广州市白云出租集团的一辆伊兰特曾经创造了129万公里无大修的新纪录；而山东省枣庄市车主陈磊也创造53万公里无大修的个人用户记录。2008年北京现代新疆捷康汽车有限公司的一份用户调查统计表明，仅仅是从这家汽车销售公司售出的北京现代车，至少有7辆不同车型，累计行驶超过50万公里无大修，其中一辆索纳塔已安全行驶100万公里。北京现代汽车的优秀品质，在一个个车主的亲身经历中再次得到印证。

（三）创立售后服务新标准

在汽车制造业，流传着这样一句话：“卖车不赚钱，赚钱靠服务。”美国《新闻周刊》和英国《经济学家》曾对世界排名前10位的汽车公司近10年的利润情况进行分析，结果发现：在一个完全成熟的国际化汽车市场，汽车的销售利润约占整个汽车业利润的20%，零部件供应利润约占20%，有60%的利润是在其服务领域中产生的。因此，随着中国汽车市场的消费升级，售后服务水准不仅为制造商带来销售利润，更主要的，是从服务层面检验制造商的管理能力。

良好的汽车服务，一直是汽车厂商的品质保障，也是吸引客户的重要手段。随着中国家用车市场的逐步成熟，汽车消费过程中的定期保养的重要性日益为消费者认知。因此，售后的保障服务对消费者购买的影响逐渐接近于产品本身。在北京现代逐步取得良好销售业绩的同时，在售后服务方面，提出“真心伴全程”服务理念；从“保修政策、维修团队技术水平、管理手段”三个方面发力，切实提高后期保障服务的品质。今年又为索八配备了5年10万公里的整车保修服务。此举，从某种程度上说，拉高了消费者对整个中高端汽车品牌的服务预期。

为不断提高售后服务水平，北京现代从2005年起每年举办“全国维修技师技能大赛”。大赛已连续举办6届，有效激励了终端维修服务人员提升自身专业技能的信心，并带动了企业整体服务水平和客户满意度的提升。在集团层面，现代汽车集团每年都会举办国际技术大赛，邀请世界各地韩国现代旗下厂商及合资企业经销商的优秀技师在首尔进行比赛。目的是为了促进现代汽车维修技师服务水平与维修技能的整体提升，提高现代品牌信任度，更好地服务消费

▲ 北京现代服务理念标识

者。2009年第八届大赛共邀请了全球47个国家，113名汽车维修技师参赛。北京现代亿发4S店维修技师李鹏在综合技能比赛中获得冠军，北京现代还获得了变速箱维修单项排名第二和综合排名优胜奖的优异成绩。这也是北京现代第三次参加现代汽车国际技术大赛，比赛成绩证明北京现代的售后服务水平和维修技能，已经处于集团内的领先地位。

此外，北京现代还在全国各4S店逐步推进“透明车间”系统工程，从进厂接待、维修、完工、通知到统计分析，从客户入厂到结算出厂全部实现透明化操作和管理，这种主动的、可视化的管理手段，显然能够让售后服务更透明，从而让消费者更放心。同时，导入先进的故障诊断系统，该系统能迅速找出故障的根源，缩短维修和用户等待的时间，显著提升客户满意度。

由中国质量协会、全国用户委员会开展的全国轿车用户满意度调查，分别对汽车用户对产品的满意度和对售后服务的满意度进行打分，是各品牌客户满意度情况的全面反映。在2008年、2009年两届该调查的各品牌车型用户满意度对比中，北京现代两款车悦动和伊兰特分别位居中型车满意度第一名。

在售后维修之外，最能体现车辆品质的就是风驰电掣的赛道了。赛车运动是验证汽车产品综合品质的最佳方式之一。

几年来，北京现代不忘把自己的汽车，带入专业的汽车运动赛场，以考验其品质。

在中国，中国房车锦标赛（CTCC）是国内最权威、最高级别的赛车运动，其赛事成绩能够对参赛车辆品质给予最直接的肯定。2006年北京现代全资赞助组建车队，并于2010年启用新车i30参加比赛，2011年启用刚刚上市的新悦动参加比赛。北京现代将赛场作为车市之外的另外一个检验场所，随着一个个冠军的取得，口碑传播的效用让消费者对北京现代的产品更有信心。

▲ CTCC珠海站北京现代队包揽冠亚军

发动机是汽车最具技术含量的核心部件。CTCC中国量产车组比赛禁止对发动机内部进行改装，可以说，CTCC赛事就是对汽车生产厂家核心技术实力的比拼。作为北京现代的两款参赛车，i30和悦动都有着上佳表现，尤其是i30的顽强拼搏，一次次为北京现代立下汗马功劳，助力北京现代赛车队屡次摘得CTCC的桂冠。迄今为止，北京现代已经创造了连续六次夺得车队冠军的佳绩。优异的动力性能与卓著的车身安全性，为其驰骋赛场奠定了最坚实的品质保证。性能造就品质，品质铸造传奇，i30“蓝色闪电”传奇的缔造，见证的不仅是车队的实力，更是北京现代汽车品质的跃升，以及“以品质立品牌”战略的成功。

北京现代已经对CTCC保持了六年的坚持和投入，中国房车锦标赛的卓越表现传达出了北京现代实力进取、积极拼搏、热情年轻的品牌精神，并且增加了品牌形象中年轻动感的时尚元素。赛场亦是舞台，是团队合作和对手对抗的赛场，亦是产品实力和技术实力较量的舞台。随着赛事影响力的扩大，赛场的佳绩必为北京现代的品质之路插上高飞的翅膀。

（四）全球认可的优秀品质

对品质的执著追求与坚守必定会有回报。

2009年，J.D.Power在北美新车品质调查IQS (Initial Quality Study)中，现代汽车获得了95分历史最好成绩，在非豪华级别当中排名第一。而包括高端品牌在内的全部排名里，现代汽车排在雷克萨斯、保时捷、凯迪拉克之后列第四位，力压奔驰、宝马、奥迪等世界最高端豪华品牌。此次的调查结果是北京现代汽车产品质量提升的坚实印证。

作为一个全球汽车行业的后来者，韩国现代集团不断进取努力，以执著的精神挑战行业标准，连年来从全球范围的权威行业评选到中国的汽车自主调查，现代汽车都取得了值得称赞的成绩。这种权威、公认可信的行业排名数据是北京现代传播产品品质的有力支撑。

▼ 2010年第六届CCTV年度汽车评选

欧洲市场是全球汽车行业继北美市场以外的又一重要战略重地。2010年，德国权威专业汽车杂志《汽车画报》（*AutoBild*）发布了“2010年度汽车质量报告”。现代汽车一举超越宝马、奥迪、丰田等知名品牌，荣膺第一名，这标志着现代汽车的优秀品质在欧洲以及世界范围得到了广泛认可。

与韩国现代汽车一脉相承的北京现代，通过多年来全价值链的“品质经营”，产品品质大幅提升。在备受关注的2010 CCTV中国年度汽车评选中，北京现代ix35荣膺“2010年度最受市场欢迎奖”，这是北京现代再次登上央视舞台获得极具权威性和影响力的媒体大奖。

2010年，在权威质量评价杂志《产品可靠性报告》和武汉大学质量发展战略研究院共同组织实施的“中国主流家用轿车可靠性调查”中，北京现代凭借极低的百车故障率(PP100)和优异的综合成绩，一举成为可靠性最高的家用轿车品牌。在全部入围的51款主流家用轿车中，伊兰特的可靠性位列国产家轿第2位，悦动位列国产家轿第4位。

随着不断精进产品品质和打造品牌实力，现代汽车犹如一颗在全球汽车舞台上的耀眼明星，赢得了全世界消费者的喜爱和信赖。多年持续的自我超越不仅助推现代汽车实现在全球销量突飞猛进，还将现代汽车品质和品牌提升到了一个新的高度。

二、参与营销，点燃市场引擎

不同于其他商品的营销手段，对于汽车，这一单件商品消费额超过万元的“大家伙”，常常让消费者很难马上做出购买决策，其影响因素之复杂不亚于房地产。为破解这一屏障，汽车厂商和相关服务体系亮出的唯一撒手锏，就是体验。

2008年北京现代“舞动08，悦动中国”活动邀请车主“回娘家”，讲述自己的北京现代故事，充分体现与车主的互动。受邀参加“回娘家”北京之行的戴先生，感受到的是北京现代带来的感动。戴先生是北京现代的老客户，购买了伊兰特，车况和售后都不错。最让他感动的是有一次他在外地出差，一天晚上家里老人身体突然不舒服，妻子着急送老人去医院，但她不会开车，加上戴先生一家住的地方比较偏僻，出门后等了好长时间没有出租车，当时看见旁边一家4S店还开着，她就跑过去想请人帮忙，店里的服务顾问二话不说，开了店里的一辆伊兰特把老人火速送到了医院。这样，戴先生和北京现代4S店建立了超出普通客户与服务人员之间的关系，也拉近了他与北京现代的距离。如果说优质服务是戴先生长期切身感受到的，那么零距离参观二工厂则是他感受的深化。口碑的重要性带动了产品的销售，戴先生的家人也再次购买了北京现代的产品，成为忠实客户。北京现代不仅依靠品质说话，还通过带给消费者更多的活动体验，来增进与消费者的沟通和联系。

（一）搭建参与式营销平台

北京现代汽车自2002年成立以来，一直重视市场推广活动，并逐步形成了活跃的互动营销平台。无论是行业内常规的车展和试驾，还是自主开展的节日营销和活动营销，北京现代充分利用活动话题，在展开一系列营销活动的同时，缩短与消费者的关系，实践了“你参与，我传播”的参与式营销传播理念。

1. 新车亮相，口碑先行

对于上市新车的销售业绩来说，厂家如何开展营销活动，从而促进消费者关注、了解甚至喜爱，是至关重要的一环。很多在国际市场畅销的车型在中国受到冷遇，都与中国市场的水土不服有关。市场推广的成功与否，在很大程度上决定了消费者的认知和购买决定。

北京现代每推出一款新车，都会伴随着试驾活动的开展。不仅可以增强用户对汽车性能的感知，也可以感受到北京现代的人性化推广策略。继2009年推出“瑞纳非凡之旅”第一季后，在2010年又推出了第二季“V·我非凡——非凡体验”活动。活动在全国17个城市开展，消费者可以在当地试乘、试驾，感受非凡动力。试驾者只要登记驾驶证及签订试驾协议，马上就可以和瑞纳有一次亲密的接触，沿着事先规划好的试驾路线进行试乘及试驾。参加试驾的人同时可以参观汽车展区和特约销售服务店，可以更直接地询问汽车具体情况。试驾结束，4S店内还预备了一台笔记本让试乘、试驾结束后的顾客来发表自己的感受。这种用户体验可以带来人际传播，使更多消费者加入为瑞纳全国试驾活动加油的队伍当中，表达对瑞纳的热爱与期待。作为汽车产品体验营销的重要方式，试驾是推出

▼ 辉煌瑞纳上市由王力宏代言

一款新车时所要进行的重要活动之一。北京现代一直持续进行汽车试驾活动，通过深度试驾，让消费者真真切切感受驾驶体验，来形成对北京现代品质的认同。

2011年，北京现代着力推出第八代索纳塔，试图通过大规模营销传播活动提高其知名度，挑战日系车，顺利进入中、高级车市。不仅在网络、电视、报纸等媒体和上海车展上可以看到第八代索纳塔的身影，消费者还可以亲自试驾体验，真切感受索纳塔，加以评测。北京现代的试驾活动有自己独特之处，活动环节全面周到。2011年4—6月的试驾活动不仅包括“线上有奖问答活动”，还包括“各地试乘试、驾活动”，线上、线下对接。既为消费者搜索信息带来了便利，又满足了消费者亲身试驾的需求。另外，试驾活动持续时间较长，并具有持续性，在试驾的消费者中甄选15名试驾者，参与第八代索纳塔的非凡自驾游之旅，品位独特的旅程，享受驾驶的艺术。

▼ 气势恢弘的第八代索纳塔

2. 基于情感，增强品牌亲和度

2009年7—9月，北京现代雅绅特举办了幸福启程——“爱情故事征集令”活动。雅绅特整车呈现出一种圆润感，车身娇小，整车设计细腻温婉，比较受女性消费者的青睐。爱情是人类永恒的话题，而雅绅特的目标受众正是30岁左右的家庭用户。对此，北京现代极具针对性地开展了“爱情故事征集令”活动，迎合了目标消费者，话题性十足。该活动与优酷视频网站合作，将参加比赛的爱情故事上传到优酷网和酷男、酷女们一同分享。主办方将根据网络投票选出两部优秀的爱情故事拍摄成视频，并给予奖励。这种线上的活动不仅易于吸引日益依赖互联网这一新兴媒介的年轻人，而且趣味性强，容易形成互联网上的病毒性传播，影响范围自然会扩大。

2009年9月，北京现代汽车有限公司举办的“i30花车设计大赛”活动正式启动。北京现代作为第七届中国花卉博览会合作伙伴，此次活动是北京现代i30的一次特别装扮的亮相，也是“i”系列车情感故事的一次演绎。为方便广大网友参与，本次大赛设置了网络DIY平台，网民可以参与其中，选择喜欢的i30车的颜色、青睐的主题背景、用鲜花装点个性i30，体验妙趣横生的DIY花车乐趣，讲述故事。为了能提供更大的发挥空间，网民可下载i30原车图片或在互动平台生成作品的基础上，用鲜花、装饰图案创作i30的作品和故事，作品将被上传网站，并参与评选。获奖者除获得奖品外，作品还可能被制作成真实的花车，参与第七届花博会花车巡游活动。这种活动将线上、线下进行搭配和对接，既符合了目标消费人群的媒介接触习惯，也最大化地将产品信息推广开来，i30年轻活力的形象也深入人心，同时也体现了北京现代追求幸福生活的精神。

2009年12月到2010年1月，北京现代举办了i30虚拟网络改装大赛。该活动将对汽车的改装和销售统统放在网上举办，虚拟进行。改装作品是运用虚拟价格、虚拟购买，但只有实用性强、性价比高、外观靓丽的作品，才能获得网友青睐。通过点击作品下方的“转发好友”按钮，复制作品链接并发给好友参加虚拟购买。参与改装或虚拟购买并留有真实准确注册信息者，在活动结束后2个月内购买i30凭个人信息均可在市场价格基础上享受5次免费保养。网络虚拟活动的开展不仅充分利用了Web2.0时代的分享和转发功能，形成多级传播，而且线上活动也会带动线下购买，拉动产品的销售。

这些比赛活动善于吸收新鲜元素，融合了线上和线下的对接，迎合目标受众，效果具有精准性，对于北京现代形象的树立和销量的提升都有帮助。

（二）与消费者一路同行

针对消费者，北京现代持续举办一系列车主活动，如车主聚会、代言人选拔、自驾旅游等，与消费者分享成功的喜悦。在取得良好销售业绩的同时，北京现代会适时推出回馈活动，对个人用户、出租车用户等客户群提供“感恩服务”，既分享北京现代的已有成果，又加强与客户关系的维护。

1. 分享拥有的喜悦

持续的免费检测服务活动是北京现代一贯坚持的服务，对出租车用户和个人用户提供温馨回馈。2005年4月的让爱车“COOL一夏”免费检测服务活动；2006年4月，北京现代出租车“真心关怀”免费检测服务活动；2006年6月的北京现代“激情胜翔”，世界杯特别免费检测活动等，无不体现了北京现代对客户的关怀，对用户提供优质的服务，并与时事热点相结合，发挥出广泛的影响力。

北京现代的“现代速度”带来的销量增长是有目共睹的，这种

▲ 超越百万　感恩无限——庆祝北京现代百万产品下线系列活动(2008年)

喜悦与消费者一起分享，则会带来更好的市场反响。2008年3月，“超越百万　感恩无限——庆祝北京现代百万产品下线系列活动“顺利开展。全国特约店和服务站针对北京现代现有顾客提供免费检测和免费保养，为客户提供免费课堂，将“你的车，我们爱”进行到底。并且该系列活动还提供巡回检测、轻松试驾服务，将贴心的服务送到家，让消费者对北京现代汽车有更多的了解。

2010年11月，北京现代成立8周年之际，向用户提供真诚回馈——8年品质累积，环保始终如一。购买悦动、瑞纳、i30、伊兰特，即可享受3000元国家节能补贴。惠民补贴不仅可以吸引消费者的关注，坚持环保、节能也使得北京现代的形象得到提升。同时，这与北京现代一贯坚持的公益环保主张也不谋而合，合力效果更加明显。

北京现代还致力于针对消费者开展趣味性、实战性的活动，并且这些活动与热点结合，更易引起消费者的兴趣，参与热情自然大大提高。2004年7月举办的“驾着激情去北京”活动，从深圳出发，北京现代车队途经6省，巡游了北京城。路途中，汽车没有出现故障，再次印证了北京现代的良好品质。“回家之旅”的主题活动为用户提供了丰富的旅游观光服务。

2011年5月，北京现代重磅推出索纳塔尊享S计划，旨在为用户提供高级的5S计划，即尊享保修（service）、尊享团队（special team）、尊享深造（study）、尊享救援（succor）和至尊大礼（samsung）的系列服务。这与第八代索纳塔大的定位互相吻合，也以良好的姿态进军中高级市场。可以看出，活动的推出与北京现代的战略规划是一致的，企业形象也逐步向更高层次迈进。

另外，北京现代实行“北京现代华夏文明探访之旅”，创造性地独辟文化蹊径。一路走访恒山、华山和嵩山，沿途深度探访三山五岳人文景观、文化遗迹、走访专家学者，通过参观、文化讲坛等方式溯源华夏文明、学习华夏文明。此举通过寻访公众熟知的历史文化地标，探访其不为人所熟悉的精神内涵，并以此为载体和纽带与北京现代企业文化相融合，使北京现代这个合资品牌本土化指数、亲民指数瞬间飙升，企业品牌形象也相应得以提升。

2. 共同发展的支持

客户满意度调查是北京现代长期进行的一项用户调查，目的在于了解客户需求，对新购车客户、保养/维修客户提供具有针对性的服务。北京现代以质量为其发展的保证，因此对客户满意方面的考量就十分重要了。通过客户满意度调查，可以更清晰地了解北京现代在用户心目中所处的地位，也更明晰用户希望北京现代提供怎么的产品和服务，从而使北京现代能够给用户提供更满意的服务，有利于北京现代的良性发展。

北京现代建立的H-club平台（车主俱乐部）是一大特色。北京现代官方网站中的H-club版块，针对老客户开展优惠换购、试乘试驾和积分奖励等活动，通过客户之间的人际传播，使传播范围更广泛，口碑营销的效果也尤为显著。目前在北京现代官网上的官方俱乐部H-club板块注册成为会员的用户已达二十多万，其中80%会员是北京现代车主，通过该会员系统企业不仅可以顺利地与已有消费者沟通和互动，同时也能吸引潜在消费者的关注度。新客户在“H-club学院”专区也可以获得相应的驾乘指导和专业汽车修理知识。北京现代致力于将这种客户关系逐步建立为长期持续的稳定关系。另外，北京现代针对客户的提问，专门设立了在线窗口，与800热线打通，为客户答疑解惑。为客户提供关怀，实现与客户的有效沟通，是北京现代建立客户关系管理系统的初衷，也是北京现代不断前行的动力，而用户满意则是对北京现代的肯定。

纵观北京现代在消费者方面举办的系列活动，这是其市场工作的重要内容之一。围绕消费者，北京现代开展了很多活动，力图拉近与消费者的距离，同时也利用客户的人际传播效应，促进销售。同时，面对消费者举办的车主活动方式也不断丰富，以往是以免费

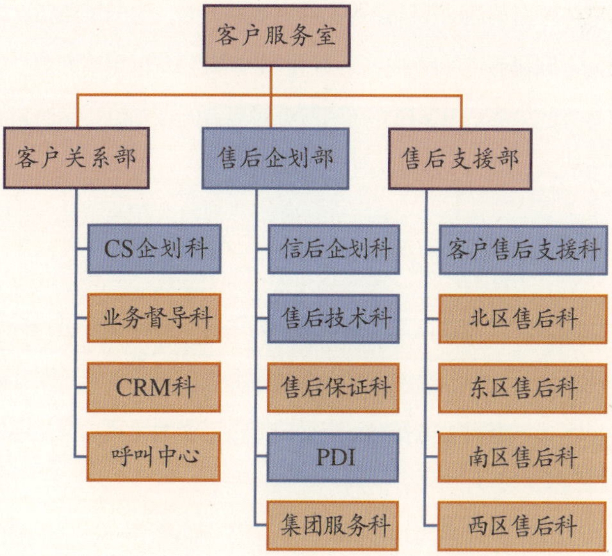

北京现代客户服务室组织架构

检测为主，活动方式相对单一，而近几年，其形式更加丰富和成熟，更具参与性。

三、高端资源，助力传播加速

2010年年底，现代汽车集团发布消息，成为国际足球联合会（以下简称FIFA），旗下包括2018年、2022年世界杯所有相关赛事的汽车赞助商。此举表明，自2002年跻身FIFA官方合作伙伴以来，现代汽车深耕体育营销的策略已见成效。应该说，竞技运动，特别是对抗性强的体育项目，在某种程度上诠释了汽车人的激情，和这种激情相对应的，是消费者那颗澎湃的心。

国际足联主席布拉特表示："FIFA和现代集团一直共享着足球哲学和热情，为现代集团能够成为2018年、2022年世界杯赞助商而感到高兴。"

北京现代秉承现代汽车集团的体育营销基因，坚持以世界杯为主线的体育营销活动驱动企业的营销传播策略。这一策略在媒体上的呈现，则是通过借助中央电视台的媒体资源，以足球为媒，达到快速传播的效果，迅速建立起消费者对品牌的认知度，同时为品牌美誉度的建立打下了坚实基础。

（一）借高端媒体放大品牌影响力

北京现代自成立以来，就不遗余力地应用多种媒介进行广泛传播，电视媒体、报刊媒体、网络媒体等都可以寻觅到北京现代的身影。从广告的发布可以看出，产品广告占了很大比重，并且电视媒体的应用力度更大。

北京现代一直将电视媒体的广告投放作为重要一极，这是由电视媒体的优势所决定的。北京现代不仅在央视投放硬广告，对汽车

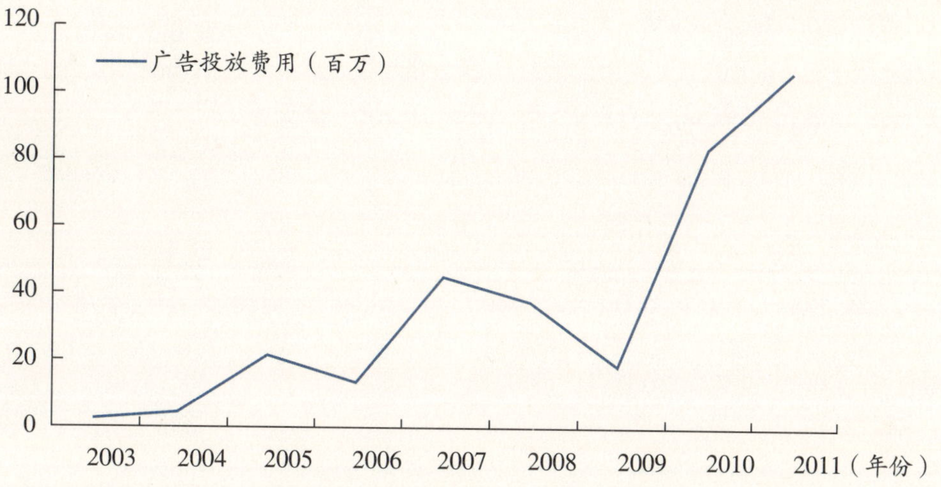

北京现代2003—2011年在中央电视台的常规广告投放费用（数据来源：北京现代）

▼ 北京现代广告截图

产品（如索纳塔、雅绅特、伊兰特、领翔等）广告进行播放；而且与央视的栏目，如《经济半小时》等知名栏目进行合作。在对北京现代的产品形象、品牌形象方面的传播，中央电视台发挥了优势媒体的影响力。

从2003—2011年间，北京现代在中央电视台的常规广告投放费用，从165万元增长到1.614亿元，9年来增长了近65倍，与北京现代多年销量名列前四紧密相关，也与企业在与央视的合作中建立出一套属于自己的传播方式有关。在中央电视台的投放，不仅常规广告呈逐年上升趋势，栏目赞助力度也逐年加大。特别是2008年以来，随着北京现代销量的大增而显著提高。从2010年开始，广告投放的上升幅度，也体现了北京现代强化品牌建设和传播的力度与决心。

从2008—2011年，北京现代在央视投放广告和进行栏目合作方面，都是针对每年推出的新型汽车投放广告，以此不断刺激受众。合作内容也从简单的硬广投放发展到了广告、栏目合作并存的方式。在频道选择上，北京现代打组合牌，把影响力第一的央视一套、覆盖高端人群的央视二套和体育频道综合投放。一方面，北京现代选择与汽车有关的电视栏目（如《名车高速路》等）进行合作，可以更贴切地传播相关汽车信息；另一方面，北京现代还选择《焦点访谈》《黄金剧场》后的黄金时段进行硬广投放，广告到达的受众范围也会扩大；更为重要的是，北京现代利用体育赛事加强与央视的合作，在《体育世界》投放硬广，突出北京现代在体育营销方面的持续运作。通过与央视的合作，不仅实现了最广泛的受众覆盖，而且借助中央电视台的影响力，有力提升了北京现代的企业形象。

▲ 北京现代广告截图

（二）与央视合作　创新体育营销

2001年随着北京奥运举办权花落北京，国内民众对于体育的热情逐渐升温，体育营销成为众多行业进行品牌营销的重要方式。北京现代秉承现代集团的营销思路，从成立之初就确定了以体育营销为主线的营销传播方向，并形成了自身的独特思路。历数近年来的体育营销之路，可以发现相比很多企业还停留在简单赞助的阶段，北京现代已经积累了很多成功经验。对赛事的精心选择和对平台资源的充分利用帮助北京现代实现了一箭三雕的目的，在提高品牌知名度和美誉度的同时促进产品的推广，另外，与消费者的关系也随之更进一步。

1. 瞄准足球，持续提升影响力

北京现代自成立以来，就把重大赛事作为推广品牌的重要平台。北京现代最先瞄准足球作为与消费者沟通的渠道，借助大众对足球运动的热情引爆观众对重大足球赛事的关注，从而迅速扩大品牌知名度。自从2003年签约冠名中超联赛北京国安队以来，北京现代已经进行了将尽10项赞助合作，总体来看，这些合作赛事具有范围广，级别高，影响力大的特点。从冠名中超足球队到足球世界杯，北京现代从自身营销需求出发瞄准热点比赛，通过官方合作频频亮相，不仅增加了产品曝光机会，也将北京现代汽车推入了发展的快行道。

北京现代对于世界杯的钟情，源于现代集团的持续投入。从1988年开始现代汽车首次介入汉城奥运会的体育营销，到2002年成功跻身FIFA官方合作伙伴，赢得众多足球赛事的赞助机会，并一举成为2006年德国世界杯、2010年南非世界杯的唯一指定汽车企业官方合作伙伴。现代集团站稳世界杯体育营销至高点的传播机会点，紧抓这个全球大众体育盛事舞台。现代汽车将继续成为即将到来的2014年巴西世界杯的官方合作伙伴。以此为契机，北京现代也相应地在中国市场上开展了攻势猛烈的世界杯营销。

北京现代还鼎力赞助了多项重大足球赛事。早在2003年，北

▼ 北京现代i30广告李孝利篇

京现代就冠名赞助中超足球队——北京现代足球队，借助当时中超联赛的影响力使得当时名不见经传的北京现代迅速地被国内众多的球迷和消费者所熟知。迄今为止，北京现代与足球的赞助合作还有2002年、2006年欧洲杯、2004年中国足协超级联赛、2004年的足球亚洲杯和2007年的女足世界杯等重大比赛，为北京现代品牌知名度的提高做出了重大贡献。

瞄准足球赛事，深度合作，源于北京现代对产品消费者和赛事特征的精准把握。汽车的购买者和使用者以男性为主，如何找准聚集这部分人的平台，答案无疑是体育运动。广大男性对体育运动都持有可观的热度，足球作为世界范围内最受人瞩目的体育盛事，无疑成为了现代集团锁定的目标。这对作为汽车行业后期进入者迅速打入汽车市场，提升品牌知名度意义重大。

▼ 北京现代世界杯广告

表　北京现代足球赛事合作一览

年份	合作赛事	合作方式
2003	中超足球队	冠名赞助北京队
2003	女足世界杯	赞助
2004	中超联赛	赞助
2004	皇马—北京现代对抗赛	赞助
2004	亚洲杯足球	赞助
2006	德国世界杯	官方合作伙伴
2007	欧锦赛	赞助
2008	欧洲杯	赞助
2010	南非世界杯	官方合作伙伴
2009/2010	CCTV-5足球赛事合作伙伴	冠名

2. 完美结合的支持力

世界杯平台拥有数量庞大的有激情的年轻观众。这与现代汽车的目标消费人群契合度很高。但是如何充分利用这些资源，把消费者对比赛的热情和关注转化为品牌力和营销力，是北京现代汽车所面临的问题。选择优质媒体平台是实现体育营销传播效果最大化的重要一步。中央电视台作为国内世界杯赛事的官方授权转播媒体平台，在传播企业与国际足球联合会的合作中，起着至关重要的纽带作用，是唯一聚集优质资源，进行有效曝光的平台。

2006年的世界杯期间，经过北京现代与中央电视台深入讨论后，推出了一档展现世界杯球星的栏目，并以冠名的方式命名为《伊兰特&雅绅特——王牌对王牌》。在节目名称上，两款车的产品品牌名称通过“王牌对王牌”与世界杯球星进行了巧妙的链接；在节目内容上，借助球星介绍和观众评选球星的抽奖过程，以植入式的宣传方式将王牌球星与产品品牌进行更为深入的结合。通过“球星——赛场上的王牌”的表演来展现“伊兰特——家轿王牌”、“雅绅特——车市新星”两款汽车，以最巧妙的形式创造了将王牌球星与王牌品牌进行有效联想的机会，将产品赋予了明星的风采。北京现代与CCTV-5的这次深度合作，后来被传为汽车企业与体育栏目合作营销的佳话。

值得一提的是，该节目在深入植入和广泛覆盖两个方面都获得了突破。

一方面，节目特性与产品品牌诉求相吻合。“王牌对王牌”节目通过让观众参与评选王牌球星，抽奖成为北京现代形象大使，获得伊兰特或雅绅特一年使用权，充分展现了北京现代大企业大品牌的实力和两款轿车的王牌品牌形象，将企业形象、产品形象和节目内容有机地结合在一起。

另一方面，实现了媒介资源整合的最优化。“王牌对王牌”将中央电视台的媒介资源做了最优化整合：节目播出覆盖了CCTV-1、CCTV-2、CCTV-5三大频道，并贯穿了早、中、晚各主要赛事播放时段；赛前、赛中、赛后均可见“伊兰特&雅绅特——王牌对王牌”的冠名标版及短信宣传片；伊兰特、雅绅特两款车型的广告片更是每天交替与观众相约荧屏，几乎做到了有世界杯的节目就有北京现代的声音。

北京现代与中央电视台，借助此次世界杯的特殊形式的广告合作，将现代汽车“世界杯官方合作伙伴”、“卓越品质耀动世界杯”、“伊兰特——流动的激情”以及“雅绅特——幸福启程”等企业和产品品牌理念，有有效地地植入了广大受众的脑海，几年之后还有人提及。

在此之后，北京现代汲取经验，与央视在2008年欧洲杯期间实现了又一次成功的深度合作。作为赞助商，北京现代与CCTV-5精心策划，冠名欧洲杯专题节目《欧洲之星》和《现在登场》，并分别设立了“欧洲之星·悦动闪耀”板块和“激情悦动·现在登场”板块。企业元素体现于冠名片头、主持人口播、虚拟包装、互动宣传片、互动字幕等各个环节，另外在欧洲杯赛事直播和《足球欧洲》中播放15秒广告。由于欧洲杯的受众是一个忠诚度较高的群体，在整个赛事期间的广告对于受众来说是一种持续传播。通过全方位的品牌植入，北京现代获得了高曝光度，品牌精神也深入人心。

3. 赛场之外，活动大有文章

2010年，在南非世界杯之际，针对越来越注重汽车文化消费的车主开展了摄影比赛作品征集；同时借助销量达成200万辆之际回馈车主的节油大赛、车主里程王、荣誉家庭评选等车主互动活动。北京现代通过H-club会员系统进行有奖竞猜，在丰富有趣的互动游戏中赢取世界杯门票、南非风情游、世界杯限量版精美T恤等大奖。最终从这些活动中产生了20名优胜者组成了车主观赛团，由北京现代全额出资开启南非世界杯5日之旅，赴现场观看比赛。这一系列参与性很强的互动活动使企业和消费者深度接触，消费者对企业文化有深度的理解和共同的体验，有利于增强消费者黏度和品牌口碑的二次传播，也大大提升了消费者对于北京现代的品牌好感度。

另一个借助世界杯营销的重头戏是对主推产品ix35的推广。北京现代采用了体验营销的方式，举办了“与北京现代共享世界杯”ix35全国主题巡展。从5月开始，巡游全国9大城市，包括北京、沈阳、郑州、武汉、西安、成都、上海、杭州，最终在广州收官，历时两个月。在此次巡展中，8辆世界杯涂装的ix35更加凸显了实尚、动感的造型特点，获得了消费者的一致好评。

在2011年1月20日举行的凤凰网汽车频道主办的第二届“中国

汽车营销奖”颁奖典礼上，北京现代牵手“世界杯”获得中国汽车体育营销大奖。这证明了业界和消费者对北京现代世界杯营销的认可和效果的肯定。

四、公益传播，拓宽品牌之路

在品牌建设的道路上，北京现代还长期投入各项公益事业。教育资助、保护环境和救灾捐助支撑起了北京现代的公益体系，北京现代通过点滴积累，逐渐树立起品牌形象中的一个重要维度——责任心。在“公益能走多远，企业就能走多远”的公益理念指导下，企业用积极心态和长远的目光构建公益平台，履行企业的社会责任。特别是自2009年开展长期规划以来，北京现代加大了对于公益事业的部署和投入，不断扩大公益活动的范围，增加公益活动的项目数量。在北京现代履行企业社会责任的地方，企业的品牌形象如春风化雨般浸入每个人的心田。

（一）资助教育

来自清华大学汽车工程系的丁磊同学在北京现代两天的实习体验结束后遗憾地说：“我们的兴趣很广泛，研发、工艺、设计、管理、物流等，北京现代确实有许多东西都值得我们去看，去学，去讨论，甚至是去实践，两天时间不够，两天只是把我们的胃口吊起，却没有让我们吃饱。”学子们纷纷感言北京现代提供了一次近距离接触汽车企业的机会。

1. 车教助学，支持汽车专业人才培养

从2004年起，北京现代开始了延续至今的“车教助学”长跑，先后展开了十余次整车和汽车零部件的捐赠活动。2008—2011年，北京现代开展了三次大型车教助学活动，单次捐赠价值均达

1000万元。在最近的2011年大型车教助学公益活动上，捐助规模和范围都有了新的突破和扩展。捐助总价值超过1200万元，北京现代共捐出96台汽车整车，148台发动机，以及546套汽车零部件。资助对象有北京的职业学院、高校，还扩展到了全国各地纵跨六省市28所院校；包括19所高校和9所职业学校。这些以车助学活动的规模和力度，显示出北京现代将这样的公益活动，正逐渐打造成规范、持久的系统工程，这不仅对北京现代有益，也将对我国汽车产业的长远发展有着积极的推进意义。

除此之外，在与高校建立长期产学结合合作关系方面，北京现代欢迎汽车专业学子进厂参观学习交流，为人才培养、技术合作、资源共享提供更广阔的平台。

北京现代长期坚持的车教助学活动，为各汽车专业院校提供了最为匮乏的整车和核心零部件资源，为学生们研究机械原理和提高操作能力提供了切实帮助。北京现代与全国各地140多所院校建立了合作关系，在人才培训、委托培养、课程进修、咨询交流等方面更加深入地合作，切实支持国内汽车专业人才培养，缓解汽车专业人才供需严重不足的局面。如今，北京现代的车教助学已成常态，建立了一套从发起、实施到后续评估的完整机制，系统化支持大中专院校的汽车教育。

2. 电教助学，改善边远地区教学条件

2009年12月23日北京现代携手由成龙发起和代言的公益活动品牌“龙行天下”，共同推出北京现代“龙子心”电教助学系统工程。首批接受北京现代电教捐助的“龙子心”学校，是贵州的六盘水市六枝特区郎岱一小、水城县的双水一小和玉舍乡小河小学。之后北京现代每年将为1~3所“龙子心”学校捐建电教设备，并组织企业员工不定期赴受捐学校志愿服务。同时，还将在线招募受捐学校周边地区的网友、车主，到受捐学校对教师进行电脑教学指导，组织员工志愿者不定期进行电教活动。

2010年10月29日，北京现代新疆和田电教助学捐赠仪式在新疆维和田地区第二中学举行。作为北京市市委、市政府对口支援的重要对象，和田地区二中、墨玉县二中、和田县巴格其镇中学、兵团农十四师一牧场小学、和田地区教育局教研室接受了北京现代的捐赠。此举无疑对改善当地相对落后的办学条件，提高教育教学质量有着积极的意义。

每年北京现代都在进行着多项类似的捐助活动，电教助学的脚步遍布大地，帮助边远山区教学设备水平的提高，大力促进了当地教学水平追赶发达地区的步伐。同时边远地区教学的信息化资源改善，教学现代化的提高对人才和教育发展的莫大推动是企业致力于电教助学的推动力。

（二）生态环保

2008年4月23日，北京现代与韩国现代共同携手，联合中国“燕京大学北京校友会生态扶贫专业委员会”，并在内蒙古自治区和阿巴嘎旗人民政府协助下，开启了“中国荒漠化防治——查干诺尔生态治理项目”，查干诺尔地区本是一个美丽的湖，位于北京以北600公里，如今的查干诺尔湖已严重干涸，黄沙四起，成为我国沙尘和沙尘暴多发地区。北京现代在当地建立起“现代汽车生态园”，开始了拯救查干诺尔干湖盆的行动。

该项目以生态园为基地，韩国现代汽车集团总投资600万元人民币，持续进行5年治理，至2012年，将完成播种7.5万亩，加上碱蓬、芨芨草等自然生长，将有效的压制盐碱粉尘，恢复查干诺尔12万亩干湖盆的草原植被。截至2010年年底已经完成5000亩碱蓬的种植和2000亩的沙障的计划，并且收获了超过10吨草种，治沙面积已经达到了35000亩，取得了阶段性成果。

▲ 内蒙古查干诺尔湖北京现代生态园

2008年以来，作为该项目的发起人，北京现代每年都组织由企业员工、社会招募志愿者组成的志愿者团队，开赴内蒙参加查干诺尔湖治理项目。在最近2011年的治沙行动中，共有400名现代汽车志愿者先后分五批奔赴内蒙古查干诺尔沙地。

2009年，面临金融危机的冲击，韩国现代不但没有减少在环保公益事业上的支出，反而毅然加大了对“中国荒漠化防治-查干诺尔”项目的投入，通过增加治沙机械大幅提升了治沙效率，充分展现了企业的社会责任感。

“一个伟大的企业，将竭尽全力使这个世界变得更美好。”这也是北京现代始终孜孜以求的目标。而创造一个更加美好的世界的查干诺尔治理项目，折射出了北京现代和现代汽车的长期化、常态化和可持续化的公益战略。凭借在环保领域的出色贡献，现代汽车不但入选《2008年企业社会责任中国榜》中“生态文明奖”，还被评为“2008跨国公司履行社会责任优秀案例”。

（三）风雨同舟

2008年5月14日，汶川地震发生后的第二天，北京现代及时反应，捐赠5辆价值共计110万元人民币的途胜。除此之外，北京现代携手现代集团通过中国红十字总会向四川地震灾区各捐资500万元，共计1000万元人民币用于抗震救灾工作。2008年10月，北京现代再次来到什邡地震灾区开展公益捐赠活动，用献爱心的特殊形式庆祝公司成立六周年。北京现代此次向北京市对口援建的地震灾区四川省什邡市职业中专学校捐赠了100台计算机、12台发动机和8台变速箱，用于改善他们计算机知识普及教育条件和汽车职业教学条件。2009年5月，在汶川地震一周年到来的日子，北京现代再次为灾区的建设奉献爱心，向中国武警部队四川省森林总队捐赠了5辆途胜越野车。这是北京现代公司第三度亲临什邡，并送上捐赠物资。汶川地震发生以后，北京现代前后三次来到什邡地震灾区。

在面对国家突发性的天灾人祸时，北京现代认为作为一名社会企业公民有责任做出快速有效的反应。无论是对战斗在“非典”一线的科技人员的奖励，还是对湖南雪灾队伍的支援，北京现代始终恪守企业社会责任，投身于救灾运动中，为受灾的祖国同胞们创造明天的幸福同心共力。

中国传媒大学广告学院：钟以谦　张　婷　何　媛　张嗣佼
《国际品牌观察》杂志社：王纪辛
中央电视台广告经营管理中心：曹丽娜　赵忠仁　周军见　杨　林

▼ 案例组成员合影
（右三为李锋，左四为钟以谦）

采访手记

品质不是喊出来的，是做出来的。在激烈的市场竞争面前，销量就是硬道理，市场欢迎程度说明了北京现代品质为先策略的成功。北京现代九年来的发展，以产品为导向，以260万销售量发动的“超车战略”，已经为自己书写了一个里程碑。通过快速增长的销量，将北京现代推进了中国汽车企业第一阵营的行列。随着一款款现代车的发动，其可靠的性能和高质的服务，必将为人所共知，并广为流传。犹如一颗颗种子植入消费者心中，随着时间的积累结出丰硕的果实，那就是广大消费者对北京现代汽车的基本品牌认知。

纵观北京现代的市场活动，其多样的传播方式都充分体现北京现代重视用户的参与，而其中的核心是客户关系的建立和维护。无论是极具吸引力的互动比赛，还是丰富多样的促销形式；无论是线下渠道的不断完善，还是线上客户俱乐部的平台建构乃至人际传播网，无不展现了北京现代以品质为基础，以已有消费者为核心，通过“使用了就知道”的自信，展开了以“人际传播品牌建设”的思考与尝试。

同时，在继承了韩国现代集团体育营销的基因，将体育营销作为企业的重要传播策略的北京现代汽车，在以足球为切入点进行战略展开时，更加注重对媒介“内容与平台资源整合利用”。在传统媒体利用上，以中央电视台的品牌支点为中心，品牌和产品广告结合，线上与线下活动结合，充分发挥体育营销的威力，迅速提高着产品和品牌的知名度和认知度。

此外，9年来，北京现代在充实企业社会责任理念内涵的道路上也在上下求索，已经发展出科教、生态环保和国家应急三大模块的公益系统。北京现代正在加大投入，积极推动公益模块往系统化、常规化和规划化方向发展。这是北京现代“品牌社会内涵”的有力补充。

“在海水退潮之后，才知道谁在裸泳。”激烈的市场竞争是对每一个汽车生产商营销能力的严峻考验。在一次次的沟通中，我们感受到了北京现代人强烈的紧迫感和务实的作风。在提高品牌整体价值的努力中，他们不跟风、不急躁、有战略、有方法，已经走出一条日渐明朗的道路。

20世纪80年代末，曾有汽车企业，牺牲质量追求低价，令其在北美的声望受损。在90年代的大部分时期，该公司几乎完全退出了北美市场。有理由相信这样的历史已经一去不复返，注重了品质的产量与品牌建设的北京现代，将会顺利完成它走向“品牌导向”新的增长时代，把北京现代“用十年的时间把品牌提上去，再

▼ 案例组走访北京现代

用十年时间，把过去从一个家用车的供应商，提高成全系列车的供应商”。

文行至此，我又想起了我不得不认同的李峰副总经理的观点“我们把中国的汽车制造提出来一个模型叫PQB。整个中国汽车可以分成三个级别，第一个级别P（Price driver），这个级别基本上在中国就是自主品牌，靠价格驱动，只能靠价格竞争别的东西不行，处于最低端；第二个级别Q（Quality driver），这个级别基本得到合资这个阶段，个别的自主品牌可以与此相关，因为质量太难做了，光把一款车做好，不行，得把每款车都做好才行。仅仅质量做到，品牌的历史不够，品牌的美誉度不够，高端车型不够依然不行；所以第三个级别B（Brand driver），就是品牌的驱动，就是在最高端了。”

“实际上品牌是什么，是一种实力和信赖。”而“实力是一城一池拿下来的，品牌也一样”。这其中一个最大的难点是“最严谨的国家和民风，造就了最好的汽车品牌”。众所周知，与发达国家相比，在制造领域，我们国家及其产业工人还不够严谨。从这个意义上来说，北京现代不仅在造车，更重要的是能通过造车，来造就出严谨的产业人。这显然已经不是一个品牌自身建设的问题。无论技术如何先进，人在其中的作用，在访问北京现代人的过程中，我再次得到了深刻的体会。

钟以谦

钟以谦

中国传媒大学广告学院副院长、教授、博士生导师、中央电视台广告中心策略顾问。生于生活物质极度困难时期的春城，先天体弱多病。为强健身体，进而酷爱体育。练过游泳，终因先天不足，泳速始终提不高，难以为国争光。听说“四肢发达，意味头脑简单”，速寻为台阶，急忙回捧数、理、化书，名曰“把失去的时间夺回来”。

几经：该读书时未读书，该工作时未工作的蹉跎之后，又难挡留学风潮，走出了国门。当再次走出大学校门时，已人过中年。

回顾：除学过游泳，金属加工，还学过新闻学，最后学了传播学、营销学和广告学。

年近半百，才爬完了讲师、副教授、教授这一个个行政阶级。现如今置身物质生活极度丰富时：既爱钱，又怕取之无道；不相信科学是万能的，却又深信工具理性的价值；深知创新是人的本性追求，却又不敢小视了教育的贡献；支持个性的张扬，却又害怕无法无天；实感人心比天高，比海深，却还念念不忘能量守恒与物质不灭。总之是既畏首，也畏尾，每每忧天及地，还怕为此折了阳寿，不值。

第二章　品质赢未来

这是中国市场最急需的品牌实证。

面对广阔的空间和稍纵即逝的机会，面对市场的旺盛需求和同业的激烈竞争，在商业冲动和商业伦理的博弈中，到底何者能占据上风？到底哪个能代表未来？

海天和雨润，各自给出了他们的答案。

它们一个散发着延续三百年酱香，一个手捧着16万字的铁律，相信回报社会才是真正的富贵。穿越品质的坚守，时代和选择让他们在同一个舞台相会。它们相信“我的品牌”能让“我们的世界”变得更美好，或者更美味。它们更加坚信，在波谲云诡的市场竞争中，只有对品质的坚守，才能让梦想照进现实。

你吃什么牌子的肉？

只有不到15%的中国人能够回答出来。15%，这就是中国肉类行业的品牌集中度。中国拥有世界上最大的食品消费市场，同时，食品又是最为分散、粗放的产业。在这个国度里，食品企业将大有作为。

对雨润来说，让更多的人知道自己是必要的，但这之前，它们需要为自己的口碑奠定坚实的基础，它们需要确认自己足够善良，足够用心，足够负责。

李长春视察雨润的时候曾这样表示："雨润的标准比我们现在国家的标准还高，我看已经达到了国际水平。把做企业、做产品上升到道德的层次，这家企业才能发展得这么快。"

食品工业的"道德经"

——雨润的品质工程

它很低调。当它历经十几年发展，成长为一个拥有几万名员工、分公司遍布全国、产品销售额排名全国同行数一数二的企业时，大部分中国老百姓还从来没有听说过这个名字。

它很苛刻。工人每天进厂房都要按六个步骤洗手，管理"真经"长达16万字共49项制度，生产标准必须高于国家标准千百倍。

它很温馨。总裁自称"小祝"，时常端着盘子与员工一起吃饭，管理干部以公司为家。它帮助农民增收致富几十个亿，慈善投入更是数不胜数。

它很无情。为了确保产品质量，生产中出现问题绝不放过责任来源。一旦发现质量方面的任何瑕疵，不管价值如何，绝不流入市场。

这些看似充满矛盾的词汇，却完美地糅合成一个名字“雨润”。这个几年前还鲜为人知的品牌，如今闻名大江南北。从寻常百姓的餐桌上，我们看到雨润；从千百家超市的冷柜中，我们看到雨润；从各大城市的宾馆宴会上，我们看到雨润。在经历18年的飞跃式发展后，它荣登《2010胡润中国品牌榜》第35位，成为中国肉制品行业的翘楚。

很多人想知道雨润能有今天的成功，靠的是什么？总裁说，是因为我们很努力；经理说，是因为我们很团结；员工说，是因为我们管理很严格。这些固然是雨润成功不可或缺的因素。然而，雨润在创立之初就提出且始终坚守践行的“食品工业是道德工业”，无疑才是其成功的最好诠释。

“民以食为天，食以安为先。”食品零售行业的品牌树立具有代表性。 睿智的广告投放策略固然是品牌增长的关键因素，但是稳定可靠的质量更是品牌常青的基石，对市场的道德感与责任感需要渗透到企业管理的方方面面，不仅要深入渠道、更要深入民心。对品质18年的执著，支撑着雨润以它“真诚如雨，滋润万家”的独特理念，成为食品行业最具备社会责任感和最富有人格魅力的品牌。

一、从200元到600亿元

雨润南京总部装璜的富丽堂皇，管理者说让员工感觉像是“在五星级酒店办公”。就在旁边不远处的分厂内，四间简陋的小平房与高大的办公楼显得格格不入——这是雨润刚刚到南京时的办公室，石灰粉刷的这一排100多平方米的平房，如今被视为“忆苦思甜”的标志，几次厂房扩建中，董事长祝义材都亲自指示保留下来。

▲ 雨润旧楼

多年后，如果有人撰写中国当代经济史，这又将是一个内涵丰满的传奇案例。从默默无闻到中国驰名商标，从200元到647亿元，从南京的一个小企业到拥有近10万余名员工、分公司遍布全国的多元化集团公司，雨润的品牌腾飞仅仅用了18年。

（一）几番沉浮，情定南京

1990年，当祝义材从安徽大学毕业时，身上仅有200元的积蓄和一腔热情。没有雄厚的资金，没有可依赖的社会背景，凭着非凡的毅力、吃苦耐劳的精神和为人诚信的品德，祝义材从做水产贸易开始，白手起家收获了第一桶金。古谚云：“善弈者，谋势；不善弈者，谋子。”为了成就一个实业家的梦想，祝义材放弃了顺风顺水的水产贸易，耗时4个多月，走遍上海、北京、南京等20多个城市，决意寻找一个能够让他为之奋斗一辈子的理想行业。

20世纪90年代初的中国，经过十多年的改革开放，各行各业蓄势待发。不过，什么行业才是最基础、最持久，能干一辈子的呢？祝义材想到了食品。当时，人民的生活水平有所提高，百姓对肉类的市场需求稳步上升，肉制品加工行业逐渐成为中国的一个“朝阳产业”。

不过，当时中国的肉制品行业整体层次还比较低，行业品牌尚未建立，处于发展的初期阶段。90年代初，中国人口达到11亿，平均每人每年的肉类消费量是20公斤，粗略估计一年可以消费肉类2200万吨，这样一个庞大的消费市场中并没有一个为人熟知的行业品牌。甚至到2011年的今天，虽然中国人口总数达到13.7亿，人均食肉量达65公斤，每年肉类消费总量达到8905万吨，但是规模化的

▲ 雨润现代化厂房

肉类企业所占的市场份额依然不到15%。

经济的持续快速增长，城乡居民收入的日益提高，推动了消费品总体开支水平持续增长，中国老百姓的消费能力逐年提高。与此同时，中国的城市中产阶层群体逐步扩大，对高品质、新鲜、营养及美味的品牌食品需求急剧上升。经济发展及居民富裕程度的提高，蕴藏中国肉食品市场巨大的消费潜力。长期以来，中国百姓的肉类消费是以猪肉为主，整个猪肉产业链基本包括猪苗、猪种、养猪、屠宰、加工、物流等几个环节，其他的牛肉、羊肉、家禽产业链也大致相似，产业链纵深发展空间极大。在20世纪90年代初，肉类产业的各个环节往往是分开的，而且多为家庭作坊式的小规模生产，尚没有一个企业能将肉制品生产各个环节有机地串联起来，形成规模化生产。

掌握了这些情况的祝义材，心中逐渐形成了明确的目标。回到安徽合肥，祝义材成立了华润肉食品加工厂，利用自行研制的低温火腿系列食品很快在当地打开市场。

祝义材并不满足于“小富即安”，为了拥有更好的市场投资环境，1992年他果断地变卖了所有的机器设备，率领着60名有志之士，投资300万元落户江苏南京雨花台区，并将“华润”更名为“雨润”，成立南京雨润肉食品有限公司。此时的南京，城市居民肉食品需求正随着经济发展从饱餐型向营养型、环保型、便捷型转变，然而当地的肉制品加工厂品种单一，多为罐头食品，无法满足南京城市居民不断提高的生活需求。在这样的形势下，祝义材的雨润品牌有了广阔的发展前景。

（二）慧眼独具，以“冷”取胜

看上这块“肉”的并非只有雨润。早在1986年，春都就创造了中国第一根火腿肠，三年之后，“会跳舞的火腿肠”红遍大江南北，春都创造了火腿肠市场；1992年2月，第一支“双汇”牌火腿肠问世，并迅速在全国各地攻城略地。面对气势如虹的“春都”和来势汹汹的“双汇”等品牌，实力有限的祝义材决定避开竞争对手擅长的高温肉制品，到国际上考察肉制品的最新行业方向。

经过海外实地考察，祝义材发现，曾经风靡于国外的高温肉食品已经趋于市场饱和，日渐式微；相反，低温肉制品正迅速崛起并逐步取代高温肉制品，成为海内外消费者的首选。与高温肉制品相比，低温肉制品具有营养、新鲜、精致、方便等优点，而在中国，尚没有任何一家企业生产低温肉制品。祝义材当机立断，决定以西式低温肉制品为主攻方向，进入肉制品市场，抢占这一市场空白。

选择这一独特的市场定位，亦十分符合中国当时的国情。在上世纪90年代初的中国，市场经济正在逐步腾飞，居民的消费观念随之更新换代。一方面，大部分的中国居民仍习惯于中国肉类行业传统的清晨杀猪，白天卖肉的方式，对肉食品的新鲜、卫生的关注度还不高；另一方面，先富起来的城市居民，对生活品质的要求不再局限于基本的温饱，对食品的关注逐渐转为食品的新鲜、卫生、便利、高档。正是这一小部分消费先驱，令祝义材的低温肉制品能够在市场上站稳脚跟，引领中国肉食品消费新时代。

一开始的市场开拓并不容易，面对当时市场上几大品牌的压力，祝义材“冷门”的低温肉制品只能在夹缝中求生存。他避开了大流通、大商场等肉制品销售主战场，盯上了居民饮食消费的风向标——酒店，一家一家地“啃”。一年之后，祝义材拼下了南京市2000多万的酒店市场。随后，为了让雨润产品“走”上百姓餐桌，祝义材开始全面进军副食品店，逐步建立销售网点。

1995年，雨润迎来了企业发展的新契机——中国超市业的蓬勃兴起。祝义材马上认识到：“农业要入世，必须先进入超市。中国农产品如果连超市都进入不了，就不可能打出国门，参与国际竞争。” 超市这一新兴行业似乎是为祝义材的低温肉制品专门准备的。常温肉制品通常可以直接存放在常温环境而不影响品质，而低温肉制品需要低温冷链与冷藏条件，对销售渠道的技术水平和硬件环境要求比较高。在低温肉制品的发展初期，渠道的局限是市场推广最大的阻力。超市业的蓬勃发展，解决了低温肉制品的渠道难题。生产与销售的完美结合，使祝义材在第一时间迅速抢占了超市这一新兴渠道，超市开到哪里，雨润的产品就配送到哪里，合理地弥补了产品销售网络中的空白点。

创立之初，祝义材没有局限于学习当时国内的先进同行，而是放眼世界，着眼未来。在当时资金有限的条件下，雨润依然毅然决然地投入巨资，从德国、丹麦等跨国公司引进数十条先进生产线，一次性全部引进进口设备，包括灌肠机等。同时，雨润还利用水产

▼ 雨润生产线

▲ 灌肠生产线

贸易生意时建立起来的相对稳定的市场渠道，逐步的从自制作坊向规模化工业企业发展，拉开与同行的距离，领先行业平均水平十年左右。那些与他们合作至今的德国外商，至今在回忆起当时雨润的决策时，依然都觉得非常不可思议，因为当时全中国市场用的都是国产设备，一个民营企业老板居然愿意花巨资去引进这些设备，需要何等的魄力？但正是由于这些过硬的设备，使雨润的肉业大厦有了坚实的基础。

生产和销售是企业的两翼，雨润之所以实现第一次飞跃，在生产设备上的技术领先是关键，但拥有畅通的销售渠道同样重要。1995年，已经初具规模的雨润大胆走出南京，攻占全省甚至周边省市的市场。为了打开销路，祝义材亲自跑市场，以上海为突破口，逐渐向华东地区铺开销售网点，进而向全国拓展。令人惊讶的是，短短的几年里，雨润产品迅速地渗透到全国的许多地方，并顺利打进“春都”、“双汇”的大本营郑州。

（三）“小蛇吞象”，一鸣惊人

有位伟人曾经这样说过：“人的一生虽然漫长，但关键的就那几步。”这个道理同样也适用于企业。

1996年，可以说是雨润集团发展最重要的一年。在这一年里，雨润重组了已经停产五年的南京罐头厂，成为全国首个“民企重组国企”的案例——一个资产才几百万元的民营企业居然“妄想”收购一个资产高于自己数倍的国企，其“小蛇吞象”的过程会是多么的艰难。

至今很多跟随雨润风风雨雨走过来的老员工，对那一年经历的磨难与涅槃记忆犹新。当雨润收购罐头厂的消息传到罐头厂时，工厂里顿时炸开了锅。很多对工厂怀有深厚感情的员工，无法接受罐头厂被收购的命运和现实。大多数职工对手里的“铁饭碗”将变成

“泥饭碗”怎么也想不通，于是包括封门、谩骂、静坐等过激行为接连不断，甚至有夹着子弹头的恐吓信寄到祝义材手中。

当时的祝义材面临着极为艰难的局面。罐头厂已经五年未动工了，厂房周围到处是荒草丛生，机器设备严重老化。即使能够收购成功，一大堆烂摊子如何收拾并转化成赢利，谁都没有绝对的把握和信心。

祝义材没有选择“后退”。他认为，当务之急就是要让罐头厂的员工们接受雨润。要想说服他们，关键是在行动上让他们觉得“跟了雨润，一切有保障”。于是，雨润向原厂职工承诺三大准则：决不拿走厂里的一草一木，投产后的利润用于企业自身发展；原厂职工全部接受，并保证工资高于南京国企职工平均水平；原厂拖欠的职工（包括600多名离、退休人员）的工资和医药费核实后分期报销。这些与大家切身利益息息相关的承诺，让原厂职工感受到雨润的真诚。大家的抵触情绪渐渐开始淡化，与雨润一道再创业的激情在心中点燃。

成功攻下第一关，接下来的重任在于真正创出效益。祝义材带领雨润的员工，以厂为家，没日没夜地奋战着，很快实现了罐头厂的扭亏增盈，单单1996年一年的产值就相当于原南京罐头厂三年产值的总和。许多原厂员工看到了雨润实实在在的发展，曾经堵大门的员工重新回到了工作岗位上，雨润用自己的成绩折服了这些自负的国企人。成功的收购既使原厂职工得到妥善的安置，也使雨润获得了宝贵的生产用地、厂房以及大批熟练工种的工人，节约了大笔扩产所需的流动资金。1996年，雨润集团食品主业的销售收入首次突破1亿元大关，市场覆盖长江三角洲区域，并拿下酒店低温肉制品市场的半壁江山。同年，雨润开始实施覆盖全国战略，健全营销体系，成立华东、华南、华中、西南、西北、东北等八大片区，相继在全国建立300多家销售办事处，成功辐射全国市场。

（四）稳扎稳打，多元并进

收购南京罐头厂给雨润带来了第一次飞跃。初次尝到并购的甜头，雨润认识到，企业想要快速的发展，成功的并购与重组是一条可以复制的捷径。祝义材认为：“倒闭国有企业的潜在价值，与新兴民营企业所拥有的市场资源、经营策略、管理理念，应该可以得到很好的衔接。”凭借这股顺利发展的东风和成熟的收购理念，雨润开始了并购扩张之路，先后收购了十几家原有国家商务系统的肉联厂，规模不断壮大起来。1998年，雨润成功地重组了倒闭或濒临倒闭的国有企业25家，盘活国有闲置资产10亿多元，并投资12亿多元加以改造。每次重组破产的国有企业，每次都能实现当年重组、当年技术改造、当年投产、当年销售、当年赢利的奇迹。

事实上，并购其他企业以求快速扩张的道路是充满风险的。很多企业一味追求把规模做大，却忽视了自身管理的不足与销售的无力，最终无法支撑巨大的空壳子。在盘子越来越大的同时，雨润的对策可以归纳成四个字：“稳扎稳打。”

与生产规模扩张相匹配的是，雨润通过不懈努力，逐步培育了市场需求，拓宽了销售渠道，开始向老百姓提供冷鲜肉。在当时，老百姓习惯在农贸市场购买新鲜的热鲜肉，雨润生产的低温冷鲜肉一下子很难得到市场的普遍接受。雨润聪明地采取了迂回路线，绕开一开始生硬的说教，要求消费者接受冷鲜肉的营养等知识，而是利用“放在冰箱里的东西总是比较干净”这个大众心理，在农贸市场终端免费配送冰箱，同时通过POP广告教育消费者冷鲜肉能够避免空气二次污染、检疫程序更完备等知识。通过耐心地培育市场，逐步建立起消费者对低温冷鲜肉的好感和信任。

市场培育起来了，渠道却是“兵家必争之地”，要攻占它绝非容易的事。雨润采用“先易后难，逐步攻占”的原则，渐渐打开了局面。雨润先在目标城市的周边建立屠宰场，然后将渠道向城市拓展，最后渐渐引进农贸市场和超市。困难比想象的大得多，针对一些“难啃的骨头”，雨润采取“盯人策略”，每个业务员专门负责几个批发商，坚持不懈的说服和推广，亲自送货上门，适当的时候让利。就这样，一步一个脚印，随着与经销商、批发商的接触与交往，雨润的真诚与高质量的产品渐渐拥有了良好的口碑，越来越多的人愿意与雨润合作。2002年，雨润开始经营专卖店，向打造品牌的道路上迈进了一大步。

在肉制品行业做得风声水起之时，雨润并没有满足于已取得的辉煌。在资金渐渐充裕，品牌已经拥有较强竞争力的前提下，很多企业都尝试多元化经营，雨润也未能“免俗”。然而对于“多元化有可能是陷阱”，雨润人的头脑非常清醒。雨润的多元化不是盲目的，它不会贸然进入一个自己不熟悉的陌生行业，而是选择与民生息息相关的物流、百货等行业，先收购成功企业，之后再进行适度扩张。经过稳步的扩张，雨润渐渐形成“一主五辅，多头并进”的多元化发展战略格局。

今天的雨润，已经成长为拥有近10万名员工、100余家分（子）公司、资产超百亿元的多元化集团公司。18年间，雨润食品集团已经形成以低温肉制品、高温肉制品、冷鲜肉、冷冻肉四大类别为支撑，以1000余种产品为载体，实现全国300余座城市市场的全面覆盖，并外销俄罗斯、朝鲜、东南亚及香港、澳门等国家和地区。2010年，雨润集团营业收入突破647亿元，生猪屠宰产能3560万头，稳居全球第一，客户数量达到数万家。

二、“食品工业是道德工业”

存在主义哲学家克尔·凯郭尔曾经说过：“你有什么样的信

念，你就有怎样的生活。”信念是一种至高无上的力量。一个有坚定信念的人，行动起来总是果断笃定、是非分明。同样，一个有正确信念的企业，发展过程中才会有所为、有所不为。在雨润，无论是在工厂里还是办公楼，总能看到听到一句话，那就是“食品工业是道德工业”。这句话是总裁祝义材1993年在南京创建雨润的时候说的，如今18年过去了，它已经渗透到每个雨润人的心中，成为雨润独特的品牌文化。

（一）“我们不能要钱不要命”

在企业的发展过程中，创始人的理念总是深刻地影响着企业文化。回想当年，祝义材掷地有声地说出“食品工业是道德工业”的时候，有些人觉得他“言重”了。所谓“天下熙熙，皆为利来；天下攘攘，皆为利往”，市场经济大潮中，没有赢利的企业根本无法生存，摆出这种高姿态是否有必要呢？

近几年，中国食品安全问题频发，在牛奶行业“三聚氰胺”事件、猪肉行业“瘦肉精”事件之后，食品安全成为上自中央政府下至黎民百姓无不关注的重大民生问题。瘦肉精、染色馒头、假薯粉、皮革奶、牛肉膏……，整个食品行业此起彼伏、让人心惊的安全事件时刻激起百姓的担心，到底还有什么东西是可以放心吃的？如今回头再看这一句话，不由得不让人佩服祝义材的道德感与雄才伟略。能够在企业创始之初就以“道德”来规范行为，从而保证生产出高质量和安全的食品，这种外人眼里的“高姿态”对于食品这个特殊的行业显然是十分有必要的。

十几年前，祝义材亲自带领员工参观金陵大饭店，学习怎么打扫卫生，要求屠宰、生产、包装车间都必须达到五星级的卫生标准。他经常提醒大家：“民以食为天！吃的安全、吃的放心、吃的舒心是雨润人的分内之事！”连分内之事都做不好的企业，绝对不

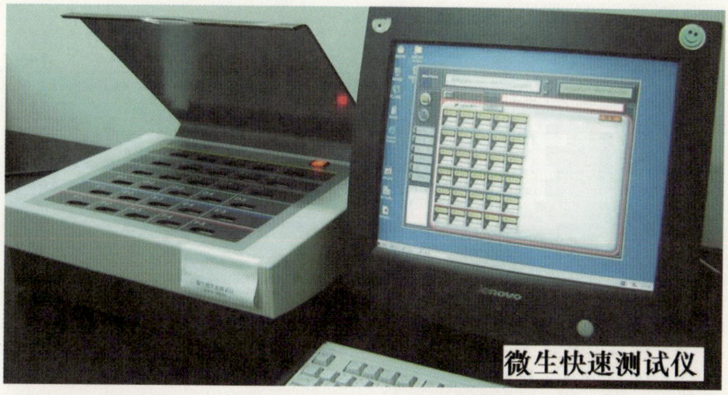

▲ 微生快速测试仪

配在社会上立足！祝义材认为，不论多么成功的企业，护佑它们成长的总是最朴素的道理：沃尔沃“一切为了驾驶者的安全着想”；诺基亚“为了让科技的力量惠及每一个人”；谷歌“相信互联网的创新让世界更美好”……，雨润一切只为了消费者能够享受到丰富、美味、安全、放心的肉制品！“产量是钱、质量是命，我们不能要钱不要命。”

在这个理念的指导下，雨润的所有工作都恪守原则、有序开展、制定了高于国家和行业标准的雨润产品标准，构建了完备的食品质量安全体系，并建立了道德与品质融为一体的独特的质量文化。雨润的低温肉制品微生物企业标准严于国家标准的1000倍：生猪上了流水线之后，每一道工序都要运用实验室高科技“武器”对生猪进行微生物检测。在经过21道严密监控措施与检测之后，产品才能下线。

（二）“回报社会，才是真正的富贵”

如果把雨润仅仅看成只会赚钱的企业，那么可以说并没有真正理解雨润的企业文化。所谓“至诚为道，至仁为德”，雨润的“道德文化”还体现在：一个好的企业不仅在于它能够创造多少资产，更重要的是它能够为社会做出多少贡献。在雨润发展的近20年间，雨润在解决“三农”问题、就业问题、创业致富和慈善事业上，踏踏实实地做了很多事情。

生于农村、长于农村的祝义材，一直有着一份深厚的“乡村情结”，也因此特别关注随着城市化进程的加快而日益突出的“三农”问题。雨润在努力做大做强的同时，以社会发展为己任，坚持工业反哺农业。在落后地区投资建厂，帮助贫苦地区农民增收致富。目前，雨润已经在全国28个省市自治区投资建厂，其中不少是在“老、少、边、穷”地区。雨润每投资一地，就会完善当地农业产业化服务，目前已形成一种模式、一个格局和一个链条的““三农””服务体系。“一种模式”就是“公司+基地+农户”的专业经营模式；“一种格局”就是以保护价敞开收购生猪的订单农业生产格局；“一个链条”就是从养殖、屠宰、精深加工到销售，对农业实施全链条式的服务。

雨润作为食品行业的龙头企业，在帮助农民增收致富方面做出了巨大的贡献。到2011年6月，雨润就实现3560万头的屠宰产能，可以直接带动600万户、3000万农民增收超过90亿元。以安徽省阜阳市为例，雨润在当地兴建屠宰和肉制品深加工企业，并在周边农村地区推行“111”工程：即每年投资200万元，选育良种种猪及防疫，帮助10万贫困农户养100万头猪、10万头牛，带动了地方经济建设和农业产业结构调整，使该地农民户年均增收近万元。同时，雨润还全面推进农村技术培训，提高农民养殖的科技含量，确保在产业基地设立农业星火扶贫技校；坚持为农户免费授课、免费送知识上门，提高整体养殖水平，真正落实科技兴农。

与此同时，雨润已经开始着手实施一项“百千万工程”，力争在3~5年内，建设100个农业产业化基地，覆盖全国1000个乡镇，这将直接吸纳10000名返乡农民工就业。雨润希望通过这些基地，带动当地相关产业发展，为社会提供更多的就业。

雨润集团从““三农””起家，不忘““三农””，只要留下雨润足迹的地方，都充满了掌声和感谢。雨润集团投资三峡库区的多个项目，总投资近8亿元，全面投产后可实现产值30亿元以上，直接带动就业3000余人，并可拉动库区数万农户实现增收。2003年在黄山，雨润投资了近20个亿，土地开发3000亩，给黄山提供税收7000多万元，提供了3000~5000个就业岗位。

在就业问题上，雨润不但为农民开辟了创业致富之路，还给大学生带去了希望和契机。雨润集团历来重视招聘引进大学生，每年增幅保持在20%左右。即使是在2009年经济危机时期，雨润仍招聘了3000名应届大学生。俗话说："授人以鱼，不如授人以渔。"雨润除了加大大学生的招聘力度、额外招聘近2年未就业的大学生以外，还结合民营企业宝贵的实践经验，为大学生提供有效的就业咨询，鼓励大学生创业，提出解决大学生就业的有效途径。

雨润集团积极投身慈善事业，1998年洪水灾害、2003年非典、2008年汶川地震、2010年玉树地震……雨润出现在每一个需要的地方。近三年来，雨润直接用于社会慈善的捐款超过1.5亿元。其中，2008年汶川特大地震中，公司捐款捐物累计超过4000万元，创下南京市红十字会捐赠纪录；2010年4月14日玉树地震，集团总裁在央视晚会现场代表公司捐款1000万元。

举不胜举的慈善投入，让人不禁想起祝义材的一句话："拥有金钱，并不是真正的富贵；懂得回报和感恩社会，才是真富贵。"这位一直保持着低调个性与朴实本色的创始人，用一个又一个的善举演绎了"厚德载物"的品牌精神。

（三）"我们都是一家人"

曾经有一个记者采访祝义材，请他谈谈带领雨润飞跃式发展的秘诀。祝义材是这样回答的："你一天工作8小时，而我工作16个小时。这就是奥秘。”在这位农民家庭出身的总裁的带领下，雨润拥有一支踏实而富有凝聚力的团队，雨润员工亲如一家。

和众多星光熠熠的明星企业家不同，祝义材显得格外的低调。他不喜欢个人专访，拒绝撰写个人传记，与他人联络总以“我是小祝”自报家门。在明星企业家不断涌现的今天，很多人没有听说过祝义材。他更愿意默默地把该做的事做好。这也是当年雨润命名的初衷，他希望他的企业能滋润老百姓，润物细无声。

祝义材给自己的定位是“一个简单、平凡的人”，自己的成功不过是努力得比别人多一点而已。这位已经连续多次在“福布斯大陆富豪榜”名列前茅的全国优秀青年企业家，和他人握手时总是习惯性地双手握住，采购设备也是亲自带领高级技术人员出国考察确认之后才拍板成交，喜欢往分（子）公司、生猪养殖基地跑，更不止一次亲自前往西部考察。他的谦和、严谨与亲历亲为，让人很难将其与刚过不惑之年的“亿万富豪”联系在一起。

事实上，47岁的祝义材因其在事业上出色的业绩，在社会上乐善好施的行为，博得了社会的尊重和赞赏，各种名衔纷至沓来，全国人大代表、中国食品工业功勋企业家、中国十大诚信英才、江苏省劳动模范等等，不胜枚举。但光环未能让他眩晕，而是越发冷静，他只知道：“我是做事的，头衔对我来说，没有任何意义，个人只是一个符号，我呢，是‘企业公民’。”

在祝义材看来，江苏比他们强的企业还有很多，而自己只想老老实实做事，踏踏实实做人。因此，祝义材从来没有停下他努力前进的步伐，一天16个小时左右的工作时间，让工作已成为祝义材一种“常态”的生活方式。

祝义材的领导魅力征服了很多人，他们心甘情愿地追随着祝义材的脚步，为了共同的理想拼搏。当雨润还只是几间破旧的小平房时，当雨润并不如今日规模之时，就有一群志同道合的兄弟，聚集在一起，为了“做一点事情”，为了心中的梦想努力奋斗。他们放弃了看似更好的前途，选择了跟着“做实事”的祝义材干事业。这一干，就是十几年。

一位中层领导说：“我觉得，雨润就是我的家。我的一天三餐都是在公司吃，总裁会端着盘子到我面前吃饭，那种感觉就像在家里一样。”雨润的经理人以企业为家，不是嘴上随便说说的。重组国企时，由于原厂员工的不理解和反对，雨润遇到了不少问题，总裁反复和员工沟通、交流、座谈，解决重组中的一系列问题。一年的时间里，他没有回过一次家，带领雨润组成的团队一年实现了原厂三年产值的整合，创造出很好的经济效益。

链接

▲ 案例组走访雨润（左为黄合水，右为赵宁）

作为雨润深加工事业部副总经理，赵宁经常会出差。他有一个习惯，就是在出差的飞机或火车上，尽量向身边的乘客推荐雨润产品。

“在出差的路上，如果身边坐着一个人，即使是一个陌生人，你只要有心说服他买东西，他一定会买。”赵宁如是说。于是，每回出差，他都会有意识的留意身边坐着的人，先慢慢与之熟络，接着自然而然的跟其介绍雨润产品。赵宁这个习惯慢慢的在经理层中流传开来，一些销售经理也渐渐养成了这个习惯。虽然看似一件小事情，然而用赵宁的算法就是：雨润分公司有300多名经理，每个月都要回南京总部开会，有一半的经理都做到向邻座介绍雨润，这样一年有4200次向客人介绍雨润的机会。虽然这个数字并不惊人，然而它体现了这些经理人对雨润的深厚感情：品牌是大家的，品牌需要每一个雨润人的悉心维护，要像经营自己的小家一样呵护，不放弃每一次宣传和推广品牌的机会。

虽然雨润公司的管理制度看起来十分严苛，然而正是这种环境，为一个人快速成长和积累经验创造了条件。公司用近乎苛刻的管理模式为经理人们搭建了一个尽情施展才华的广阔舞台，在雨润，三年所经历和学习到的比其他公司五年的还要多。

低调务实、埋头工作的董事长、总裁，以公司为家的管理层经理，在他们的影响下，雨润人的工作生活既是一丝不苟的，同时又处处充满温情。

对于刚进公司的员工来讲，近乎“苛刻”的管理制度一开始很难适应。比如工作车间里，所有的员工都要洗手、洗澡、消毒，一个简单的洗手程序就有六个步骤。一位员工在回忆当初接受检查的情形时仍记忆犹新：“当时品管部经理呀，脾气臭得要死，六亲不认，我们都怕他。只要看到品管部的人，戴着白帽子，拎着培养皿下车间去了，就恐怖得要死。为什么？他在你的台板或者门把手的小缝隙里，用酒精棉球、培养液涂抹一下，回去接种。只要测出来里面有大肠杆菌……我们就麻烦了。”而现在，要求依旧“苛刻”，却鲜有人“抱怨”了。经过多年的严格规范和管理，这些所谓的苛刻已经成为雨润人工作中理所应当的事情。有人说过，伟大就是日复一日，持之以恒地做好一件事。而雨润人每天做的，从某种角度来说，正是一种伟大。

工作中是严谨甚至苛刻的，而生活中却充满了温情。在雨润，凡是员工过生日，都会收到生日蛋糕，公司为他或她开生日庆祝会，大家一起为“寿星”唱《生日快乐》，而此时，祝总裁也不忘和员工分享自己的感悟和体会。祝总裁说：“我们的生日，也是母难日，生命是母亲给的，祝贺母亲健康是起码的道德。”

这些温情的小事，促进了员工之间的交流和沟通，更让人心里觉得暖暖的。对员工的关怀和照顾不仅仅体现在小事上，还有一件事，虽说发生在几年前，但直到今天仍时常被人们提起。

链接

陶士奇，是集团下属东海县福润公司包装车间的一名普通职工，上班时不慎摔倒在地，而这一跤竟让他昏迷了整整三年。人命关天，祝义材立刻指示，要不惜一切代价，找最好的医院为其医治，并决定派工会主席全程陪同治疗，另派一名职工照顾病人的饮食起居。医治过程中，陶士奇先后做了两次开颅手术，医疗费用多达40万元，除去保险公司理赔10万元，其余全部由公司支付。一年过去了，陶士奇并没有好转的迹象。就在医生和家属都快要放弃的时候，公司领导却坚持：只要有一线希望就不能放弃。经过三年坚持不懈的努力，奇迹出现了！陶士奇死里逃生，重新站了起来。之后他病退在家，企业按《劳动法》规定一次性给予补偿，并且每月给他发放生活费。他的感激难以言喻，总是感动地对别人说："是雨润集团给了我第二次生命。"

祝义材常说："员工是企业最大的财富，跟员工荣辱与共是企业领导人管理思想的基础。"雨润对员工的温暖关怀和照顾，已经成为雨润企业文化的一部分。在一个企业里，当所有的人亲如兄弟姐妹，当所有的人都把企业当成家一样经营的时候，这个企业将拥有坚不可摧的凝聚力。

三、事无巨细，"无情无义"

当老百姓坐在餐桌前大快朵颐时，有谁会想到，雨润从生猪屠宰到产品下线要经过21道检验检疫过程，直接参与生产的人员在双手洗净后每隔5分钟要用酒精消一次毒，长达16万字的管理制度全部要遵守，公司连工人的指甲长短都要管。这一切全部依制度来执行，按章办事，毫无情义可言。

（一）以苛刻维护"第一生命线"

曾经有人质疑雨润的管理制度过于苛刻，祝义材不容置辩地回

▲ 雨润的经营理念

答："雨润将食品安全看成是企业的第一生命线，如果不作这些近似苛刻的规定，请问，这'第一生命线'谁来维护？"

事实上，雨润人接受这样"无情"的管理理念与制度也是经历了一个过程。1996年开始，祝义材要求雨润工厂里必须设有洗澡间，每个一线员工上班前一定要洗澡后才能进入车间。每个卫生班班长每天随身带着指甲刀，随时到车间去检查，若发现有员工指甲太长当场就剪。管到这种程度，一开始很多员工都表示不能理解，甚至不少公司管理层经理也认为没有必要。祝义材却十分坚持，太多成功与失败的企业说明了同一个道理："细节决定成败。"在质量问题上，他毫不含糊，从不放过任何一处的安全隐患。他苦苦告诫他的员工们："从原材料进厂到成品摆上市民的餐桌，中间有非常多的环节，任何一个环节出现问题，产品安全就得不到保证，所有的工作就会前功尽弃。" 这样的理念终于慢慢被雨润员工接受。现在，雨润的生产工人们早已养成习惯，上班第一件事就是洗澡，指甲一长马上就剪。

如今，雨润人形成了一个共识：质量可以通过严密的监控得到保证，但也不是万无一失的，为了避免万分之一的失误，从进场把关到过程管理再到最后的出场把关，每一个环节都要做到百分之百的努力。为了给老百姓的餐桌送上健康安全、营养美味的放心肉制品，雨润在质量管理方面可以说是事无巨细，生产、销售的每一个细节均有章可循，这就是最令雨润人骄傲的独步国内的雨润管理制度。

雨润集团通过长期的实践与研究，率先在行业内制定出了内容最详实、标准要求最高、操作性最强的《食品安全管理制度》。这本制度可谓雨润集团确保所有食品安全的“真经”，总共有3大本400多页，字数超过16万，其中涵盖屠宰、品管、产品技术三大块，又细分为49项专项制度。形象地说，从一头生猪开始至成为市民餐桌上的美味为止，任何一个细节的安全管理都能在这本制度中找到。仅以“洗手”这一小小的细节为例，企业明文将其规范为生产人员进入车间前先将双手润湿，然后涂抹洗手液、双手搓洗起泡、冲洗、涂抹消毒液、烘干，一共6个步骤，一步也不能少。而直接参与生产的人员在双手清洗干净后，每隔5分钟需用75%的酒精消一次毒。在雨润集团总部以及下属的每家分（子）公司明亮洁净、现代化的生产车间内，我们都可以看到张贴着一张《洗手消毒流程图》，时刻让相关的一线员工警示对照。

▼ 洗手消毒流程图

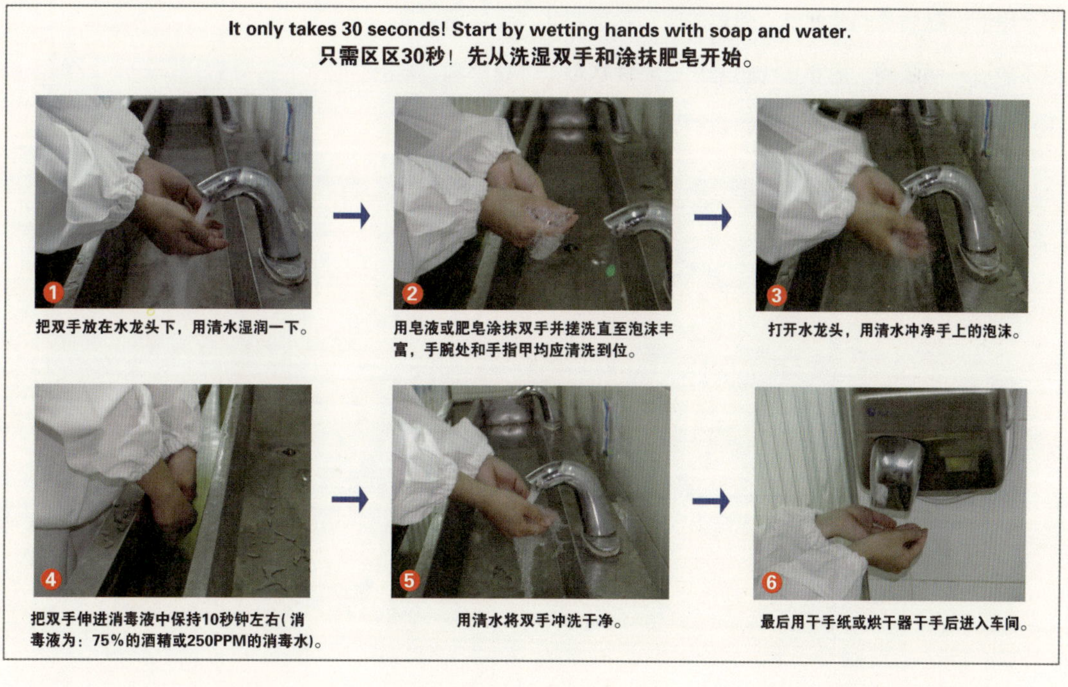

近乎苛刻的管理制度，使雨润在全国肉食品行业中率先通过了ISO 9001国际质量体系认证、ISO 14001环境管理体系认证等5个质量体系认证。在雨润，人们常开玩笑说，由于公司食堂的食品和餐具都要由集团品管部门定期检测，十分严格，长期在公司吃饭都造成了免疫力下降，以致于一到外面吃就容易出问题。这也许只是个玩笑，但足以证明雨润食品安全管理早已深入人心，渗透到了生产、生活的方方面面。雨润人深知，质量管理是永远没有止境的，这也是他们必须始终坚守的生命线。

虽然拥有如此烦琐的质量监控制度，然而百密终有一疏。雨润人至今还记得几年前发生的一件事：有一年元旦前夕，雨润集团生产的一批火腿肠发现存在轻微的质量问题，但不影响产品销售与顾客健康。相关工作人员对于如何处置有些犹豫，可事情很快让公司高管知道了，他们果断决定将这些产品全部销毁。当看着厂区一角火焰翻腾，吞噬着工人们辛辛苦苦的劳动成果时，一些人难过得流下了眼泪。在质量问题面前，雨润的原则就是如此“无情无义”。绝不放过一丝疏漏，把质量问题消灭在萌芽状态，才是雨润“食品工业是道德工业”企业文化的最佳诠释。

▼ 雨润的企业文化

（二）“无痛苦猪肉”

家在农村的人或者记忆中都难忘：清晨五点，犹在睡梦中的人们会被一声声惨叫惊醒，那是屠夫正在杀猪，可以想象活生生的生命被宰割的过程是多么的血腥与痛苦。

一样是生产猪肉，然而步入雨润生产车间的参观通道，看到的与听到的完全是另一种情景：在9°C左右的恒定温度下，身穿连体工作服的工人们正在紧张忙碌着，要先给准备屠宰的猪洗一个舒服的澡，然后放一段柔和优美的音乐，等到猪正处于安静放松状态时，采用CO_2（二氧化碳）无痛窒息死亡技术，或三点电晕技术，让猪在生命的最后阶段没有激烈的应急反应、没有痛苦的惨叫。另一个车间里，在一台设备前，随着工人在液晶控制面板的触摸屏上输入几个指令，一头的机械手臂便自动将调制搅拌好的原料肉装入。随即，在设备另一头，一根根装填好的火腿便整整齐齐地挂在架上。整个过程一气呵成，几乎让人不敢相信这是在生产肉制品。

雨润“无痛苦猪肉”生产出来的深加工产品，是许多竞争企业无法比拟的。在雨润人心中，这是令他们颇为自豪的，因为工厂的全套设备均采购自欧美，生产水平正不断接近世界先进水平。

长期以来，为了不断提高产品质量，雨润十分重视科研工作，每年的科研经费以20%以上的速度增长。截至2010年，集团从事研究和实验发展的人员就达1392 人，拥有博士 12 名，硕士112名。雨润还非常注重与国内外高校、科研机构的合作，是我国首家同时拥有“一室、两站、三中心”（肉品加工与质量控制国家重点实验室、博士后科研工作站、企业院士工作站、国家认定企业技术中心、星火龙头企业技术创新中心、国家肉品质量安全控制工程技术研究中心）的民营企业。依托科研平台，雨润在食品关键技术领域取得了上百项专利，先后承担国家“十五”、“十一五”、

▲ 雨润学院

“十二五”科技支撑计划和大部分行业重大科技攻关项目。在国际上，雨润集团除保持与德国肉类研究中心的长期合作外，还与美国肉类协会、日本畜产协会等研究机构进行着不定期的科技交流活动。除此之外，雨润花费巨资从德国、比利时、日本等国引进国际先进设备，并按照美国农业部和欧盟的标准，建成了代表当今国际最先进水平的现代化无菌生产车间和全自动生产车间，使工艺流程和技术水平始终保持在国际先进水平，为生产出高品位、高质量的产品提供了先决条件。

在全球经济一体化的新形势下，雨润集团立足本土发展的同时，积极寻求与国外先进企业的合作机会，将国外产品引入国内市场，既学到了国外企业的经验，又丰富了国内市场的产品。近两年先后与日本著名肉制品公司伊藤火腿株式会社、美国杜邦集团（营养食品分部）、意大利百乐得（Beretta）等知名企业展开合作，并定期派遣人员出国学习。

（三）以无私建立行业规范

近年来，“中国食品威胁论”甚嚣尘上，国际社会对中国食品安全性的担忧不断加剧。这中间，固然有人用所谓“问题食品”妖魔化中国，以达到其诋毁中国的目的。但不可否认的是，的确也有食品制造商为了追求利益而不顾食品安全，“问题食品”此起彼伏。祝义材深知，在国家贸易中的“雨润”，代表的不仅仅是企业的形象，更是国家的形象。因此，雨润在严格遵循国家要求的基础上，不断完善改进，甚至超越国家标准赶超国际标准，制定了高于国家和行业标准的雨润产品卫生安全标准。例如，低温肉产品微生物企业标准严于国家标准1000倍，冷却肉微生物企业标准严于国家标准100倍，构建了完备的食品质量安全体系。

然而，所谓“独木难成林”，雨润人更深刻地体会到：要想得到国际社会对中国食品的认可，单靠一个企业是无法做到的。只有整个食品行业健康发展，才能渐渐在国际社会重获肯定。作为行业龙头，雨润首先有责任和义务推动行业的整体健康发展。因此，雨润主动适应国家的标准要求，一直以质量体系认证制度为持续保证，积极响应国家号召，全力导入“卓越绩效管理模式”提升集团经营质量，在行业内率先建立食品安全全程可追溯体系，真正做到“来源可追溯、去向可查证、责任可追求”。

▼ 国家标准

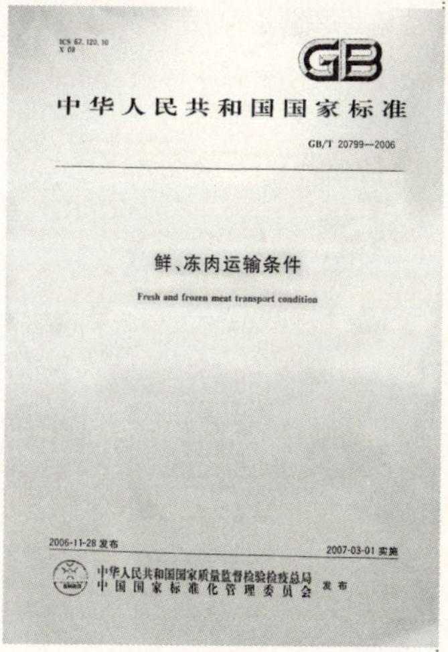
ICS 67.120.10
X 09

GB

中华人民共和国国家标准

GB/T 20799—2006

鲜、冻肉运输条件

Fresh and frozen meat transport condition

2006-11-28 发布

2007-03-01 实施

中华人民共和国国家质量监督检验检疫总局
中国国家标准化管理委员会 发布

凭借强大的科研实力和一丝不苟的质量管理，雨润集团二十多次牵头或参与国家及行业标准的制订，为规范食品行业发展作出了努力。目前，雨润牵头制定发布了三项国家标准；并主持制订修订了《新鲜肉卫生操作规范》等七项国家标准。同时，雨润也是中国食品标准化样板的缔造者。雨润集团的标准化运作推进了中国肉制品制造业的标准化，为中国肉制品跨出国门、迈向世界奠定了基础。

制定肉制品的国家和行业标准是没有回报的，甚至还要自己花费差旅费和推广经费。但是雨润长期坚持在此方面投入巨资和人力，默默无闻、孜孜不倦地引导着行业的健康发展，因为它们认定这是它们应该做的，这是一个有责任感的企业艰难而光荣的使命。

四、传播聚焦，一举“破冰”

如果说网络的出现让地球成为一个村庄，那微博的存在则让村里的每个人可以随时向全地球“喊话”。我们生活在一个传播过度的时代，人与人之间完全没有了沟通的阻碍。因此，也许很难让人相信，一个经营了十几年成长为国内肉制品行业个中翘楚的企业，在很长的时间里几乎不做广告，导致很多中国老百姓从来没有听说过它的名字。然而，当它认为传播品牌“时机已到”时，一掷上亿资金牵手央视，完美开启品牌形象塑造的“破冰”之旅。

（一）苦练基本功，伺机发力

直到2007年，很多中国的老百姓都没有听说过雨润，虽然他们的餐桌上可能摆着它的产品。其实，当时的雨润早已在国内低温肉制品市场上升到第一位，成长为仅次于双汇的综合性肉制品巨头。很多雨润的员工和经销商对于这种做法十分不解。雨润的员工说：“当时我们做得这么努力这么成功，却没有人知道雨润，心里感觉拔凉拔凉的。”经销商与批发商们则认为，公司都发展到这种程度了，却舍不得花这一点广告费。

总部则有着另外的打算。之所以迟迟不投放广告，并非雨润的品牌传播意识不够。在企业发展的十几年里，一向低调务实的祝义材埋头于进设备、抓生产、搞管理、拓市场，力争为这个肉业大厦打下稳固的地基。在雨润悄悄发展壮大的过程中，在中国品牌的营销传播世界里，大量品牌你方唱罢我登场，精彩纷呈。许多品牌因为大手笔的广告而立刻在全国打响知名度，销售量疾速上升。然而，也有不少品牌由于销量的增长带来产能的不足、消费者的期望与质量不符等问题，犹如昙花一现，很快又消失于公众视野之中。

广告本身就是一把双刃剑，对于质量、管理过硬的企业或品牌来说，它能够加速企业和品牌的成长。反之，对于质量、管理尚不稳定的企业和品牌来说，广告有可能起到拔苗助长的作用，使企业的弱点充分地暴露出来，而最终加速了企业的消亡。祝义材坚信，只有在保证产品质量的前提下，才能充分发挥广告宣传的助力作用。于是，自1993公司创办之后的很长一段时间，它们都在默默无闻地“苦练基本功”。2005年10月，雨润在香港联交所成功上市，企业融到了进一步腾飞的大笔发展资金；2006年，雨润获得了稳定的生猪来源，屠宰产能和肉制品产能均有较大幅度的提高，产品质量的稳定性已经可以得到良好的控制。此时，祝义材等雨润的高管们才感觉到：广告投放的时机终于来到了。

▼ 雨润广告截图

（二）聚焦央视，打通“任督二脉”

在决定了要投放广告之后，雨润开始认真思索品牌广告战略。要选择什么样的广告策略，才能让品牌家喻户晓呢？是选择从地方电视台开始做广告，从重点销售城市突击，还是一出场就从央视这样的全国性高端媒体去传播？是分散广告资金在不同的广告时间段，以保证接触到大量的消费者，还是集中火力投放在某一个最有效的黄金时段呢？

这样痛苦的抉择想必很多企业都经历过。要做出正确的广告投放策略，关键在于品牌自身。首先，要考虑品牌的市场与消费者特征。如果一个品牌的市场遍布全国各地，消费者人口统计特征分布广泛，那么在资金充裕的前提下，适当的央视投放有助于在全国迅速打响品牌知名度，拓宽品牌的知晓范围。特别是当一个企业要从一个地方性企业发展成为全国性企业，无论是异地工厂的新建、跨地域的货源供给，还是商品流通渠道的建立，往往都是困难重重、步履维艰。要扫清发展的这些障碍，投放全国性媒体无疑是首选。其次，要考虑品牌在行业中的地位。如果一个品牌是行业的领导者，为了塑造高大权威的龙头老大形象，地方性媒体或小型媒体显然不适合。

祝义材及其同事们经过深思熟虑，利弊权衡，毅然决然地选择了中央电视台，而且是仅仅选择了中央电视台，没有结合其他媒体的广告投放。这种做法，在有些专业人士眼中是不可思议的，这意味着把风险集中了。但是，风险也是机会，集中火力往往更容易攻破目标。对此，总裁的解释是："从企业长远战略发展来看，还是选择央视这个高端品牌比较准确。老百姓相信，能够在央视黄金时间段投放广告的，肯定都是那些在行业内数一数二的尖端品牌，这是一个企业实力的象征。"

就这样，雨润的广告投放虽然姗姗来迟，但一出手就颇为不凡。2007年，雨润在大量广告投放的伊始，就在中国企业广告竞争最剧烈的战场CCTV《新闻联播》后7.5秒标版时段展开搏杀，成为央视投放广告的一匹黑马。此后连续4年，雨润心无旁骛地携手央视，锁定《新闻联播》后标版时段这一黄金广告资源。2011年，雨润更以5010万拍得央视《新闻联播》后7.5秒广告权，拿下2011年央视广告招标第一标。雨润深信，权威的媒体形象与珍贵的黄金时间段，带给雨润的不仅仅是知名度的提高，更是整体品牌形象的深化与提升。

正如雨润所期望的，在短短的4年多时间里，雨润仿佛打通了"任督二脉"，从一个籍籍无名的企业迅速变成了闻名大江南北的知名品牌，雨润的品牌价值迅速飙升。在已经公布的《2010胡润中国品牌榜》中，雨润以110亿的品牌价值位列第35位。伴随知名度的提高，雨润的品牌形象"润物细无声"般地进入了大家的心中。

▼ 雨润广告截图

现在雨润不再是一个默默无闻的企业，而是一个值得重视的企业。胡锦涛总书记、回良玉副总理等党和国家领导人先后亲切接见了祝义材董事长；总理温家宝、全国政协主席贾庆林等党和国家领导人先后到雨润总部视察。全国各地的政府领导相继纷纷到雨润实地学习考察，招商引资，寻求合作。有了中央领导的重视，有了地方领导的认可和支持，雨润的全国化发展步伐大大加快了。对江苏之外的肉联厂的兼并速度加快了，在江苏之外生猪屠宰场的建设速度加快了……

在合作者的心中，雨润不再是一个前途未卜的企业，而是一个潜力巨大的企业。于是，来自中国香港地区、新加坡、美国、欧盟等外商对雨润的信任增强了；超市、农贸市场的渠道合作伙伴，积极性增强了；一些国内外著名的连锁餐饮企业如味千拉面、真功夫等开展了与雨润的合作；全国的4、5星级酒店以及超市与雨润的联系密切了、增多了。据统计，目前全国将近1200家4星和5星酒店中，60%跟雨润有良好的合作关系。

在内部员工的心中，雨润不再是一个“说不出口”的工作单位，而是一个令人骄傲的工作单位。雨润人不再羞于向人介绍自己是雨润的员工；原来想离开雨润的安心地留下来了；原来已经离开

雨润集团销售增长图，2010年实现销售收入647亿元。

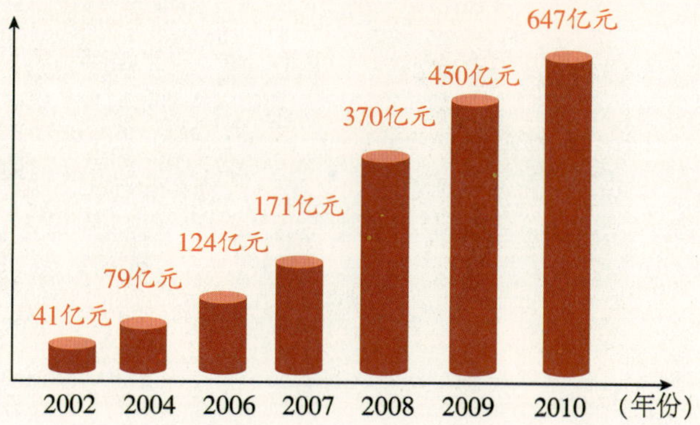

雨润的员工想回来了；想到雨润来工作、就业的人多起来了。

有了上述种种变化，雨润集团的收入迅速增长也就不足为奇了：

2002年41亿元，2004年79亿元，2006年124亿元，2007年171亿元，2008年370亿元，2009年450亿元，2010年647亿元。

“德为身之本，诚为事之基。”这是雨润始终秉持的企业理念。一个以道德为立足的根本，以诚信为做事基础的企业，我们有理由相信，它所取得的成就是一种必然。我们更加有理由相信，未来之路，雨润将走得更宽，走得更远。

厦门大学新闻传播学院：黄合水　吴小冰　许姗姗　冷丽君
谢　洋　黎梦怡　郭　枞　何　玮
《经济观察报》：朱熹妍
中央电视台广告经营管理中心：汪　杰　田　宁　张　超

▼ 案例组成员合影
（左四为祝义亮，右三为黄合水）

采访手记

雨润、雨润，雨露滋润，雨露滋润禾苗壮。这是我对“雨润”的最初概念。至于雨润是什么，之前我很茫然、很模糊，但当我开始研究“雨润”品牌的成长历程时，使我感到诧异的是，雨润居然是一个年产值600多亿的企业，是江苏的第二大民营企业。

为什么我对雨润的认识跟雨润的现实差距这么大呢？我想主要原因是雨润很低调。雨润创业于1993年，在很长的时间里，不做广告，直到2007年才在央视上投放广告。

20世纪末，太阳神等一大堆品牌依靠大量广告投入而迅速崛起，自那时候开始，“好酒不怕巷子深”广受诟病，广告似乎已经成为中国品牌缔造奇迹的唯一利器。只要能够筹集到足够的资金，企业就往往会不惜重金进行广告投放，以期迅速打开市场，获取巨额利润。在这样的市场环境中，创业10几年几乎不做广告的雨润的确让人费解。

但是，在对雨润的深入了解中，我明白了，食品是一个巨大的市场，也是一个高风险的行业，猪肉及其深加工产品（如火腿肠等）的产业链很长很长，从饲料生产、生猪饲养、生猪屠宰到猪肉的深加工等，任何一个环节没有把握好，都很容易出质量、安全等问题，每个环节的质量把关又是那么的复杂、琐碎。正是因为认识到这一点，雨润很早就把“食品工业”看做是“道德工业”，并用了十几年的时间来解决肉类食品生产中的一系列质量控制问题。

尽管雨润集团对肉类食品质量高度重视，一直战战兢兢、小心谨慎经营着，但是前不久，还是爆出了“包装膜和金属卡扣”的风波。这不仅说明质量对企业的重要性，也反映了质量控制的难度和艰巨性。不过，我相信，只要不是因“唯利是图”而有意制造的质量问题，消费者终究会理解的，危机也会很快得到化解的。

从雨润的研究中，我进一步体会到：做品牌，广告是要的，但在做好广告之前，更要先做好产品；只有向消费者提供出满意、合格的产品，品牌才能有生命力，才能永恒。

黄合水

▼ 案例组走访雨润
（左为黄合水，右为祝义亮）

黄合水

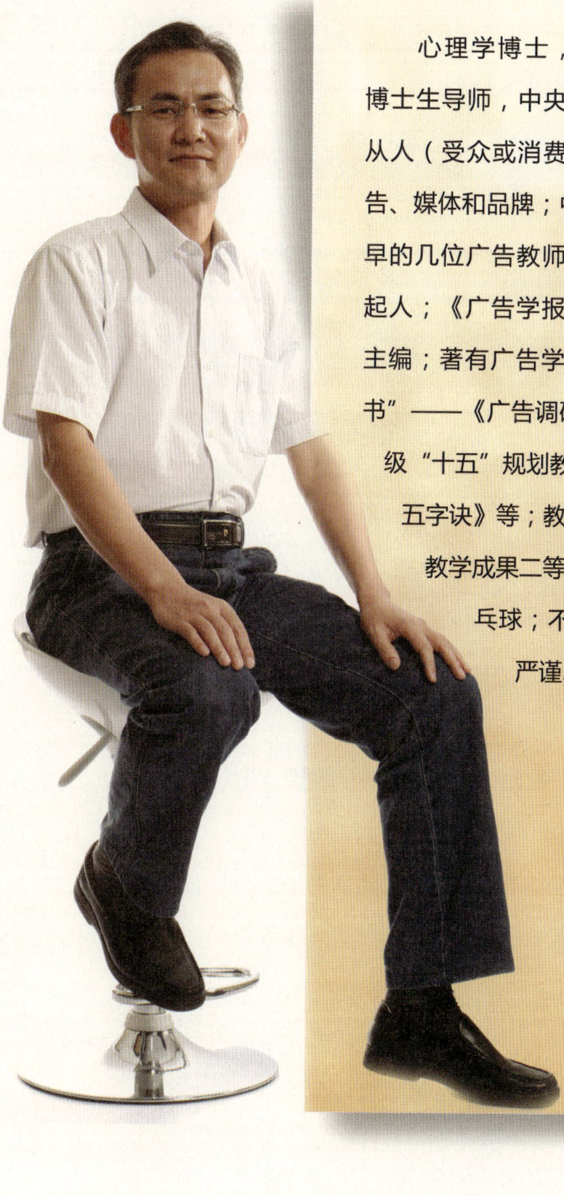

心理学博士，厦门大学新闻传播学院副院长、博士生导师，中央电视台广告中心策略顾问；习惯于从人（受众或消费者）的角度，采用实证方法研究广告、媒体和品牌；中国广告实证研究的先行者；中国最早的几位广告教师之一；中国广告协会“学院奖”发起人；《广告学报》创办人，《现代广告》学术季刊主编；著有广告学科唯一教育部推荐“研究生教学用书”——《广告调研技巧》，全国普通高等院校“国家级“十五”规划教材”——《广告心理学》，和《广告五字诀》等；教育部广告特色专业建设负责人；国家教学成果二等奖获得者；喜欢围棋、中国象棋、乒乓球；不爱喝酒、极少喝茶、已戒烟；追求严谨、科学、诚信。

海天味业，如同我们身边一个“熟悉的陌生人”，与我们生活息息相关，也时常在报章荧屏相见，但我们对它的生存状态、性格爱好、价值取向似乎并不了解。

是什么支撑着海天的默默壮大？国际顶尖的生产线可以引进、高深莫测的生物发酵技术可以引进、甚至行业最优秀的人才也可以引进，但，是什么能将之融合，发挥出综合优势？

酿制中国味

——海天味业的品质之道

在寸土寸金的佛山，手握3000亩用地，作为一家调味品制造企业，按照商人的逻辑会做出两种选择：

一是扩大玻璃晒池的规模，继续生产传统调味品，每件的利润不过1元左右；二是建成综合性的商业楼群，进行多元化经营，每年至少100亿的产值。海天味业选择了前者，不是它们不精明，而是这个行业需要虔诚的执著，只有专注于调味品的从业者，才有可能酿制质量可靠的入口产品。

生产原料的选择，也有两种方案：

一种原料外观饱满，价格低廉而且送货上门，可以大幅度降低生产成本并提高经营利润；另一种原料货源较少、价格偏高，产地在我国东北部，不能送货上门，物流成本大幅提升。前者是转基因黄豆，后者是非转基因黄豆。海天味业选择了后者，因为转基因黄豆的安全性还没有完全明朗，消费者并不清楚其中的原理，海天人宁愿牺牲企业的利润，也要让消费者享用真正放心的美味。

起源于乾隆时期的酱园作坊，秉承“至善之心”的企业文化，坚守良心、爱心、责任心的做人做事原则，海天味业守着这份产业经营了300年。

历经风雨，它们引进先进的科技与管理体系，对传统的酿造工艺进行升级，从一个区域性的老字号企业，发展为一个全国性的著名调味品品牌。

它们的品牌传播立足高远，抓住了主流媒体的规律，以小规模、脉冲式媒介策略投放中央电视台的广告，并配合京、沪、港等地的高端户外传播，撬动全国市场。同时，开放文化展馆，丰富了调味品的形象和内涵，把饮食文化的“中国味”传扬各地。

一、小角色进入大舞台

酱油虽是厨房里的小角色，但是却必不可少。

中国人每人每天的酱油消费量平均约8.9毫升，一个三口之家用完一瓶500毫升的酱油大致需要1个月时间，一个家庭的年消费量一般为12瓶左右。

海天味业却将这样一个百姓餐桌上的小小调味品，做成了一个名符其实的全国性大品牌。2010年海天味业产值达到65亿元，超过行业第二名到第五名之和。海天高明基地完全建成投产后，综合产能将超200万吨，为国内同行所不可企及，真正成为调味品行业的龙头。

海天有何种品牌魅力，将它的名字与千家万户的美味生活紧紧相连？

（一）三百年老字号岁月无痕

三百年前的乾隆时期，我国南方的商业重镇佛山，手工业繁荣一时，涌现出大量家庭式的手工作坊，传统的酿造业也逐渐兴盛。以佛山“古酱园”为代表的调味品酿造作坊逾上百家，其中“海天酱园”出售的冠军生抽、亚军生抽、虾子酱清、柱侯酱等，不仅遍布佛山的茶楼酒馆、普通人家，还出口到我国港、澳地区及东南亚等国家。

新中国成立以后，社会经济发展走上正轨，传统的酿造业也迎来了发展的新机遇。1955年，佛山25家古酱园开始谋划合并重组。海天是其中历史最为悠久、规模最为宏大、产品品类最为丰富、影响力最广泛的一家老字号酱园，因此大家一致同意将新组建的厂名命名为“海天酱油厂”。

20世纪60年代，海天建成较为完备的产品检验化验中心，产品质量得到了严格的控制和把关。70年代，海天摒弃了大缸式的露天发酵方式，转而建成了颇具规模的玻璃晒池，专门用于黄豆的天然发酵。80年代，海天逐步引进自动化的生产流水线，提高了装瓶、贴标等生产环节的效率。到1988年，海天实力的积累得到了质的转

▼ 佛山古酱园实景再现效果图

变，跻身国有大型企业的行列。

1994年，海天成功转制为佛山市海天调味食品有限公司，使得企业和职工进入到股份制的结构中，产权结构在市场机制下变得更加合理高效。海天的顺势革新，很快发挥了成效，不足几年，海天就成为中国最大的酱油产销、出口企业。

2005年10月，海天高明生产基地一期工程落成。2009年，总投资额度近20亿元的二期项目也正式兴建。全部建成投产后调味品年产量将超过200万吨，是目前全球最大的调味品综合生产基地，也是中国第一个现代高科技与传统酿造工艺完美结合的典范。

海天的产品现已有8大品类200余品种规格，7+N个产品组团，仅酱油一类，海天就已发展出生抽、老抽、特色、健康等系列共50多个品种。企业拥有60万平方米的天然晒池，2.4万余瓶时速包装生产线和109项发明专利。

今天的海天，已经是消费者餐桌上不可缺少的调味品。在北京、上海、广州三大城市，酱油产品的首选品牌便是海天。据《2010中国消费者理想品牌大调查》的数据显示，海天以14.4%提及率位列2010年中国十大调味品品牌之首。从乾隆时期的酱园作坊，海天已经成长为中国调味行业的航母级企业，成为民族品牌中的佼佼者。

（二）传统工艺嫁接现代科技

酱油的生产和消费市场主要在亚洲，其生产过程至今仍然是一个传统工艺过程。一粒粒饱满的黄豆从筛选、清洗、蒸煮到制曲、发酵，经过这些程序之后变成不同味道的酱油，一般需要3~6个月时间。

海天味业把如此漫长的传统工艺变成大规模批量化生产的全天候产品，秘诀就是引入现代科技，严格控制生产流程。

▲ 海天味业的天然晒池

1．天然晒池，享受北回归线的阳光

海天产品的生产发酵过程，占尽天时地利。

佛山地处北纬22.48°~23.18°，东经112.51°~113.15°，属于亚热带季风性湿润气候，终年平均气温22.2℃，降雨量在1200mm左右，日照天数达到1910h，气温和降水量都处在较高水平，日照时长符合黄豆晾晒需求，非常适合黄豆的晾晒与发酵。

海天的户外晒池，每座高约1米多，宽2米多，长3米多，总面积约150个足球场，不论是晒池的高度，还是晒池顶部玻璃盖的厚度、斜度、透光度，都是经过科学测算，结合佛山的地理位置和光照角度量身打造的，让每一粒黄豆都充分吸收来自亚热带地区的光和热。天然的晒制方法结合了传统的酿造工艺保证了海天的独特风味。

海天坚持阳光酿晒的传统方法生产酱油，使黄豆中的氨基酸等成分充分渗透，变成酱油中的营养，加强了醇厚的风味。

2. 灌装洁净度堪与药品行业相媲美

海天的灌装生产线坐落在全封闭恒温恒湿环境内，无人值守，全部由计算机系统控制，全程无人为因素污染。

2002年，海天作为行业内首家引进了全进口高速灌装生产线。灌装区的细菌洁净度，堪与药品行业的洁净度相媲美。

瓶子杀菌消毒、酱油灌装、瓶体封盖的整个过程都是在全封闭的无菌灌装空间内完成，经过洁净热水清洗、洁净蒸汽杀菌、洁净空气吹干三道“关口”，瓶盖经过负离子除尘、紫外线杀菌两道程序进入该空间。酱油在进入灌装空间前则经过巴氏灭菌和超细过滤

▼ 海天酱油灌装区

双重灭菌工序。

1.9升的老抽王从空瓶到灌装再到包装入库只需要5~6分钟；在高明生产区，一条生产线，一个小时可以完成4.8万瓶灌装，这是调味品行业中的“海天速度”。

3. 全数字化配送管理

海天产品的包装入库，全部是机器化自动完成。无须人工搬运。S型的包装线连着高层的货架仓库，各种吊装手、索道等方式配合完成，由计算机全程控制，实现精确摆放。

海天已经建成一流的大型自动化输送中心和数字化物流管理模式。数字化配送管理降低了产品的破损率，而且保证及时、准确地将海天产品送往世界各地，大大提高了生产效率。

▼ 海天自动化码垛机

（三）检验是品质的保障

1. 跨越千山万水寻找“美丽”黄豆

海天所用的黄豆，都要经过严格的“体检”：除了体型、体态要完全符合标准外，还得符合各项理化和安全指标。大豆是酿造酱油的主要原料，也是构成其营养、风味的主要成分，大豆的质量与酱油的品质息息相关。一直以来海天都坚持采购非转基因的优质黄豆，已形成了从大豆（脱脂大豆）的物理特性分析、成分分析和发酵试验验证相结合的，一整套系统的优质大豆（脱脂大豆）筛选方法。以黄豆为例，检测项目除包括粗蛋白、水分、死豆率等理化指标外，还包括无机砷、铅、黄曲霉毒素B_1等重金属指标，多菌灵、克百威等农药残留，及转基因成分等食品安全检测指标，检测项目达20多项。在海天人看来，只有这种注重细节、近似苛刻的做法，才能选出质量合格的非转基因黄豆，才能进入海天的生产线。

中国东北部的三江平原上的优质大豆，营养丰富，颗粒饱满，色泽明黄，非常适合酿造使用。从佛山到东北，3000多公里的路途，高额的运输成本，仍然挡不住海天人寻找优质“美丽”黄豆的那份执著。千山万水选原料，不计成本运回佛山，是海天品质恒定的基础。

2. 四步检验法给产品“挑刺”

优质的东北黄豆，天然的晒池，先进的生产管理体系，是海天生产优质产品的“基因”。海天味业引入了ISO 9001:2008质量管理体系和ISO 14001:2004环境管理体系，以标准化的流程来保障产品生产质量，所有产品经过海天严格的检验流程之后，才能送到消费者的餐桌上。同时，每个批次的产品都会留样存放，以备产品追溯。

海天创造了“四步检验法”为产品质量挑毛病。

第一步，原料把关。挑选结实饱满的优质黄豆，淘汰不合格的黄豆。

第二步，风味把关。对发酵液进行鉴定分析，确保香气浓郁，滋味醇厚，天然新鲜。

第三步，品质把关。按照酱油类调味品最严格标准检验，确保酱油卫生、安全、洁净。

第四步，成品把关。确保每一瓶产品的安全卫生和高品质，与国际标准接轨，甚至超过国际标准。

从原料加工到最后成品下线，海天的所有产品，都要经过技术人员的严格把关，每天他们对产品的内在品质、气密性、包装形象等指标进行监控。只有这样的产品才能运出工厂。

同时，公司专业检验人员定期地对留样产品进行检测和跟踪，观察产品是否发生变化，质量是否稳定，并以此为参考，对在市场中流通的产品实施同步监控，从而确保市场销售产品的品质稳定、安全。

3. 建立省级检验中心

海天每年投入几个亿的资金用于新技术和产品的研发，率先建成业内唯一的省级“酿造工程技术研究开发中心”和“产品检验中心”，更严格地执行质量标准。海天还与科研院所建立横向合作基地，把博士后流动站当做一个平台，用博士生来带自己的企业员工，建设一支高水平的科研队伍。

海天从国外引进了一批国内同行少有的超前检测仪器，如气液相色谱、GC-MS等，对酱油中的各种成分和原材料中可能的农药残留进行监控，成为国内调味品企业中少数能够自行开展黄曲霉毒素和农药残留检测的生产企业之一。

调味品生产过程，为了让优质黄豆得到更好的发酵，海天实验室精心培育出了海天菌，为黄豆的制曲过程“保驾护航”。具体来说，就是按照酿造标准和选种要求，对酱油酿造过程中的各类菌种采用现代生物技术方法，不断提高菌种的活力和发酵力水平，使其具有“运动员”般的健康体质。制曲过程中海天菌会在黄豆表面生长、繁殖，产生大量的蛋白酶、淀粉酶、纤维素酶等丰富酶系，将黄豆中的蛋白质、淀粉等大分子营养物质分解成小分子的氨基酸、还原糖等容易被人体吸收的成分，由此发酵出来的酱油有营养又美味，具有独特的品质和风味。

如果说海天的产品品质是海天品牌的基石，那么海天严苛的检验流程、省级检验中心，以及博士后科研工作站就是人们信赖海天品牌的背书。

链接

海天的博士后科研工作站

海天味业组建有博士后科研工作站，承担国家、省、市的重点科研项目，进行企业核心关键技术的研究和攻关。其中，中山大学生物学博士后科研流动站是当前海天企业博士后科研工作站的合作单位之一，是国家首批建立的生物学博士后流动工作站，在2010年全国博士后管理委员会对935个博士后科研流动站的综合评估中，位居生物类学科的前列。

二、让每一个家庭用上好酱油

由于历史原因，调味品这个行业具有强烈的地域性特点，因此，规模小，品质不稳定，甚至市场“欺生”现象严重。在海天的发展历程中，也同样遇到了渠道扩张受阻的问题，加上假冒伪劣商品的侵蚀，让海天一度走不出广东。

海天适时提出了企业的目标：让每一个家庭用上好酱油。

这一目标的提出，是基于海天取决于承担保证消费者利益的责任，也是为海天品牌长远发展的考虑。要实现这一目标，必须依靠宽广的销售网络，把优质的海天产品送入千家万户。

（一）产品入户，渠道为王

2000年之前，海天还处于市场经营的起步阶段。为了走向全国市场，海天迅速布局营销网络，构建了一支销售队伍。当时，全国的经销商就有数百家之多，为海天迅速打开全国市场提供了支持，销售量迅速达到了10亿元规模。

2000—2005年之间，销售网络在全国的纵向扩张已经基本完成，但地级市横向销售网络的布局还有所欠缺，这对打开农村市场显得尤为不利。这一阶段，海天重点建设地市级的横向网络。他们在地市级城市布局多家经销商，将商超、零售、餐饮等渠道区分开来。通过这样的网络布点，海天实现了一个较快的发展阶段，销售总量基本上翻了一番。

2005—2008年，海天销售渠道逐渐变得简单而清晰。前一时期销售网络快速扩张提升了产品的销量，同时也带来了一定的问题。密集的网络布局使得整个渠道产生了冲突，经销商之间相互冲货、价格冲突、管理难度增加、经销商利润下降等诸多问题，十分不利于海天销售渠道的完善。为改善这一现状，海天借鉴改革开放时期实行的“责任承包制”，将渠道进行划分，并严格规定经销商的负责范围，严谨跨区域销售的行为。这种清晰的划分方式，有利于经销商精耕细作，所承担的“责任田”变小，利润却得到了提升。

海天在进行渠道建设的过程中，分层布局，横纵结合。经过10年精耕细作，扩建出一幅覆盖全国、结构清晰合理的销售网点战略图。海天的旗帜插遍国内一二线城市，销售渠道走向精细化和完整化。

如今，海天的销售渠道有近千人的队伍，销售网络覆盖了中国300多个地级市，全国1000多个县，网络布局在整个快销品品牌中居领先地位。特别是在华东、华南包括华北地区，海天的经销网络已经深入到镇级，并且在县级网络及农村市场的销售量占到了80%左右。与此同时，海天能够保证产品在短时间内快速分销到各个终端，这种密集的销售网络是海天多年来保持稳定快速构建和积累起来的。

同时，海天并不承诺独家经销，对经销商也有严格的业绩考核。因为快销品有别于家电、服装等产品，需要强大销售网络的支撑。这样一来，海天承诺的消费者能够在其居住地50米的范围内买到海天的产品得以实现，比日本人确定的100米更为密集。

在电子商务日渐活跃的今天，海天也着眼于在淘宝网开设旗舰店，专门销售在平时终端买不到的特色产品。

（二）扶持经销商，服务大市场

经销商是联络厂家与消费者的中间力量，海天在建设其销售渠道的过程中，一直秉承“为经销商创造利润”的理念，通过激发经销商的热情和潜力，共同服务好千百万个用户市场。

海天设置相应的事业部，配以专人来协助经销商进行销售，这些销售人员承担起客户经理的职责，同经销商进行捆绑，销售人员是否能为经销商提供细心全面的服务与其绩效考核直接挂钩。

在相关咨询公司的协助下，海天设计了KPI（Key Performance Indicator），即关键业绩指标体系，对销售人员进行考核，使海天关注员工绩效表现，从“胡子眉毛一把抓”，转移到关注对员工绩效表现有较大影响的几个关键性指标、关注员工是否为客户提供了全面细心的服务。与许多企业注重销售额不同，海天对销售人员KPI考核的重点，是能否为经销商提供全面服务、能否为经销商创造利润。这样做，就保证了经销商的利益，促使经销商积极配合海天各项政策的落实。

海天通过建立产品模型、利润模型，帮助经销商保证最佳的产品销售组合。海天还设置了严格的价格梯度，所有的经销商都必须在所规定的价格体系中进出货。在保证经销商利润的同时，积极调动经销商的参与销售的能动性。这一方面提高了经销商主动创收利润的积极性；另一方面也使得经销商与企业共同分担销售责任、维护产品品牌，继而进入销售的良性循环。

在整个销售过程中，销售人员的责任绝不只是完成企业的销售任务，而是帮助经销商解决销售中的问题，并且保障经销商得到10%以上的经营利润。整个销售队伍成为经销商的助手，使经营商承载企业的市场开拓职能，“利用经销商的力量来撬动市场”，帮助海天拓展市场空间。

2000年前，海天还曾设置打假办公室，专门监控销售市场上的假货。“为经销商创造利润”的举措实施之后，经销商也参与到对产品质量的监控中来，对假冒伪劣产品实行监督和举报，不仅保证了经销商自己的利润，也维护了品牌的信誉。

（三）24小时监控渠道体系

海天的渠道监控是由科学的数据统计、严格的上报要求、合理的监控流程所组成的。

海天专门设置销售行政部，要求销售员日报经销商的出货量和库存状态，对其销售状态进行监督和汇报，这已经变成经销商每日必修的功课。通过专门的申报系统，总部在24小时内处理全国近千人的日报信息，从而掌握经销商的库存数量、销售数量以及进货需求。日报信息监控系统能够对数据进行合理分析，让海天在佛山总部就能掌握全国的产品库存、销售情况，为海天布局下一阶段生产和销售提供数据支持。

此外，海天从不将产品强压给经销商，反而控制经销商的库存数量，对进货量和月平均销售量设定一定的比例，经销商的库存量不能超过这个比例。即使在销售旺季和促销时段也不例外。这样做一方面防止了个别经销商窜货等问题；另一方面也是对经销商的保护，特别是对于酱油这种快销品，库存越多，在产品的生产日期上就不具备竞争优势，周转率也越低。与24小时信息日报系统相配合，海天还建立了保障金制度，要求合作者向海天缴纳一定数额的资金，如果发现合作者向海天工作人员送礼寻求货源的情况，海天

链接

海天自动化立体仓库

行业内首座自动化立体仓库。整个仓库系统实现了生产场所和装运场所的无缝对接，实现了由入库、出库、拣配、装卸等作业全过程的自动化控制，机械化操作。同时，自动化立体仓库还大胆使用彩色外观设计，目前已成为高明沧江工业园区标志性建筑之一。

链接

海天的24小时与保障金制

（1）24小时信息回总部：海天要求全国近千人的销售队伍日报销售状态的信息，不用时时监控，而是每天向系统提交一次。海天的渠道监控是一整个系统工程，给经销商提升管理空间，减少无序的促销和产品积压。

（2）“保障金制度”控制渠道腐败：海天要求合作者缴纳一定数额保障金，作为防止渠道腐败的措施。如果有些合作者为了获得更多货源，而出现向海天工作人员送礼等情况，海天一旦查出，必将从保障金中扣除一定数额，以防微杜渐、堵塞漏洞，不仅防止内部腐败，并且达到净化企业风气的目的。

会从保障金里扣除一定数额，以示惩罚。通过这种严格的控制，海天有效地防止了渠道间的冲突，并对全国的销售情况了如指掌。

全国渠道实现24小时的监控，保障了产品质量不会在销售渠道方面出现问题，是海天渠道管理的点睛之笔。

三、引领美味新生活

1994年开始，海天通过完善企业识别系统，统一了品牌形象，“四海一家，中国味”的广告语也深入人心。随着高端广告媒体的投放，选择与中央电视台、地方都市报进行合作，在北京、上海和香港投放了户外广告，海天的品牌形象、品牌内涵逐渐清晰。

2008年，海天重新定义并完善其品牌，将“传扬美味事业，酿造美满生活”作为其使命，在引领美味生活方面发挥表率的作用。随着“中国味文化展馆”的开幕，海天的品牌体验愈加丰富而有趣。

（一）品牌形象内外升级

1. 包装换了，市场认可了

20世纪八十年代末九十年代初，国内调味品行业呈现的现状是：调味品包装落后，产品质量良莠不齐；地方品牌雄踞一方，保护严重，小厂众多且质量参差，而全国性品牌则呈现出一片空白，调味品行业重新洗牌箭在弦上。

怎样使海天这个老字号品牌异军突起，与市场上良莠不齐的“杂牌军”区别开来，开启消费者对海天产品的认知大门，这即将迈出关键的第一步。

经过企业内部的一而再、再而三的慎重思索，海天将打造企业VI系统作为品牌突围的第一步，这就等于为产品穿上家族外衣。1994年，海天第一次完成品牌VI系统，将所有产品都打上了“海天酱油”几个字，并将字号放大，突出醒目地传达了品牌的名称，而将产品品名放在第二个档次。

海天虽不是中国企业中第一个扛起了CIS企业识别系统大旗的企业，却是调味品行业中率先走上打造品牌之路的企业。从更换产品包装入手，海天通过完善企业识别系统，品牌形象得到了统一整合。与此同时，海天同步着力推广品牌形象，重点通过产品的终端渗透力进行新品牌形象的推广，将传统的外包装进行大胆改动，从标签到瓶子全部使用专利，标签设计突出海天品牌，包装瓶则采用一次性免洗专用瓶。形象统一的包装更利于消费者从杂牌酱油中识别海天的产品。

在如今的调味品行业，使用新颖的包装已经是惯用做法，然而在当时却实为一招险棋。海天在调味品行业中引领了一种新的营销模式，一定程度上使调味品在人们心目中低档和杂乱无序的印象得以改变，调味品的统一化、规范化的包装也成为海天日后打造高端产品的基础。

2. 品牌标识注入“家的温馨”

在品牌形象建设初见成效之后，海天并没有满足于已有的成功。

以“海天”命名的企业不乏知名度较高的。如何告知消费者此

▲ 海天标识变迁图

海天非彼海天，使大家在提到“海天”的时候能第一时间就对应想到海天酱油，最好的办法就是为海天设计独特的品牌标识。于是，今天印满海天所有系列产品的红色屋顶式的商标应运而生。

海天产品的独特之处，在于其拥有的天然晒池群在晒制发酵过程所形成的风味，因而海天将“晒池”概念融入了海天商标的设计中。它承载了海天“家”的概念，既像“晒池”中冒出的丝丝酱油香气，又像是家中屋顶冒出的一缕炊烟。对海天的员工意味着一种“家”的归属感，对海天产品的消费者来说，则暗示着海天产品就是服务于全国各地数以万计的家庭。

以这个Logo为基准点，海天广告语也进一步升级。之前，海天强调其产品是从佛山酱园流传下来的“阳光酿晒”的制造工艺，广告语是“北回归线上的阳光”。

海天目前已形成了以酱油、蚝油、调味酱、鸡精等大类的200多个规格品种的产品体系，调味品的概念已经扩大。伴随覆盖全国市场的营销网络的扩张，海天的知名度和美誉度得到全面提升，成为中国调味品行业的领跑者。海天商标也陆续在美国、加拿大等60多个国家和地区成功注册，产品出口全球60多个国家和地区。因此，海天大胆提出“四海一家，中国味”的品牌定位。

（二）传播策略尊崇主流

2001年，调味品行业出现了一系列的并购现象，外资公司野心勃勃，希望在中国调味品市场上分得一杯羹。

美国亨氏对广州美味源公司全资收购。

法国达能除了拥有“淘大”外，旗下又多了“海鸥”这个老字号。

雀巢在收购上海“太太乐”后，又购买了全世界最大的鸡精生产基地四川豪吉60%的股份。

联合利华下属的老蔡、家乐在以上海为中心的区域大展拳脚。

李锦记、日本的龟甲万也用巨大的投资来一赌中国调味品市场。

在外资企业纷纷进入中国后，中国调味品市场形成了四分天下的格局：以广东海天、致美斋为主的粤产酱油、以上海淘大、家乐、老蔡为主的沪产酱油、以雀巢美极、龟甲万、李锦记、和田宽为主的外资酱油、以北京金狮、石家庄珍极、天津天立、福州民天、湖南双凤等区域性酱油为主的地方酱油。

在此等格局下，国内外企业同台竞技，海天又将如何大显身手呢？

1. “三个坚持”联姻央视

从2001年至今，海天已经与央视携手走过了11个年头。在央视媒体的强力助推下，使海天的小小调味品“酿造”出了一片广阔天地，“四海一家中国味”的广告语在全国范围内打响了知名度，海天品牌成为了开拓市场的中国味道。

海天之所以选择中央电视台作为主要传播媒体源自于三个坚持：即坚持主流媒体、坚持聚合焦点、坚持辐射大众。

坚持与主流媒体合作，一直是海天品牌传播的基本原则。利用主流媒体，主流节目，针对主流目标受众，采用主流表现方式，倡导主流生活观念和生活方式，构建海天品牌传播的广度和深度，提升海天品牌知名度、美誉度。从2001—2011年，海天在央视的广告投放总额超过了3个亿，并且从2003年开始，海天选择在央视黄

盐分降低
20%
鲜
限盐酱油
健康生活 适度限盐
海天
海天蚝油
快乐美味一点通
Yes!黄豆
黄豆酱
想怎么吃就怎么吃！
新装上市
经典味

▲ 海天广告截图

金招标时段投放广告，借助央视平台来推广自己的明星产品。

坚持聚合焦点的原则，就是在广告投放时段方面，选择观众关注的焦点。央视《新闻联播》《天气预报》《焦点访谈》是观众重点关注的节目，三档节目和广告时段的观众重叠率都在80%左右，高收视率是广告效果的保障。海天在与央视合作的十一年中，2003年在央视一套的黄金广告时段《新闻联播》前投放了三个月广告，从2004—2010年七年间在《天气预报》的黄金广告时段投放广告，每年投放四个月。同时，海天还在央视二套的生活类节目以及央视三套收视率较高的节目中投放广告，周期通常为四个月到半年。这些节目的高收视率保证了海天品牌能被快速、广泛传播，并且在央视强大的品牌影响力之下，也对海天建立强势品牌起到了辐射作用。

坚持辐射大众的广告投放策略。CCTV的入户率不仅表现在中心城市领先，在二三线地级市、县级市和县、乡镇均具有强大优势，遥遥领先于其他频道。这种优势使海天能够巩固最广泛的品牌知名度。同时，长期与央视各频道合作本身也体现出了海天味业的品牌实力，有助于其建立更为广泛的品牌信赖感。

2. 优化媒介资源，“鲜”声夺人

脉冲式媒介排期是海天优化媒介资源的重要手段。

从海天2004—2010年的广告投放量看，海天一般会选取春季、秋季来大量投放广告，采取的广告战略是在广告持续不间断的基础上，根据销售或需求的时机间隔性，在需求期加大广告投放力度，形成有规律的脉冲式排期。

调味品虽然没有明显的淡旺季之分，但是由于一些产品的季节性特点，依旧会出现小小的销售旺季。例如，海天的黄豆酱产品在3~7月是一个销售旺季，因为在这个季节消费者吃凉拌菜比较多。对于这样的情况，在销售高峰期会起到“脉冲”式的强力广告促销效果。这种战略对于海天这种全年都有需求，但在特定季节大量需求的产品是非常适合的。

2008年之后，在品牌日益做大做强的基础之上，海天将广告投放逐步过渡为连续式排期，2011年全年投放达到均质化，为保持品牌更长的辐射力作好准备。

3. 抢占户外广告制高点

中央电视台这一传播高地的运用是海天近年来快速发展的助推器，同时，海天的品牌传播也呈立体化现象，从终端卖场、楼宇社区，到户外媒体运用颇有新意。

2003年起，海天为扩大影响，提出“有人烟处，必有海天”的口号，以画龙点睛之笔，在热门商圈中的楼宇投放大型户外广告牌，例如在北京的王府井、上海的黄浦江、珠江两岸、香港的维多利亚港等都有海天投放的大型户外广告。

▲ 海天的户外广告牌-北京王府井

▲ 海天的户外广告牌-广州珠江

（三）品牌体验活色生鲜

2005年，随着高明基地的落成，耗资千万建成的“中国味文化展馆”也揭开了面纱，成为传播企业文化的一个窗口。它是国内第一家由企业独资兴建的“中国味文化展馆”，力图全景式的展现中国饮食文化精粹，反映饮食烹饪用料尤其是调味用料深厚的历史积淀，为中国调味品业的未来发展做积极的探索。

2009年高明区开辟了“海天工业游”精品线路，与政府、各旅游社联合组织开展工业旅游活动，定期接待来自各地的游客参观。许多游客参观后都对一个如此规模的传统调味品企业啧啧称奇，对海天的厂区的现代化和专业化都表示意外和惊喜。

休假闲暇之余，让人们了解与饮食调味有关的俗事、雅事，也不失为一种乐趣。海天调味文化展馆建成后，每年接待专家学者、学校、企事业单位、消费者等参观者达100多批次，人数超过15000

▼ 全国首家“中国味文化展馆”让市民耳目一新

▲ 全国首家“中国味文化展馆”让市民耳目一新

人。2005—2009年累计接待次数500批次以上，人数接近10万人次。很多参观过高明公司的人都感慨：“参观海天高明公司后，了解了更多中国味和世界味文化的科普知识，了解了酿造的工艺。”那么就让我们步入“中国味文化展馆”，一起来探索几千年中国饮食文化刀火实践的辉煌成就吧！

四、做好了再说

商之无文，行而不远。

企业文化好比是企业的“人生观”，是决定企业强弱与成败的一个关键。

链接

海天企业文化的“九大精神”

(1) 成就事业的精神。推崇思必有所行，行必有所成的决心与豪情。

(2) 追求卓越的精神。卓越是一个尽其所能去做到最好、不断前进的目标。

(3) 诚信务实的精神。以诚信规范自己的行为、以诚信承担自己的责任、以诚信面对消费者、以诚信对待企业。

(4) 光明正大的精神。光明正大做人，光明正大做事。无偏袒、无私心，不欺下、不媚上，海天坚信“心正，才能身正，故能味正”。

(5) 团队协作的精神。团队成员间相互依存、同舟共济，互敬互重、礼貌谦逊；彼此宽容、尊重个性的差异，利益和成就共享、责任共担。

(6) 创新思变的精神。思变求新、敢为人先、与时俱进以完成思变。

(7) 忠诚服务的精神。人无忠信，不可立于世。忠诚的对象不仅仅是管理者和企业，更是客户和社会。

(8) 礼节谦让的精神。怀揣平等、信任、礼让、宽容之心，塑造情操高尚的人生，“您所遇到的每个人都是您的顾客”。

(9) 感恩图强的精神。心怀感恩，是一种胸怀，是一种美德。用心去发现周遭那些值得感谢的人和事。

海天负责人曾深有感触地说：“（企业）要靠企业文化，没有文化，企业很难持续发展。文化也是一种竞争力，是企业品牌的灵魂。”

（一）至善之心，海天之魂

海天“至善之心”的企业文化理念植根到每个员工的内心，不仅体现在他们热情洋溢的笑脸、饱满向上的工作状态、亲切和谐的人际关系之中，更体现在海天与消费者、与行业其他伙伴、与整个社会发展的大环境相和谐的方方面面。良心、爱心和责任心（合称为“三心”）成为海天的行事原则，“至善之心”也是海天品牌的灵魂。

（二）信义为先，品牌之本

海天味业，兴于佛山，长于佛山。

海天的企业个性，融入了佛山的灵动和厚重，及其历史文化的诚信和忠义之秉性。

佛山的武术及其精神，闻名遐迩。武术中以德服人、尊师重道、与人为善、谦虚好学、行侠仗义、自强不息的精神，不仅体现在维护民族尊严和气节方面，而且渗透到现代佛山人的经商理念中。佛山的商人看重信义、诚信为本，遵循共同合作、共同长成的商业精神。

海天味业的成长过程受到佛山历史文化的滋养，把武的精神渗透到经营的方方面面。

在产品生产和开发方面，把品质作为“良心活”，设定严格的原料标准，选用最好的原料。在海天看来，只有秉持让消费者享用放心产品的理念，才是一个民族品牌企业长久发展的根基。

在经营管理过程中，积极为经销商谋利润、合理配置销售资源，并且把为经销商创造利润作为企业经营的目标，也作为员工考

链接

做好了再说

做事不讲条件，“做好了再说”是海天人的行事风格。

在海天，人们说得最多的一句话就是“做好了再说”。每个人都会不计得失，不怕困难，积极采取行动。接受任务后，第一反应不会是问缘由、提要求、讲条件，而是以完成任务为目标，积极思考如何把事情做好，勇往直前，力争做一名少说话、多办事的实干家。

在每一件事上履行着“做好了再说”的海天管理层，有“做好了再说”的激情，激发员工、感染他人，完成更大的事业。海天员工都有“做好了再说”的动力，每个人的职务有高低、岗位不同，人人脚踏实地干事、干好事情的风格是一样的。

核的指标。经销商遇到海天这样厂家，不会为经营利润的事挠头，而是与厂家携手共同开拓市场，以实现合作共赢。

五、海天如何续写辉煌

按国际上有关专家对调味品市场的测算，餐饮营业额中的10%属于调味品市场。2009年中国餐饮营业额大约为1.5万亿元，调味品销售额约为1500亿元。海天今天60多亿元的销售规模占据调味品市场不足5%的比例，其上升空间仍有巨大的潜力。

但竞争对手追赶海天的决心不可小视：香港的调味品巨头李锦记的销售额排在海天之后，它们已将全国市场作为目标；味事达牌味极鲜酱油与海天的产品直接在销售市场上展开竞争；广东美味鲜调味食品有限公司是出口产品的基地之一；加加食品集团的综合效益日益强大。

面对日新月异的市场环境和日益强劲的竞争对手，海天又将如何续写传奇？

（一）酱油城不能只“打酱油”

海天的产品线相对来说比较丰富，它的子品牌包括经典味、天天乐厨、Yes！黄豆、点趣、百焗易、烹肉大师、果真好醋七个，涉及酱油、蚝油、食醋、调味酱、鸡精、味精、油类和小调味品八种。

虽然，在海天的这些产品线之中，销售量和利润最高的产品主要还是酱油产品，产品利润并没有均衡地分配到每一类产品当中。而实际上，海天的产品除了在酱油产品上优势明显外，蚝油产品也已独占市场鳌头多年，产销量遥遥领先于竞争品牌五倍以上。以黄豆酱系列为主打的酱料产品，连续多年以超50%的年增长速度快速递增，已成为其迅速占领全国市场的第三军团，后起之秀。

如何利用丰富的产品线来实现销售量与利润的最大化，是企业经营管理经常研究的课题。

如果产品线单一，产品线的宽度过于狭窄，那么产品线的弹性也会相应地变差，企业的全部利润都仅仅只能依靠这条产品线的销售量来获得。相应地，这个企业的产品结构也就不足以扩展到更为广阔的销售网络。因为单一的产品线在支撑整个企业的物流成本时常常力不从心，企业的销售网络仅仅停留在市级网络就很难再继续扩展，那么县级网络及农村市场就会白白地损失掉。相反，如果一个企业的产品线控制得相应齐全，使产品线宽度更宽，产品线的长度也就随之增长，这对于企业抢占市场是一个有利因素。同时，在发展销售网络时，企业会将不同品类的畅销产品组合起来送货，降低了物流成本，销售网络也就自然地向县级网络以及农村市场发展起来。

因此，海天应当在市场调研、消费者分析、策略制定、产品上市、包装、推广等方面，进一步整合资源，发挥各条产品线的综合优势。

一方面，海天需要将各产品线的优势发挥出来，进一步扩大市场占有率，使产品线的发展更加均衡。另一方面，海天应当继续加大产品研发的力度，推出新品以适应市场的需求，如2010年投放市场的小小盐系列。

（二）“中国味”如何国际化

海天在中国市场已经维持了最大的市场占有率，海天已然成为“亚洲味王”。

但是，商业版图的扩张是不能间断的，要想实现海天提出的“有人烟处，必有海天”的愿景，海天味业不会止步于现有市场。

▼ 案例组成员合影
（左四为罗子明，右四为黄文彪）

对于海天来说，借助中央电视台这一高端传播平台是品牌形象增值的最有效途径，中央电视台已经帮海天打开了在全国的知名度，庞大的“中国味”体系已经占领了国内市场。在品牌形象传播方面，除了继续保持在央视黄金招标时段的广告外，海天还要加大全年的广告投放力度。2011年，海天已经转向连续型广告投放战略，广告费用投入也增加到原来的三倍之多，充分扩大品牌的传播力度。

借助央视在全球的影响力，海天的“大调味品”概念将会一步步的迈向国际市场，成为世界知名的民族品牌。

2011年3月，海天味业在其网站上发布了“首次申请上市环保核查信息公开告示”，该公示显示，海天味业拟申请A股上市，本次成功上市后募集的资金不仅可以增强企业流动资金的造血功能，也可以为企业进入国际化市场准备充足的资本力量。海天寻求上市无疑是其品牌国际化发展的一个新契机。

北京工商大学艺术与传播学院：罗子明　胡　渺　董　楠
滕　慧　李昀静
《国际品牌观察》杂志社：王纪辛
中央电视台广告经营管理中心：佘贤君　曹丽娜　汪　杰
侯立峰　吴菲菲

采访手记

专注的力量

在中国企业的排行榜里，海天这样的企业规模实在是小字辈，2010年的销售额为60多亿元，在广州佛山地区，它也挤不进前三甲。海天的品牌传播活动不愠不火，每年的广告费比例不高。

但是，这样一个看似平凡的品牌似乎又是我们无法忽略的：

国内具有300年历史的老字号屈指可数，海天算其中一个；

酱油产品大部分的价格都在10元以下，每个家庭每天的平均家庭用量不过几毛钱，海天却占据全国市场的20%；

全国的同类品牌多如牛毛，海天的市场占有率超过同类品牌第2名至第5名之和。

海天车间没有酱油味

海天的主要产品是酱油，案例撰写小组成员在采访的路上开玩笑说，曾经路过“某某酱油厂”，味道太大了，老远就闻到那种弥漫空气中的特殊气味。

小组成员进入企业之后，第一印象是整齐宽广的发酵池，以及巨大的现代化罐装车间。我们走进海天的车间里，周围都是罐装原液和瓶装产品，居然没有闻到酱油的味道！询问公司的陪同人员，他们解释说，海天的所有污水都在工厂内部消化，全部气体排放都经过多重处理，所以闻不到异味。

海天人的人情味

参观过程，无论是一线的操作工作，还是厂区行走的员工，都有一种亲切真诚的笑容，而不是经过训练出来的职业微笑，咨询问题时，他们都有一种自豪和自信。

与企业管理层一起坐下来座谈时，我们谈起参观的印象。副总经理愉快地谈起了海天的企业文化和人情关系，她先举了一个小例子，海天的干部可以为员工拎包，但不可以让员工为干部拎包，否则干部会受到批评教育的。她说海天对员工的尊重不仅表现在理念上，更表现在制度上，管理层要为员工服务，并帮助员工成长，哪怕是员工的亲属找房子、找对象、找工作、小孩子上学等事情，管理层都要关心并帮忙。员工的心在海天，工作的热情和自豪感自然会产生了。

▼ 案例组走访海天

海天尊重竞争对手

谈到海天的市场占有率，我们自然地问到，如果海天遇到市场的“天花板效应”时，如何继续扩大市场并压制竞争对手？

副总经理回答说，海天不压制竞争对手，更不会想到如何打垮竞争对手，竞争对手发展得好，会刺激海天保持更强的竞争力。海天会与竞争对手同步发展，用自己的产品价值和服务保持竞争优势。

市场竞争充满了诡诈，有少数成功者有太多的失败者。海天这样的竞争理念，比那些只想灭掉竞争对手的商人显然要明智！

海天尊重消费者的感觉

我们问海天的管理层，为什么一直选用非转基因的黄豆作为产品原料？海天人员解释道，这不仅是为了保持产品的品质和风味，更是尊重消费者的心理感觉，消费者觉得非转基因食品更放心，海天就要尊重这种选择，虽然因此付出了更高的成本。在“小小盐”系列的开发过程，也是基于同样的经营理念，“小小盐”产品的盐分含量低，不利于产品保质，但为了尊重消费者低盐生活的需要，海天克服了许多困难，也付出了不少的代价。

这次海天案例的撰写，让我们看到了中国商人身上那些诚实守信的传统美德在坚守，也坚信了品牌传播必须务实的理念，只有以产品质量和产品价值为基础的品牌形象才能为长期消费者接受，广告传播才能发挥助推器的作用。

罗子明

罗子明

北京工商大学教授，艺术与传媒学院副院长。中国广告协会学术委员会常委，中国广告教育研究会常务理事，中央电视台广告中心策略顾问。

自1988年开始广告学教学工作，教学期间从事消费者心理、品牌传播方面的专题研究。主持北京市精品课程“现代广告概论”、北京市品牌专业建设“广告学”项目。同时，获省部级奖励5项，被授予“北京市优秀青年骨干教师”称号，《消费者心理学》《现代广告概论》被评为北京市精品教材。曾任盖洛普咨询公司技术分析师5年，主持或参与完成消费者研究、品牌形象研究项目100多项。

生活中，喜欢滑雪、游泳之类的激情运动，醉心于浩瀚深邃的古典音乐。

第三章　传播铸经典

先行并不总是意味着风险，也时常意味着经典的诞生。

品牌传播即是如此。

在“好客山东”横空出世之前，人们还很难将如此亮丽的色彩与地方旅游产业的想象力结合在一起。“洋河蓝色经典”系列，则从命名上就已经昭示了一个经典的诞生。而摆在波司登面前的，是一个由传播铸造的经典，如何通过传播超越经典的故事。

在这出经典与新经典交织的大戏中，引人遐思的不仅是前所未闻的策略、和入木三分的谋划，传播本身所发生的变化同样值得关注——当一个舞台演出了足够多经典的剧目之后，舞台本身就已经蓄积了成就经典的力量。谁先发现这种力量，谁就将在铸造经典的道路上领先一步。

传统的白酒行业正面临着与现代生活理念和生活方式的激烈碰撞。浓香型白酒一度地一枝独大，造成白酒行业同质化的趋势和满足消费者个性化需求的不足。白酒行业整体竞争力在逐渐下降。在这样的行业背景中，“洋河蓝色经典”的创新突围更为难得。很多人认为洋河成功的第一要素是独特的蓝色包装，然而市场上还有很多白酒包装也使用了各种差异化的颜色，却为何没有取得成功？其实是因为这些企业只找到了差异化的卖点，却并未真正建立起一套差异化的体系。而洋河做到了，不论是外部包装、情感诉求还是渠道模式、传播方式……一度跌入谷底的洋河在白酒中突围的故事，对于这个同质化集中的行业，绝对是一个创新的典范。

蓝色突围

——洋河的品牌兵法

狄更斯说过，这是最坏的时代，也是最好的时代。机会来得偶然，去得也很快。白酒行业的状况大抵如此。竞争激烈无法用语言形容，然而这其中从来不乏英雄传奇。

的确，白酒行业从来都不缺少故事，洋河也不例外。

坐落于江苏省宿迁市洋河镇的洋河酒厂，紧邻洋河美人泉。得益于清凉甘甜的美人泉水，洋河大曲在隋唐时代就已颇负盛名。清朝雍正年间，更是行销至江淮一带，被列为皇室贡品，享有“福泉酒海清香美，味占江淮第一家”的美誉。

然而，在新的时代，洋河碰上了新的发展难题：产品老化、缺乏亮点……即使是在“老家”江苏，洋河也遇到了前所未有的挑战。

2003年，随着央视“世界上最宽广的是海，比海更高远的是天空，比天空更博大的是男人的情怀”这样一句广告语，“洋河蓝色经典”以优雅的姿态在成片“元池明窑、大富大贵”的历史古迹中脱颖而出。

在“洋河蓝色经典”的带动下，洋河酒厂的高速发展时期拉开序幕。洋河的销售额在连续7年内保持了50%以上的增长率。2009年11月6日，“洋河股份”在深圳证券交易所正式挂牌上市，洋河酒厂成为了江苏省白酒行业首家、宿迁市第一家国内主板上市公司。2010年，洋河实现了销售收入75.45亿元，同比增长88.52%；净利润22.09亿元，同比增长76.22%。

▼ 洋河股份新股上市仪式现场（左一为杨廷栋）

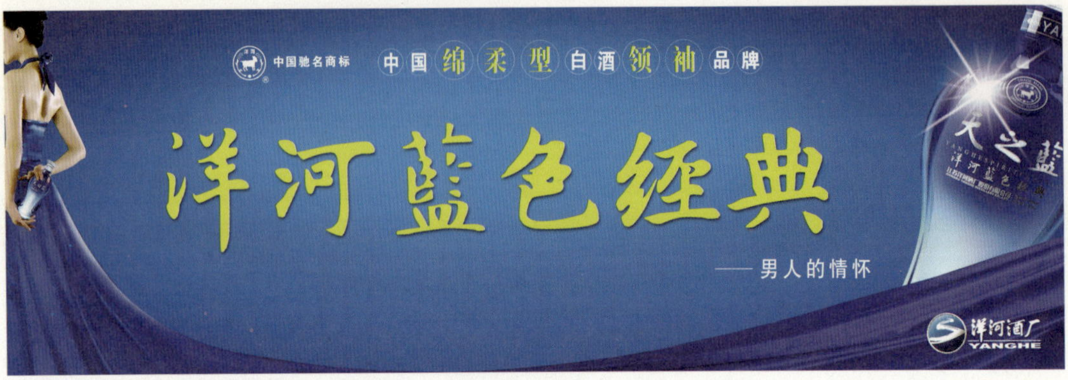

▲ 洋河蓝色经典广告

很多人认为洋河成功的第一要素是独特的蓝色包装，然而市场上还有很多白酒包装也使用了各种差异化的颜色，却为何没有取得成功？其实是因为这些企业只找到了差异化卖点，并未能真正建立差异化体系。而洋河做到了：不论是外部包装、情感诉求还是渠道模式、传播方式……

蓝色，是海洋的颜色；蓝色，是天空的颜色；蓝色，是梦的颜色。洋河人的蓝色，是博大的、浩瀚的、浪漫的……

“重生”的洋河在行业刮起了一场蓝色的突围风暴，并迅速漫延起一片蓝色的海洋。而洋河在历史悠久、竞争惨烈的白酒行业中创新突围的故事，绝不仅仅止于颜色。这里面，有洋河人的蓝色梦想与光荣。

一、“没落的贵族”

俗话说：“名酒产地，必有佳泉。”纵观我国名酒，绝大部分采用水质优良的地下水，尤其是晶莹甘美的泉水酿制而成。如被誉为“国酒”的贵州茅台，水源是由山泉汇流而成的赤水河，水清味美。四川泸州老窖特曲则是取用“龙泉井”之水。而名扬五洲的洋河大曲，则取益于清凉甘甜的洋河“美人泉”水。

链接

美人泉的故事

相传很久以前，洋河镇上有一位善良美丽的梅香姑娘，是叶员外家的婢女。叶员外非常好酒，常常让梅香去镇上为他打酒。在一个数九寒冬的傍晚，梅香外出打酒，遇见一位衣衫褴褛冻得瑟瑟发抖的老太太。于是心地善良的梅香只打了半罐酒，将剩下的钱全给了老太太。梅香边走边想，这样回去肯定会被叶员外责骂，该怎么办呢？这时，她路过一眼泉边，觉得口渴，于是捧起泉水喝了一口，发现这眼泉水非常的清冽甘甜。她灵机一动，用这眼泉水装满了酒罐，提心吊胆地回到了叶员外家。

叶员外喝了梅香带回的“酒”，觉得与往日大不相同，甘冽绵甜妙不可言。叶员外便问洋河镇什么时候有这么好的酒了，梅香的回答吞吞吐吐。叶员外起了疑心，第二天梅香出去买酒时就悄悄尾随，发现原来梅香把部分打酒钱给了穷苦人，用泉水装满酒罐。叶员外是个宽容大度的人，非但没有责怪梅香，反而从这眼泉水中发现了生财之道，在泉水不远的地方设立了槽坊，并聘请了一批酿酒师傅开始酿酒。用这眼泉水酿造出来的酒比镇上各家酒都要绵甜。后人为了纪念梅香姑娘发现这眼泉水，便称这眼泉水为“美人泉”。

如今，进入洋河酒厂院内，便可以看到这尊遐迩闻名的美人泉，洋河酒厂在这眼泉上，建了一座古色古香的美人泉亭，亭中汉白玉的美女雕像亭亭玉立、手提酒壶，婀娜多姿。周围绿柳环绕，山石峻峭，和着弥散在空气中的浓郁酒香，让人不饮自醉。

（一）味占江南第一家

洋河大曲以产地而得名，属浓香型大曲酒，系以优质高粱为原料，以小麦、大麦、豌豆制成的高温火曲为发酵剂，辅以美人泉水精工酿制而成。

据传，洋河大曲在唐代就已享有盛名，尚可考证的历史已有四百多年，明末清初已闻名遐迩。明朝著名诗人邹辑在《咏白洋河》中写道:“白洋河下春水碧，白洋河中多沽客，春风二月柳条新，却念行人千里隔，行客年年任往来，居人自在洋河曲”，即是对洋河风情的描写，也真实反映了明朝时期洋河酒在白洋河流域一带的影响。到了清朝雍正年间，洋河酒更是风行，并享有“福泉酒海清香美，味占江淮第一家”的美誉。乾隆第二次南巡时，在宿迁皂河行宫饮用洋河大曲以后，兴之所至，留下了“酒味香醇，真佳酒也”的赞语，从此洋河大曲成为清朝皇室贡品。此外，洋河大曲在民间还有“酒气冲天，飞鸟闻香化凤；糟糠落地，游鱼得味成龙”等褒奖，赞誉之习语口口相传，辈辈称颂。

由于沿用“老五甑续渣法”，采用“人工培养老窖低温缓慢发酵”、“中途回沙”、“慢火蒸馏”、“精心勾兑”等工艺技术，洋河大曲具有“甜、绵、软、净、香”的独特风格，被专家和广大消费者公认为是浓香型大曲酒的正宗代表。

然而这样一个传统佳品，却在解放前因连年战争而奄奄一息。

1949年新中国成立后，党和政府拨出专款在几家私人酿酒作坊的基础上建立了洋河酒厂，即今天的江苏洋河酒厂股份有限公司。建厂初期，全厂占地仅有职工41人，年产大曲酒26吨。

经过六十几年的发展，企业规模越发壮大，洋河大曲更是以精湛的技艺、优秀的品质，获得无数赞誉。从江苏省历届名酒，到跻身全国八大名酒之列,并成为全国浓香型白酒的标杆酒，荣获纽约酒类国际博览会国际金奖等。在洋河的成长历程中，历来不缺少同业的敬仰和消费者的赞誉。

（二）没落贵族百事哀

在20世纪90年代中期以前，同所有的老名酒一样，洋河都是依靠批条子卖酒，由于白酒是稀缺资源，“皇帝的女儿不愁嫁”，那时的洋河大曲可谓是供不应求，各酒厂间的差异也不大。在这种繁荣的局面下，洋河人逐渐丧失了竞争意识和竞争能力。而此时白酒市场环境经历了巨变，老的糖酒公司相继倒闭、改制、重组，洋河原有的优势瞬间转换为劣势，加之川酒、鲁酒、徽酒的汹汹来势，洋河酒一落千丈，跌入谷底。

20世纪90年代末期至2002年，洋河经历了前所未有的“冰冻期”。随着四川省政府开放了酒类产品的定价权，由于白酒属于稀缺资源，加之茅台、五粮液等白酒品牌具备悠久的历史声望，于是这些白酒厂商们不再实行计划经济时期的限定价格，而是根据产品特质和市场供需状况一再提价，迅速占据了高端市场，也造成了洋河酒同茅台、五粮液之间的巨大差价。一个是二十几元；另一个却是两百元左右，同样作为老八大名酒，高下贵贱不言自明，洋河逐渐落入低端酒的行列。

▲洋河老名酒

“九三年那会儿，二十几块钱喝一瓶酒，感觉已经很贵了，很有面子了，但是等到二〇〇三年的时候，来个亲戚朋友，还是拿二十几块钱的酒招待人，就算是老八大名酒人家也感觉你的心意有限，酒就是再好也拿不出手。”现任苏酒实业市场总监朱伟如是说。

同时由于产品结构老化，洋河产品多少年来都没有创新，并停留在同样的包装、价位上。洋河酒市场急剧萎缩，在东部地区基本上已经没有什么市场可言。而在江苏本省，甚至扬州市这样一些洋河的基础市场也销量甚少。此时的洋河已经逐渐淡出消费者的视线范围，很少能在酒类经销商的柜台上看到洋河酒的身影。

二、蓝色突围

2001年，尚处在调整期的洋河酒厂举步艰难。那一年，现任洋河酒厂市场部部长朱伟在去扬州调研的途中走进了一家小烟酒店，老板听说是洋河厂家的人，就惋惜道：“洋河酒我们现在已经不怎么卖了，当地人不太喝了，没有什么活力，感觉是一个没落的品牌，大家已经不喝了，所以我们不卖了。但是我个人还存了几十箱，前天我老婆过生日，我就拿了洋河酒出来，作为生日的庆祝用酒。”

这席话让朱伟看到了新希望，洋河虽然已经没落了，但洋河老八大名酒的品牌形象、标杆的品质还在一些消费者的心中留有美好印象。

痛定思痛，洋河人开始发力，凭借着洋河产品品质的积淀，洋河产品开始了在白酒市场上的突围征程。面对已经发生了重大变化的白酒市场，洋河所做的改变不止于颜色。白酒产业作为中国的传统产业，在产品形象的改造和提升方面具有很大的空间。正是看到了这一点，洋河决心以全新的差异化的品牌形象重磅出击，开辟新的生存空间。

（一）抓住“第一口”

在计划经济时代，消费者喝一次酒很不容易，因此喝白酒是一种奢侈消费，喝酒就要有酒的感觉，要有酒醉的反应。但随着人们生活水平的提高，白酒从过去的奢侈品行列逐渐进入寻常百姓家，从身份地位的象征成为大众消费品，消费者对于酒的需求也逐渐演变成一种应酬，一种场面上的事情。

自古人们就对饮用白酒存在健康的担忧，随着社会的发展，健康话题越来越受到饮酒人群的关注。洋河通过对4325人次进行口味测试和对2315人次进行饮后舒适度试验后得出，消费者饮用白酒后最大的不适感就是头痛和口干舌燥。

追求健康观念的兴起，饮酒人群逐渐扩展至年轻化、高学历化，以及饮酒目的的场面化、形式化，使既要满足消费者尊严，有酒的感觉，又要给消费者减负，减少饮酒后的不适感，成为摆在洋河面前的一道难题。

经过长达半年对口感、度数、消费诉求、市场价位等因素的抽样调查，洋河酒得到了全面描述消费者饮酒需求的第一手数据，然而怎样才能将白酒同现代消费需求、现代消费理念相切合？创新的基点是什么？洋河人苦思良久终于在“味”上找到了灵感。

“中国白酒分类，过去按香型分为浓香、酱香、清香等。从专业的角度讲，酒的品质用‘色、香、味、格’四个字评判，‘香’所占的比重很小，酒最主要的还是‘味’，因为酒是要喝的，要喝就要在味觉上下工夫。”现任洋河股份总裁张雨柏如是说。

找到了这个突破点，洋河于2000年开始，抽调技术骨干组成白酒技术攻关小组，力求打造一种全新的“绵柔型”白酒。所谓“绵柔型”白酒就是要做到“饮前香气幽雅怡人，入口绵柔顺喉，不暴烈、不刺喉，饮后更舒适”。“绵”即绵长，酒体丰满、不清淡，并非简单地降度，而是陈酒、绵柔型基础酒、调味酒等绵柔原酒的最佳组合调味；“柔”即柔和、柔软、柔顺，不暴辣、不刺喉，饮时舒畅，饮后舒适。这样的新品提出了对白酒传统制作技术、设备、工艺等进行革新甚至颠覆的要求。

经过三年的努力，攻关小组终于在保持原洋河大曲“甜、绵、软、净、香”传统质量风格基础上，通过对酿酒、制曲、陈酿和勾兑工艺技术的研究与改良，研制出“绵柔型”白酒工艺新技术。在新产品即将问世之前，为了确保新产品的口味确实能够适应消费者需求，洋河还特地派技术攻关小组成员在沿江八市进行了五六十次的消费者“密码品尝”。

所谓“密码品尝”，就是小组成员拿着没有商标、只有代号的相同酒瓶，请宾馆、饭店的消费者品尝，收集消费者反馈，然后把他们的意见汇总，再根据大家普遍的口味偏好，进行不断的调整。最后当绵柔型白酒“洋河蓝色经典”终于面世时，如期得到了消费者品尝第一口的感觉是“低而不淡，高而不烈，绵长而尾净，丰满而协调，饮后特别舒适”的超高评价。

站在消费者的角度思考，“洋河蓝色经典”“绵柔型”白酒成

链接

洋河调研团

2002年国庆长假期间，徐州市中心一家宾馆里住进了一群“怪人”。令宾馆服务员感到奇怪的是，这些人白天看不见，一到晚上就聚在一起开会，经常是一开就开到凌晨一点多。这群“怪人”就是洋河集团市场调研团，“团长”正是集团董事长杨廷栋。从进入洋河集团第一天起，杨廷栋就一直思考着，如何让洋河在品牌价值上实现根本性的提升。经过长期思考和调研，集团上下也形成了两种方案，或继续在洋河原有品牌的创新上下工夫；抑或是另辟蹊径重塑新品。

为既可以让消费者大胆畅饮，又因其舒适、健康，满足了消费者的心理需求和感官需求，一上市就成为叫好又叫座的白酒。而以消费者为核心的诉求转变，也让洋河迅速占据了“绵柔型”白酒市场，使得消费者一提到“绵柔型”白酒首先想到的就是洋河酒。

（二）惊艳“第一眼”

美国芝加哥的一家研究机构曾经做过一个色彩实验，实验的结果是：色彩在消费者决定消费的过程中产生着重要的影响，甚至决定着消费行为是否发生。

绵柔概念的推出，已经紧紧抓住了消费者品尝的“第一口”，让消费者乐意为健康饮酒、舒适饮酒而买单。然而怎样在琳琅满目的酒品货架里抓住消费者的“第一眼”？酒应该装在什么颜色的瓶子里？应该采用怎样的包装？这对于一心想要突围的洋河酒厂来说，非同小可。

在2003年以前的酒品货架上，各白酒品牌都是以红色、黄色为基色进行包装的，表达的都是中国白酒历来遵循的喜庆富贵、悠久历史、皇家贡品等情感元素。而大胆启用蓝色，作为新产品主色调的“洋河蓝色经典”系列则大大改观了人们对于白酒传统色调的认识。

洋河也曾经历了艰难的抉择过程。蓝色包装的打造，由于与传统色调相距甚远，前期并不被看好。从公司领导到员工，从专业技术人员到市场销售员，对于蓝色的应用，有反对的，有观望的，有担心的，有疑虑的，同行专家们也纷纷表示质疑。然而洋河选择蓝色却不是为了差异化而故意寻求不同的，洋河对于这一问题是有着深层次的考虑的，种种理性的考虑和分析都指向了“蓝色”将是洋河全新立意的不二之选。

追求白酒外包装的红、黄色调是同中国文化相关的，内河文化就是一种黄色的文化，某种程度上讲是一种比较保守的文化，海洋的文化就是蓝色文化，是代表一种开放，走向世界的文化。相比于红、黄色调，蓝色也是一种更为柔性的色彩，与洋河“绵柔型”创新口味又不谋而合，也契合了海洋、天空与梦幻的产品意境。同时，经过广泛深入的市场调研和周密的分析，蓝色所代表的博大、深远与开放，恰恰是现代人生活方式与特征的写照，迎合了现代人的情感需要。

于是，洋河在蓝色这个突破点上开始不断摸索，经过生产厂家上百次的色度调试实验，才最终选定了我们今天所能见到的“海之蓝”、“天之蓝”与“梦之蓝”的瓶身色彩。

很多人认为洋河差异化的第一要素是独特的蓝色包装，然而市

链接

天之蓝的酒瓶设计以蓝色为主色调，金色为辅色，具有丰富的层次效果，产品在形象表现上突出了宁静、博大、睿智的丰富内涵，给人以海天一色、博大王者的艺术享受。

蓝色的色彩极具视觉冲击效果，像天空深邃，令人沉醉，催人遐想。除却色彩，产品的酒瓶包装大胆采用了弧形透明材料，寓刚于柔，其线条、瓶体等各方面都体现了柔和的曲线。设计师以一根圆弧形线条为思想核心，寓意“天之蓝”高远的天际线，包装正面中间部位配以大面积留白效果，赋予人们美好的心灵享受和丰富的想象力，给生命留白，让心灵超脱，笑看云卷云舒，坐品绵柔口感。“天之蓝”酒瓶以渐变蓝色为外衣，三个银色的“天之蓝”字体如雄鹰般在蓝天般跃跃欲飞。瓶子由上半部的蓝色渐渐过渡成了透明的水晶瓶，线条柔美，透过晶莹剔透的水晶瓶，让人感受到纯净蓝色的纤尘不染和清澈见底的好酒。蓝色融合了“宁静致远”的淡泊，形成了有容乃大的文化境界，与“绵柔型”内涵珠联璧合，相得益彰，体现了对中华传统文化的精髓和对现代人心理的准确把握。

场上还有很多白酒包装也使用了各种差异化的颜色，却为何没有取得成功？其实是因为这些企业只找到了差异化卖点，并未能真正建立差异化体系。

“洋河蓝色经典”以蓝色为核心，在包装、品牌名称和主题诉求等方面均表现出它的与众不同，将蓝色应用到极致，成为一个系统而非一个简单的突破点。

从包装来看，洋河是第一个把主题颜色——蓝色，运用到整个产品系列之中的企业。从包装盒到瓶体再到宣传画面，天之蓝、海之蓝，梦之蓝系列产品都采用了同一种蓝色，这对消费者形成了很强的视觉冲击。

包装只是差异化经营的一个点，品牌名称实际上是传播最广的，也是最有效的广告宣传，很多企业恰恰忽略了这一点。而“洋河蓝色经典”在包装上讲求蓝色，在品牌名称上呼应蓝色，形成了系统合力，使得其迅速脱围，令人难以忘却，形成了有效的品牌区隔。

（三）触碰男人情怀

时代在变，人们的追求也在改变。白酒，作为具有深厚文化底蕴的精神载体，其所能带来的在情感上的体验和感受，并不亚于喝酒本身所带来的豪气冲天或者情意绵绵之感。好酒应该不仅仅是作为一种商品进入人们的生活，更应该是一种与顾客情感上进行交流的工具，与顾客在精神层面上产生对话和共鸣的载体。

蓝色作为开放和包容的象征，成为现代时尚的标志色，意味着更高的品位。不同于其他白酒以自己的品质、出身为卖点的品牌诉求，“洋河蓝色经典”另辟蹊径，定位于中国新一代智慧阶层，大打感性牌，抒发男人的情怀。

什么是“男人的情怀”？是一种博大宽容的情怀，按理说这和酒并没有什么关系，表面上看，“洋河蓝色经典”在品牌的诉求上没有直接说酒，然而却悄然向白酒的主要消费者——成千上万的男人推广自己的品牌，诉说情感。

“世界上最宽广的是海，比海更高远的是天空，比天空更博大的是男人的情怀。”——巧妙改编雨果名言，以海洋的宽广和天空的高远来衬托“男人的情怀”的博大。蓝色的品牌文化所表达的宽容博大的心境，正是现代成功人士所追求和渴望体现的；忙碌生活的现代人透过洋河的“蓝”享受到的睿智和宁静，也正是他们所渴求的情感。洋河成功把握了“天至高为蓝，海至深为蓝，火至纯为蓝，梦至遥为蓝”的文化诉求点，将梦想与成功、梦想与无限、有梦想就有未来紧密相连。

▲ 天之蓝广告截图

▼ 梦之蓝广告截图

“洋河蓝色经典”的“蓝色”是对开放、高远的现代文化的追求，又与洋河的传统文化相契合；而“经典”则寓意对洋河蓝色文化的继承乃至对整个中国传统文化的传承。

从黄色文明走向蓝色文明，从封闭保守走向开放豪迈，“洋河蓝色经典”表达出了时代的情怀，展现出一种对于实现理想、抱负、人生价值的寄托。在经济快速发展、社会大变革的时代，将时代精神注入到产品中来，满足那些有理想、有梦想、有诉求、实现人生价值的社会精英层在精神上的需求，让他们为自己的情怀干杯，力求和他们取得心灵上和情感上的共鸣。

共鸣产生好感，好感激发购买欲望，欲望产生购买行动，情感诉求的应用使得“洋河蓝色经典”一上市便触动了消费者的心灵，从2003年投放市场至今，连续8年每年的市场增速接近100%，一举扳回了洋河在白酒行业的领先地位，并以此开启了现代白酒文化的先河。

三、终端保卫战

品牌要有根基，品牌还要落地，渠道便是品牌落地的手段。张雨柏说："再好的产品，再好的品牌，如果不卖对企业来说就没有什么意义。再好的产品，再好的品牌，不跟消费者进行亲密接触，同样不能成为好品牌。所以我们要高开低走，把品牌拉得很高，但是落实要很务实，要地、空结合，要有空中的品牌形象，又要有地面的全面推广，而且这个落地不是简单的落地，而是要在渠道中做创新。"

从品牌的初期推广到目前品牌相对成熟，洋河蓝色经典在营销推广上并没有走寻常路数，而是在激烈的市场竞争中瞅准市场盲点，创造了很多新的营销模式。

（一）先渠道，后品牌

自1992年改革开放的春风吹起，市场经济的大潮汹涌而来，白酒产业多年积聚的造酒能量迅速释放，一场空前绝后的电视广告大战由山东"孔府家酒"首开先河，一句"孔府家酒，叫人想家"的广告语由当地电视台一路响至中央电视台。电视广告成为了白酒市场争夺赛的主要阵营。

在当时最为普遍的营销战略是"广种薄收"，即"先品牌—后渠道—再销量"模式。豫酒、苏酒、徽酒、川酒、黔酒等各大白酒流派开始轮番在电视上卖酒，酒商们一面进行疯狂的广告战，一面把经销商当做自己的"销售部"，实行"广撒渠道广布网"的销售策略，经销商们在卖酒的第一战线上展开了惨烈的终端血战。

这样的销售方式固然可以取得不错的成绩，并在几年内保持销售额的高速增长，然而当销售额增长到一定数额时，品牌就会失去旺盛的增长能力，而此时全国各地又已经“播种”完毕，企业就会陷入瓶颈。“一年喝倒一个牌子”、“三年喝倒一个酒厂”成为了当时的流行语。

洋河的思路很清晰：一是结合自身情况，当时的洋河尚无法承受高成本的广告投入，因此洋河不能盲目跟风，必须要走一条差异化的营销道路；二是从企业的长期发展来看，洋河必须避免“广种薄收”多年后可能带来的瓶颈限制，采取对企业长期发展有益的营销战略路线。

于是，洋河果断决定采取一条与行业主流完全相反的营销策略——“以渠道带动销量，从而巩固品牌，并且一块地、一块地扎扎实实地种。”这就要求洋河首先从渠道终端开始突破，用较少的人力和资源打通一小部分渠道；当渠道逐渐扩张和成熟，产品销量便会开始复苏；当喝着洋河酒的消费者越来越多，产品的口碑随之建立，品牌忠诚就自动得到了稳固。这种营销模式需要步步为营地深度经营，虽然将来它可以在新的市场完成不断地复制和延伸，但洋河并没有急于求成，而是选择踏踏实实地“精耕细种”。

在“步步为营”的战略思想确定以后，路线规划便是接下来很重要的一个步骤。由于当时全国最为流行的是高度烈性酒，洋河首推的“绵柔型”白酒未必一出马就能够博得众彩，因此毫无疑问，洋河首先以其最牢固的根据地——江苏为据点展开攻势。2003年，“高炉家”、“迎驾贡”等徽酒与“五粮春”、“口子窖”等在南京等主战场展开激烈的争夺战，洋河并没有贸然进军南京，而是采取了“侧翼出兵”的策略，以江苏省沿江重点城市为主线实施推进策略。

2004年，“洋河蓝色经典”在沿江八市大获成功，取得了7600万元的销售业绩。直到2005年，当徽酒在南京市场越发疲惫的时候，“洋河蓝色经典”才直取南京，一举突破销售2个亿，并且由此开始在全省内的布局。2006年，在“洋河蓝色经典”坐稳江苏市场以后，随即开始拓展河南市场，河南做到数千万元规模时，又立刻转道山东、安徽，2007年又进军北京市场，此后又相继开发出广东、湖北、河北、浙江等新市场。

在集中精力完成对新市场开发的同时，洋河也并不落下已攻克的一城一池。针对江苏省内的成熟市场，洋河探索出了一套保持市场良性、持续增长的营销战略模式，即成熟市场全渠道、全区域、全价位覆盖的“三全战略”。这要求各分公司不仅要实现市场占有率第一，而且要实现远远超越于对手的第一，进而引出了“打造天网工程”的营销概念，使得公司在成熟市场由“只掌控少数核心终端”到“全面掌控所有白酒销售终端”，以构筑更高的市场壁垒，打造更强的竞争优势。

凭借与众不同的营销策略，准确把握和坚持“以渠道为先锋、紧扣终端、步步为营的碉堡战术”，使得洋河成为“保家卫国”做得最好的一个品牌，洋河销量的70%来自于江苏省。从江苏一路走向了全国市场，洋河人务实、稳扎稳打的战略作风，实现了洋河在2010年76.19亿元的高销售额下，还仍然保有全国70%县的空白市场。也正是洋河领导人不管在危难时刻还是繁荣时期都保有清醒、理智的头脑，勇于思考和开拓，才带领洋河以自己独有的特色谱写了辉煌。

（二）大厂小商　共创佳绩

1. 直击终端

20世纪90年代末期，陷入了低迷期的洋河，刚刚打破价格束缚的枷锁，在困境中苦苦挣扎、找寻出路，希望从微薄的渠道利润中挣脱，而当时洋河首推的高价产品——“贵宾洋河”就承载了这个希望。

1998年，洋河与南京贵宾商贸合作推出了“贵宾洋河”。而此时江苏省的白酒高端市场已被大量川酒所占领，人们一听曾经只卖二十几元一瓶的洋河酒卖到了“一百八十元到两百元”，与茅台的价格都不相上下，便摇摇头望而却步。而当时白酒传统的流通环节之一的国有的糖烟酒公司和供销社系统等，一见这么贵的洋河酒，也觉得不可思议，不愿经销。

洋河酒在“低档酒厂商”的阴霾下屡屡受挫，不过洋河人并不泄气，他们思索着，“既然供销社不接受，那就直供终端”。可是什么样的终端将是“贵宾洋河”的终端呢？

经过一番分析，洋河人发现这种酒常常是在三星级以上的酒店和著名的社会餐饮场所被消费的。于是，“贵宾洋河”开始专注于酒店和著名社会餐饮的直销工作，采用“先销售后回款”的策略扩展自己的销售渠道。因为此时的洋河人坚信，只要消费者能够品尝到洋河酒，就一定能接受“这么贵”的洋河酒。果然，“贵宾洋河”不负重望，凭借出色的品质，慢慢赢得了消费者的认可。

▼ 公司古色古香的大门

从1998年秋天开始终端直销，到1999年年底，“贵宾洋河”创造了约1200万元的销量。而终端作战的方法，不仅缩短了洋河的渠道长度，实现了有效控制，汇集了渠道利润，还使得洋河能够更直接、更准确地把握终端需求。

与20世纪90年代热衷于一浪又一浪广告热潮的酒企不一样，洋河在没有任何广告的情况下，开辟了以“酒店”终端制胜的先河。时至今日，洋河不仅始终在终端的开发上保持着敏锐的嗅觉，在渠道策略的整体规划和布局上同样值得称赞。

2. 大厂小商

如何巧妙利用厂商的主导权，最大限度地调动经销商的积极性和对洋河的忠诚度？洋河采取了的“1+1模式”。

所谓“1+1模式”是指：在产品导入期，洋河首选当地一类优质经销商进行合作，由经销商和厂家共同开发该市场。在依赖经销商的同时，厂家派出自己的队伍对经销商进行指导和管理。

通过派驻到各地的营销队伍对经销商的各项工作给予必要的支持，指导当地经销商来开展销售工作，从而主导当地的营销。这样，在给予经销商激励的同时，也增强了厂商掌控市场的能力，规避了部分经销商在操作市场时以追求短期利益为主的弊端。

另一方面，洋河采取了铁腕政策，对经销商进行严格的管理和控制。比如，终端拦截，三天内必须执行到位，并将相关信息反馈到总部，内外步调一致。这一做法使得从经理到业务员，在市场的磨炼中形成了强烈的竞争意识。经销商的导向在哪里，从驻地代表到经销商就把精力、能力使向哪里。

而在对经销商的货物控制上，洋河也给予非常严格的规定：经销商一旦出现窜货，不仅要处以双倍罚款，而且还可能被吊销经销资格。因为这样严格的指导和控制，加上二级经销商时时对一级经销商位置的觊觎，一级经销商无不卖力，使得洋河在终端上的反应

链接

大厂小商

洋河采用大厂小商的经营模式，联合经销商有效地分管区域，经销商听从厂商的总体战略规划。即厂方主炮轰，经销商攻城拔寨。当产品要进入一个新市场时，厂方决定这个市场要以何种产品为主导，渠道的启动要采取何种顺序，广告宣传与促销活动在何种阶段要如何进行；经销商则充分发挥自己的优势，例如配货、财务资源、库房资源、终端关系优势等。

这样的做法，使得在厂方承担大部分的费用和大部分风险的前提下，握有了主导权，巧妙地运用这种主导权，就能够使得经销商配合厂商从长远利益的角度为双方实现共赢，避免经销商因为短期利益或短期利益冲突而破坏整体渠道的布局。

非常迅速。

此外，为了灵活地获取终端渠道，洋河还采取灵活的市场政策。在终端上实行“一店一策”、“一企（核心客户）一策”的操作，这样不但能直接解决各个渠道利益的不同要求，还创造了高效有序的渠道力。

总体来说，洋河的渠道建设正在朝着越来越完善，越来越多样化和越有针对性的方向发展。

四、传播蓝色魅力

酒最本质的东西首先是质量；其次是包装，但是质量好的东西多了，不一定都会成为名牌，酒香不怕巷子深是一个误区，在现今社会好酒也必须吆喝着卖。

“中国是高语境国家，同样一句话，谁说，效果是不一样的。要做大品牌，就要紧贴大品牌，紧贴大事件，紧贴大媒体，因为大品牌、大事件、大媒体说的话有权威性，有公信力，可以带来更多的价值。” 张雨柏说。

（一）“总与大事同在”

2003年，“洋河蓝色经典”投放市场，新品牌面世以后，深受消费者认可，并很快通过渠道获利，企业的经济效益好转，洋河开始以各种方式对“洋河蓝色经典”进行品牌宣传，全力推广积极向上的品牌形象和企业文化，扩大影响力。

在广告投放上，洋河以全方位、广覆盖为原则，力求实现传达率最大化，因此洋河总是选择位置好的区域，覆盖面积大、上档次的优质媒体进行广告投放。

洋河认为，在泛媒体时代，随着新媒体的发展和竞争的加剧，消费者的目光被分散到各类新媒体上。即便如此，作为传统媒介之王的电视平台仍旧在国内占据了重要的传播地位。

因此，洋河将广告宣传的重点放在了电视这一传统媒体平台上，并坚定地选择中央电视台作为其电视传播的主导平台。

不过，洋河从来不以收视率作为评判媒体价值的唯一标准。选择央视，是由于央视在内容价值和品牌价值等方面与洋河蓝色经典的品牌内涵相吻合。同时，在洋河人看来，央视不仅是广告的传播平台，更是媒体资源整合的平台。央视所具有的强大的覆盖面和公信力、所提供的大品牌集聚的舞台和优质的广告环境，正是洋河在

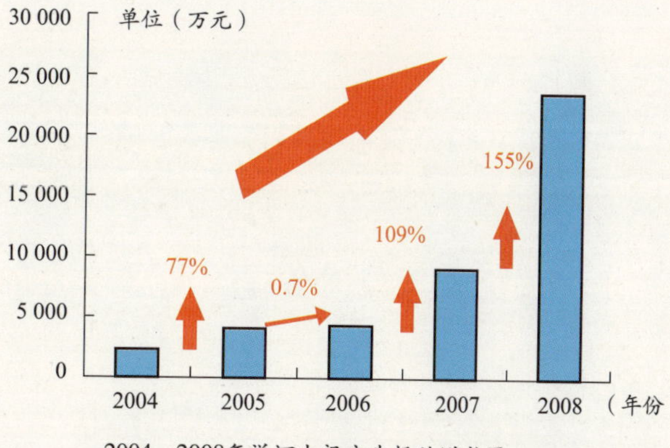

2004—2008年洋河央视广告投放增长图

面对全国市场规划所迫切需要的。

从传统广告到整点报时，从栏目特约播映到特殊活动赞助，洋河采用多种形式将蓝色魅力同央视栏目相融合。在发掘央视栏目传播力量的同时，也注重跟进大事件，增加屏幕曝光度，并借助相得益彰的配套销售方案，使得广告投放与市场营销良性互动，形成合力，使得蓝色经典自投放以来便大放异彩，迅速在白酒市场上掀起一阵蓝色风潮。

2008在CCTV奥运频道，洋河特别制作播出了“洋河酒厂与CCTV-5共同见证2008”奥运火炬传递的宣传片，在奥运会圣火传递过程中结合公司洋河“蓝色经典”的品牌文化，将洋河酒厂与奥运火炬一路传递密切融合。

2009年新中国成立60周年，洋河以“海天梦想，中国力量”的口号携手央视国庆大典直播，借助了举国欢腾、共贺新中国60华诞这一重大事件，将“洋河蓝色经典”品牌的影响力再次推向了新的高度。

2010年，洋河独家冠名“蓝色经典·天之蓝”杯第十四届CCTV青年歌手电视大奖赛，通过立体有效的传播方式，使得“蓝色经典·天之蓝”在全国范围内的知名度大大提升。

2011年，洋河继续坚持持续创新的精神，开创性地与

▼ 洋河赞助青歌赛

CCTV-7、CCTV-10栏目开展全频道、高频次、覆盖式的联合宣传及公益宣传合作，使得“蓝色经典·天之蓝”在全国范围内大放异彩，市场知名度进一步得到强化和提升。

2011年，洋河还一举拿下了两项备受关注的中国年度盛典——“蓝色经典·天之蓝2010CCTV中国经济年度人物评选”和“蓝色经典·天之蓝2010CCTV感动中国年度人物评选”的独家冠名权。“洋河蓝色经典”所代表的高远、博大胸怀，也恰恰是这两项人物评选活动所希冀传达的精神。因此洋河的企业精神文化以及“洋河蓝色经典”的品牌内涵与两大评选活动的宗旨实现了完美融合。

（二）点线结合

从高密度的在央视各个频道投放广告、冠名央视黄金强档节目，到参与大型赛事，“洋河蓝色经典”随着央视的传播迅速家喻户晓，在消费者心中建立起“男人情怀”的现代白酒品牌形象。

对于如此高频度的触幕，如何才能维护好自己的品牌形象？洋河人有着自己的触幕原则：

首先，洋河讲求“两个跟随”、“两个吆喝”，即触幕不能没有方向。“两个跟随”是指产品跟着渠道走，广告跟着产品走。简单说，就是产品走到哪里，我们就做到哪里，广告就跟随到哪里。“两个吆喝”是指产品卖到哪里，就吆喝到哪里；主推什么产品，就吆喝什么产品。洋河股份总裁张雨柏如是说。

洋河还讲求投放广告的长短结合。比如央视触幕，洋河一定有一条常年不变的主线，起到品牌唤醒的效用。但仅仅有线是不够的，还需要有爆发点，爆发点一旦启动了，就会对消费者产生强大的冲击，如今“梦之蓝”的单飞就是爆发点发力的一个体现。

2003年，洋河推出了“洋河蓝色经典”系列，依据档次分别命名为海之蓝、天之蓝、梦之蓝。不同于其他品牌从高端向低端的延伸路径，“洋河蓝色经典”最早主推的是低端产品——海之蓝。

这是因为，在1998年之前，洋河一直是以二十几元的“低端酒”形象示人，虽然之后开始推广贵宾洋河和嘉宾洋河系列，但市场定价也保持在180~200元之间，距离高端白酒市场还有一定的差距。如果没有前期准备就直接进军高端酒品市场，消费者将很难接受的。而蓝色经典在推出时，作为一个二线白酒品牌，洋河的资源很匮乏，与其打造一个高端品牌，倒不如把有效资源投到一个中低端品牌的运作上。

因此，“洋河蓝色经典”在前期主推海之蓝，但那个时候洋河就已经考虑到对天之蓝、梦之蓝中高端品牌进行保护。

“我们在不断地潜伏，三款产品虽然是同时推出的，但我们先做的是海之蓝。但透过洋河蓝色经典的整体传播告诉消费者，我们还有天之蓝、梦之蓝，尽管消费者可能暂时不喝，但是会影响消费者对整体品牌的定位。等品牌做到一定程度以后，有品牌基础的时候，再逐步把天之蓝和梦之蓝放出来。梯度性地通过消费升级和品牌拉升的方式参与竞争，这样就很容易成功，而且也没有破坏原来的高端定位。如果一下子把品牌拉得很高，实际上是做不到的。”张雨柏说。

在央视的长期投入，为“洋河蓝色经典”的全国性品牌推广道路打下了良好的市场基础。随着市场对品牌认知的不断提升，以“洋河蓝色经典”为品牌背书，洋河将主品牌变为副品牌，将副品牌提升为主品牌，放飞天之蓝、梦之蓝，使得天之蓝和梦之蓝不需要更多触幕，仅在宣传上稍作调整，就拉开了“洋河蓝色经典”系列产品的段位，成功进入白酒中高端市场。

▲ 洋河梦之蓝产品

（三）延伸公益

洋河很早就意识到，品牌的建设并非孤立的广告行为，品牌的

▲ 洋河汶川地震公益广告

塑造得益于广告，却不能完全依赖于广告。

毕竟，品牌的建设是方方面面，以顾客为核心的产品，和别具一格的营销手段等，都是“洋河蓝色经典”成为业内佳话、众人效仿的重要因素，然而品牌成功的另一重要支撑力则是消费者的认可和支持。

洋河人认为，企业与社会的关系是一种生态平衡关系，社会是企业利益的来源，企业从周围环境汲取营养，反过来回报社会，与社会形成和谐真诚的关系，才能求得更好的发展。本着这一认识，洋河一直把积极参与各种社会慈善公益事业当做义不容辞的职责。

“世界第六届华商大会”、“全国旅交会”等重大活动，洋河鼎力相助；抗击“非典”时，洋河向宿迁市五家医院热心捐赠；宿迁市重要古迹整修、宿迁学院建设，洋河都拨款扶持；宿迁市成立慈善总会，洋河出资800万元；2008年汶川地震发生不到5天内，往日高速路旁“洋河蓝色经典”的大型广告牌就变了模样，“勇敢面对，中国加油！”几个大字赫然醒目，下面写着：“抗震救灾，心心相连”，只有洋河的蓝色背景和边角上的一行小字告诉人们那是洋河酒厂的广告牌；2010年青海玉树发生震灾时，洋河慷慨捐助1000万元……

就像“梦之蓝”的广告里述说的那样，“一个梦想，两个梦想，三个梦想，13亿人的梦想，一个民族的梦想”，洋河人以强烈的社会责任意识，加强了洋河品牌在消费者心目中的崇高地位。

结束语：从蓝色开始

所有的洋河人一定会牢牢记住2003年这个特殊的年份。

这一年伊始，怀抱着“老八大名酒”的资深功力，从20世纪90年代固步自封的生死边缘，到绝地反击，以创新为发力点，打破中国白酒的种种传统，昂首阔步迈入了中国白酒行业的前三强。毫无疑问，洋河在中国白酒市场打了一场漂亮的翻身仗。

▼ 案例组成员走访洋河厂区

洋河“蓝色经典”为什么能这么成功？不外乎看准了现代市场需求，以消费者为核心，顺应需求，勇于创新而已。

在品质上，追求绵柔型口感，一改传统白酒火辣刺喉的特点；在文化上，一反传统白酒的品质、历史、贡酒等概念；在情怀上发力，将梦想、荣耀、男人的拼搏精神融入于蓝色情怀，在现代诉求中追求共鸣；在营销上，善于打破传统渠道模式，找到了适合自己的品牌落脚点；在传播上，紧贴央视这样的大媒体，围绕大事件传播和特有的“触幕”原则体现了洋河人的智慧。

以消费者为核心，基于不断的市场创新，洋河从一个几近沉默的白酒品牌，发展到如今的现代白酒典范。2010年，与双沟酒业强强联合，成为当之无愧的苏酒之王，再到成功进军资本市场，股价一路上涨，如今的洋河有了更为宏大的发展蓝图：到2012年年底实现初步全国化，再到2015年的深度全国化，打造白酒的国际化营销，塑造全球白酒品牌，摆在洋河人面前的是一条更为开阔的蓝色之路。

一切，从蓝色开始。

北京大学光华管理学院：江明华　赵　攀
《新营销》杂志社：闫　芬
中央电视台广告经营管理中心：赵忠仁　杨　斌
张　超

采访手记

洋河，在我心中是一个小小的谜。这个小小的谜是由我的一位同事在股市的经历留下的。几年前的一天，他到江苏出差，发现江苏几乎全省都在喝“洋河蓝色经典”，而以他对洋河的研究，认为洋河在完成对江苏省内市场的布局之后，即将开始的将是进军全国市场。于是，他毅然决然地买进了“洋河股份”，并坚持了很长时间，直到股价涨到他认为满意的时刻。然而，在他卖出之后，洋河股份仍然一路飘红，成为股市的最高股价股。满意之中隐隐的遗

▼ 案例组走访洋河
（左三为江明华，右二为杨廷栋）

憾，在我心中播下了一个谜。直到今年3月和4月见到洋河的杨廷栋董事长、张雨柏总裁以及洋河市场部的朱伟部长，特别是亲眼看到洋河酒厂之后，才揭开了这个谜的一角。

儒雅、健谈的张雨柏总裁，对公司的战略构思和布局了然于胸，在谈到洋河品牌的发展、壮大时，表现出充分的自信，同时，对公司和品牌的长期、持续发展充满了憧憬；

杨廷栋董事长则是站在行业，乃至中国文化的高度高屋建瓴对洋河及其品牌的发展展开了画卷；

市场部朱伟部长则是一个不折不扣的“细节决定成功”的忠实信徒，对洋河及其品牌在媒体上的传播、在市场上的布局等等方面的每个细节日思夜想，仔细斟酌每一个市场行动及其后果，并有针对性地部署相应的对策；

看到洋河现代化的生产线、着装整洁并不受参观者影响而一丝不苟工作的工人，再看看正在建设中的新洋河工业区，想到一段古黄河将成为洋河的内河，仿佛看到了市场上即将刮起新的“蓝色旋风”。

从南京回北京之后，“洋河股份”又再度飙升，谜底就在洋河人的心中和手中，就在他们走过的和即将走的每一步……

江明华

江明华

北京大学经济学博士，现任北京大学光华管理学院市场营销系教授、博士生导师，北京大学光华管理学院品牌研究中心主任，北京大学管理案例研究中心主任，中央电视台广告中心策略顾问。

研究领域主要专注于品牌资产管理、品牌形象塑造及其升级、广告效果分析，以及体育营销和银行营销。在教学中，江明华博士常常以精挑细选的案例为出发点，激发同学们积极参与课堂讨论，通过案例讨论来引出所要讲授的理论及其要点，不仅仅限于此，更通过相互的交流引发更深入和深刻的思考。

爱好多项体育活动，不仅通过参与体育活动，强身健体，更通过体育活动与朋友增进友谊，交流思想。

旅游，诠释着人类对美的向往和渴求。

这是一种时尚的社会消费形式，也是一种新的生活习惯，更是一种经济转型的全新机遇。旅游业，已经在国民经济中占据着越来越重要的比重和地位。世界上很多的国家，旅游对GDP的贡献率越来越高，成为经济增长的新引擎，如：法国、西班牙、波兰……

从2007年开始，“好客山东”旅游品牌在全国范围内打响了名声，一个强势的区域性旅游品牌建立起来，中国旅游开始书写“山东模式”。

山东榜样

——区域旅游品牌推广典范

这个广告主真的不一般。跟你谈判的不是董事长、总经理，而是一群温文尔雅的政府官员。牵头的是省旅游局的领导，来的都是各县市旅游局的一把手，这样的阵仗，中央电视台广告中心的工作人员还是头一次遇到。

威海5秒、泰安5秒、曲阜5秒……30秒的央视黄金资源被如此分配，最后，一句“好客山东欢迎你”掷地有声。

如果有人书写中国品牌营销时，一定会以此为重要节点——这是成功打造区域旅游整体品牌的首例，同时他也会写下这样关键的一句：

“这一切从山东开始。”

渤海之西，太行之东，山东是儒家文化千年流传的源头，是汹涌黄河东入海的尽头，是五岳之首泰山拔地而起的地方。这里有众多优势旅游资源，却在发展旅游业的道路上一度陷入困境。山东省旅游局对山东区域旅游品牌的准确定位进行了艰难的探索。终于，他们从博大精深的齐鲁文化中提炼出了最具代表性的“好客文化”，发现了山东区域旅游品牌的文化基因。品牌的塑造和传播自此走出了宣传旅游景点的桎梏，开始了文化统领区域旅游资源的新方式。

独创性的“捆绑营销，联合推介”也使山东在全国旅游业的竞争中异军突起，他们将“好客山东”四个字做到了宾馆的茶杯上，飞往山东的支线飞机上……利用一切可能用到的渠道进行广泛宣传，“好客山东”声名鹊起。随后，通过不断完善的品牌建设、切实的品牌落地，让山东得到了打开品牌发展大门的钥匙，实现了区域旅游业的腾飞。

▼“好客山东”旅游推介活动（右一为于冲）——薛尧摄影

这种示范最终带动了一个集群的品牌觉醒。越来越多的地方政府开始借鉴、参与、实践这一有效的区域品牌传播方式。

我们突然发现，随着政府开始成为新的广告主体，品牌传播的含义也突然变得深刻起来。它不再单纯服务于简单的交易关系，而是代表了一种传统文化的传承、一个地方政府对于新经济发展的渴求，甚至是一方热土上人民对于美好生活的向往。

一、山东的美丽与哀愁

“京南无山，沪北无(海)滩，都可以到山东来。”山东省旅游局局长于冲热情地说。

这是他的美好心愿，也是“好客山东”面对京沪高铁开通机遇新的广告词。京沪高铁所带来的新的旅游市场已经成为山东旅游局下一个攻坚对象。这也是山东旅游实现下一个千亿计划的有力支撑。

2010年山东旅游产业发展迅速，全年实现旅游总收入3058.8亿元，同比增长24.7%，在全国区域旅游市场上，无论是体量还是增长速度都是数一数二的。

可是几年前，一切并没有那么美丽。

（一）当人们开始走出门

当我们不必再为吃、穿、住发愁时，越来越多的人开始愿意踏出家门，看看这大好山河。 这意味着一场变革。

出门就意味着有可能拿着钱去消费。国民的这种新的生活习惯，带来了旅游业的蓬勃发展，同时也让很多地方政府看到经济增长的转型机遇。2009年，国务院通过了《关于加快发展旅游业的建议》，明确提出把旅游业培育成国民经济的战略性支柱产业和人民

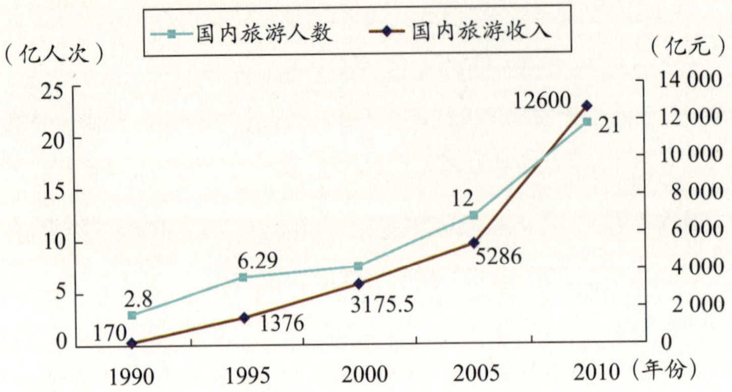

1990年，国内旅游人数仅为2.8亿人次，国内旅游收入仅为170亿元；2010年，国内旅游人数达21亿人次，国内旅游收入高达1.26万亿元。尤其是2005—2010年，两项指标都大幅度增长。

数据来源：国家旅游局

群众更加满意的现代服务业。2011年，国务院正式批准将每年5月19日定为“中国旅游日”。作为大众消费行业的旅游业得到了政府部门的空前重视。

接下来的问题是，去哪儿？

960万平方公里可供选择。各地坐拥丰富旅游资源，长期以来走的却是一条拼资源、拼产品、拼投入的粗放式发展道路，在旅游形象的打造和宣传上，仍没有摆脱罗列旅游资源的宣传模式，未能充分将这些优势资源转化成优势价值。

同时，人们的旅游消费需求也发生了重大的改变，开始从以物质消费为主，向物质与服务消费并重转变。需求的改变必然带来旅游行业服务方式和产业结构的调整。

在这场竞争中，旅游资源已不再是决定胜负的唯一要素，品牌成为地方旅游从千军万马中脱颖而出的制胜力量。整个旅游业也更加关注旅游产品的品质和服务，超越宣传具体旅游产品的层次，开始了旅游品牌塑造与品牌竞争的道路。

中国的旅游市场已经全面进入了品牌竞争的时代，地方政府则开始成为竞争的主体。

（二）山东的旅游瓶颈

“孔孟之乡、礼仪之邦”，山东有着悠久的历史、灿烂的文化和优美的风光。这是一片孕育着中华民族忠诚、仁义、热情、善良等优秀秉性的土地。同样，丰富的旅游资源如璀璨的珍珠般镶嵌在这片深情的土地上。

在这里，人们可以尽享“山水游”。山东可谓“山”“水”兼具，既有大山的沉稳深厚，又不乏水的清新灵动。在泰安，我们能领略“一览众山小”的豪情；在济南，我们能品味汩汩清泉的灵动。

山东还有让人流连忘返的“海洋游”。素以“山海仙境”美誉著称于世的烟台，拥有山东三分之一的海岸线，气候宜人，风光秀丽，散发着仙境的独特魅力。洋溢着激情与浪漫的青岛，被誉为“最适合人类居住的城市”的威海，都激荡着大海蓝色的激情。

作为“孔孟之乡”的山东，独特的“人文游”更是值得一提。在曲阜，我们能触摸儒家文化的灵魂，感受中华传统文化的博大精深。

然而，在这片富饶而美丽的土地却有着不易走出的旅游瓶颈。

资源众多，但特色不鲜明是山东旅游业发展的第一大硬伤。这主要源于山东旅游资源的可替代性上。从自然旅游资源来看，泰山是山东泰安旅游业生存和发展的最大筹码，但在全国范围内也面临着不少竞争，如与之齐名于世的黄山、嵩山、华山等。烟台最令人留恋的就是那一片蔚蓝的大海和银色的沙滩，但同为海滨城市的厦门、大连也有着不逊的海岸风景。从人文资源来看，山东曲阜是儒家文化的发源地，孔庙吸引众多游客慕名前来。但就在旅游业的影响力来说，北京的故宫、甘肃的敦煌莫高窟也不在其下。也由此看来，山东虽有众多丰富的旅游资源，但这些资源缺乏不可替代性，无法在与其他地区的风景名胜的竞争中形成差异化优势。

地方旅游发展力量分散，未能形成山东的整体形象，这是山东发展旅游的第二大难题。旅游资源风格各异是山东发展旅游的一大优势，但也带来了不可小觑的问题。青岛、烟台、曲阜等城市闻名全国；泰山，上至耄耋老人，下至学龄孩童，都耳熟能详。但是一提起山东，人们能想到的也许仅仅是这几个著名城市和景点，关于山东的整体文化、山东的整体形象，却是一片模糊和茫然。显然，在当前这个品牌竞争的时代，没有品牌，山东旅游业仍无法摆脱下属城市单枪匹马独自奋战的局面，不能在全国旅游业竞争中异军突起，形成强有力的“山东军”。

资金缺乏，宣传力量分散是山东发展旅游的第三大难题。一直以来，旅游局都为旅游宣传经费而苦恼。虽然近年来旅游业的战略地位逐渐被重视，但全国旅游业的财政资金投入远远不足，难以跟上旅游业的发展需求，更不用说引领行业的发展和进步。在地方财政分配中，重工业轻服务业的现象十分普遍，在可供支配的旅游宣传资金上，旅游局可谓捉襟见肘。而对于旅游行业这一典型的服务型行业来说，能否有效地向全国展示当地的旅游优势，吸引更多游客光顾，直接关系到地方旅游业的发展。没有山东整体旅游品牌形象，仅凭几个突出城市单打独斗，单个城市的旅游宣传资金更是有限，资金的分散使得山东旅游业在全国范围内的宣传难上加难。

这一切必须改变。

▲ 山东风景

二、破题“好客山东”

（一）“威海，China”的成功

总有人先行，去试探那可能的成功。在不断探索旅游业未来发展方向的行进道路上，有几个城市充当了山东大军的先锋，开始了最初的城市形象宣传，其中威海市第一个上了央视。

威海本是烟台市的下属县，1991年正式独立成市。1987年前，威海是军事重镇，并未对外开放，外来人口进入威海市人工岛仍需办理入岛手续。建市之初，威海的旅游业尚待建设，没有专门的旅游部门，所谓的“旅游”仅限于政府行政接待。威海市城市不大，总面积5700平方公里，目前总人口也不过70万，但却有着不可多得的秀丽风光。荣成拥有“全国八大优秀海岸”之一的美丽海岸线；“中国长寿之乡”文登因清新空气和优质温泉被誉为“滨海养生之都”；乳山境内一座形似乳房的山峰，被人们尊为“母亲山”。

可是，拥有如此多瑰宝般优秀资源的威海，却由于开放较晚未能得到充分的开发和宣传。“酒香也怕巷子深”，此时的威海，迫切需要一双有力的手，叩开当地旅游业发展的大门。

威海的旅游业形象塑造之路始于20世纪90年代的城市形象广告。当时，威海市将其城市形象基本定位于“最适合人类居住的城市”。如何将这一定位充分表现？如何宣传才能使威海的新形象深入人心？经过反复考察和斟酌，威海市决定在中国最具权威、最有影响力的媒体——中央电视台上为威海做广告，从此迈出了威海市城市形象宣传的第一步。

“这里弥漫过甲午战争的硝烟，这里被秦始皇称为天之尽头，如今，这里是世界上最适合人类居住的范例城市之一。威海，

走遍四海 还是威海
WeiHai, your final destination of joy

▲ 威海形象识别标识

China！”。1999年，威海市率先在央视推出了城市旅游形象整体广告，简单朴实的几句广告词，道出了威海的历史与旅游优势，显现了鲜明精准的城市形象定位。这一城市广告在CCTV-4的率先播出，使威海这座原本默默无闻的城市在短时间里名声大噪，威海的形象也从以往深藏不露的军事重镇转变成了令人向往的旅游佳地。央视第四频道对海外华裔的影响，更是扩大了广告影响的辐射范围。

小试身手的威海市尝到了城市形象广告的甜头，更是坚定了继续城市形象塑造道路的决心。威海旅游局决定对原有的城市形象广告进行了改版，添加了招商的内容。2001年，新的城市形象广告诞生了："这里是甲午故地，天之尽头，也是通向世界的重要口岸。这里最适合人类居住，更是投资兴业的一片热土。威海邀请你。威海，China。共享生活，共同收获"。2002年，威海城市形象广告通过凤凰卫视在欧洲、美洲落地；2003年，威海城市形象广告登上了飞机，成为世界上最"高"的广告。广告播出后，海内外投资源源不断地涌入威海，为威海旅游业的发展起到了不可磨灭的作用。2003年之后，威海城市广告重回城市形象主题，以打造"幸福海岸，人居威海"的城市品牌形象为主："享受春潮滚滚的海滨晨曦微醺，享受夏意浓浓的海上明月凉爽，享受秋实累累、落霞归舟的喜悦，享受冬雪融融的渔家午后茶香，享受威海每一天。最适合人类居住的地方，中国威海。"

（二）"好客山东"出炉

威海市旅游业的异军突起，让山东人民看到了旅游品牌的力量。越来越多的城市开始学习威海经验。这时候，山东省旅游局也意识到，若仅凭威海、泰安、青岛、曲阜等城市单枪匹马独闯江湖，很可能湮没在各地旅游宣传的茫茫大海之中。因此，着力打造山东区域旅游品牌，形成强势区域品牌形象，成为山东旅游业进一步发展的重要方向。

为何要塑造山东的区域品牌？面对全国旅游业发展现状，以于冲为代表的山东旅游局领导班子深刻地意识到，中国旅游业经过三十多年的发展，现已全面进入由观光型向休闲度假型转变的历史阶段，当前的旅游地从最初的“景区”概念转变为“目的地”概念。也就是说，随着中国人民消费能力的提高和旅游观念的更新，旅游对人们来说已不仅仅意味着去参观某一景点，而成为了一种休闲享受的过程。相应的，当地旅游业的建设也不能仅仅停留在提供单一景点供游客参观的层次上，而应形成吃、住、行等一条龙服务。并且，当前人们的旅游已超越了观光消费的层面，希望能够全面感受当地独特的生活方式和文化。

秦代开始施行的郡县制，奠定了中华大地以省级行政区进行划分和管理的基础。如今，以省域为单位的地域文化仍然存在并在中国人民的生活中发挥着重要的作用。各省份都有着不同于其他省份的独特文化和传统，在方言、习俗、礼仪、饮食等方面，都烙有区域文化的印记。另外，中国幅员辽阔，各地地形不一，不同省份的形成与地形有着密切的关系。因此，各省份才有着不一样的美景风光。山东，也有着自身独特的地域文化和风光。

这时，一个关键的难题摆在了山东旅游局的面前：如何用最少的语言，把游客吸引到山东来？

这并不容易。山东省旅游资源丰富，有山，有海，有泉，有花，还有悠久的文化渊源。如何才能为山东区域旅游找到一个合适的定位，统领省内风格各异的旅游资源，成为一招制胜的关键？

早在20世纪80年代末和90年代，山东进行了最初的旅游形象宣传，口号是“一山、一水、一圣人”。分别指泰安的泰山、济南的泉水和诞生于曲阜的孔子。20世纪初，山东又提出了“走近孔子、扬帆青岛”的旅游口号。但这些初级的旅游业宣传并未达到很好的效果。究其原因，主要是因为这两个口号都还停留在对旅游资源的表象描述和概括的层次。它们都只是提到了山东“有什么”，而不涉及山东的资源会给游客“带来什么”，游客在山东能体会到怎样的秀美风光和民俗文化。另外，这样停留在资源描述的口号有一个更加致命的弱点，那就是不能完全代表整个山东。泰山、趵突泉、孔子的确是山东在人们心中留下的最深印象，但是山东拥有的不仅仅是这些资源，仅从资源描述入手，无法用短短的口号穷尽山东的魅力。

深思熟虑之后，山东旅游局在山东旅游品牌定位上做出了一个重大的决定：跳出资源罗列的旧框架，从文化的高度上塑造山东整体品牌形象。毕竟，品牌的核心是精神和文化，是能够统领品牌全局的战略性内涵。

山东旅游局的成员们都为这个重大的决定而兴奋不已，总算找到了打开品牌大门的钥匙。但同时，大家又陷入了另一个困境之中。齐鲁文化博大精深，什么样的文化最能体现山东特色，最能代表山东整体形象呢？

一提起山东人，世人的第一印象就是豪爽、热情和仁义。早在2500多年前，孔子就向世人发出了“有朋自远方来，不亦乐乎”的诚恳邀请；隋朝好汉秦琼、程咬金为朋友两肋插刀，以“仁义”闻名天下；宋代一百零八条梁山好汉，肝胆相照，替天行道。齐鲁文化经过两千多年的历史积淀，已经深深融入山东人的血液中，成为文化基因、历史记忆。豪爽、热情的鲜明性格也为山东人赢来了良好的口碑。

如何将山东人这种优点与山东的旅游品牌联系起来呢？旅游行业是典型的服务业，服务质量的优劣直接影响游客的满意程度和对旅游地的印象。而中国人最讲究人情味，人情冷暖成为决定人们对事物的评价的关键因素。山东人豪爽好客，游客来到山东往往能体会到浓浓的人情味。

对了，好客文化！

好客文化根植于五千年的齐鲁文化中，是最能代表山东的文化符号。从孔夫子，到如今善良豪爽的山东人民，他们身上都体现着齐鲁文化中的好客之情。将“好客文化”从博大精深的齐鲁文化中提炼出来，使这个定位有着厚重的文化支撑。并且，与直接定位于儒家文化相比，好客文化更加通俗，更能让老百姓们感到亲切而没有距离感。另外，对于旅游业来说，只有让游客体会到当地的文化，感受到了浓浓的情谊，才能真正打动他们。

▲ 孔子像

于是，山东旅游局最终将“好客文化”作为山东旅游品牌的定位，并提出了“好客山东”的品牌口号，对山东形象的塑造从物质层面上升到了精神和文化的高度，完美地实现了从资源营销向文化营销的转变。

（三）不简单的“好客山东”

“好客山东”，并不像说起来那样简单。山东旅游局对“好客山东”的品牌定位寄予了深切的期望，赋予“好客山东”丰富的品牌内涵，对品牌的发展预期提出了高要求。

首先，“好客山东”的品牌力量体现在服务上。在当前旅游市场竞争日趋激烈的形势下，独具特色的旅游品牌内涵和体验成为决定消费者是否满意，进而决定旅游业竞争成败的关键因素。旅游业的主体是游客，“好客”概念的提出和落实，意味着山东旅游业的发展实现了从“以我为主”向“以客为主”的转变。山水景点成为这个品牌体系后台的支撑点，情感诉求“好客”成为旅游广告的主要核心。换句话说，所有的实体景点和理念服务都要以“好客”为中心，景点景区只是作为体验“好客”文化的一个实物支撑体。在

“好客”的基础上开展的旅游项目，既要达到使游客醉情于山水中的效果，更要体现“好客”山东人质朴、热情、豪迈的风土人情，无论从客观的视觉还是感性的感觉中，都能让游客体验到“好客”的山东文化内涵。从这点上来说，既是对实施难度的考验，也是对景区定位的解放。不同的城市可以拿出自己最引以自豪的风景名胜来作为特色点宣传，在体验这些特色旅游的过程中不断地理解“好客山东”的诉求内涵和其包含的价值。

其次，“好客山东”的品牌力量体现在文化上。它超越了罗列物质资源的具体层次，将绵延2000多年的“好客”文化作为品牌的核心价值，从精神和文化的高度上统领山东旅游全局，形成了区别于其他旅游区域的独特品牌形象。

再次，“好客山东”的品牌力量推动了山东旅游产业链的完善。“好客”概念的提出为山东旅游业构架完整的产业链提供了基础。如今，旅游业不满足于向旅客提供景区几日游的单项旅游产品，而逐渐转向产业链的打造。

最后，“好客山东”的品牌力量不仅拉动了旅游消费，还拉动了旅游投资。强势品牌的塑造和成功落地形成了巨大的品牌无形资产，带动山东旅游业乃至整个山东经济的发展，推动了山东省经济发展方式的转变。

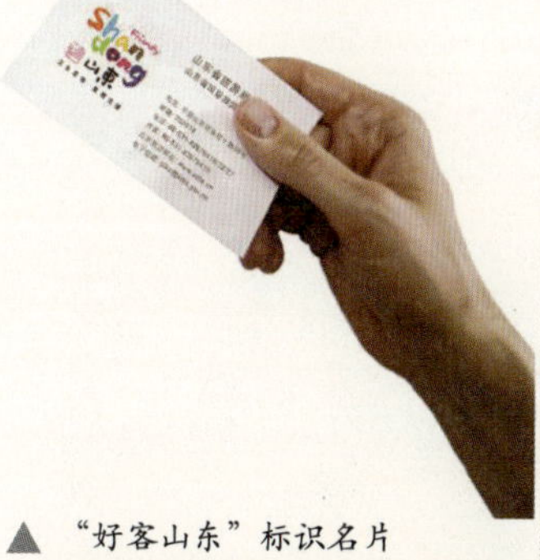

▲ “好客山东”标识名片

▲ “好客山东”标识贺年卡

有了明确的品牌定位、丰富的品牌内涵、响亮的品牌口号还远远不够，要将“好客山东”的全新品牌形象落到实处，还需要一套完整的品牌识别系统，以利于宣传推广。在专业设计公司的选择上，山东旅游局也费尽心思。他们先后进行过公开招标，也与为北京奥运会、上海世博会进行品牌设计的团队接触过，都没能得到满意的设计成果。后来，山东旅游局的领导们意识到，山东是儒家文化的发源地，从老百姓的角度上看，一提起儒家文化，总感觉文化氛围太浓而亲近感差，需要仰视而难以深切感受。于是，他们决定在“好客山东”品牌中添加一些活泼的元素，让品牌更加生动，更具亲切感。通过多方了解，他们接触到了深圳韩家英设计公司。韩家英是留法归来的设计师，学过系统的西方设计理念，接触过大型的西方现代设计展。经过再三考虑，山东旅游局正式聘请深圳韩家英设计公司负责“好客山东”的品牌设计，助其进行品牌策划。

经过与韩家英设计公司的多次协商和密切合作，齐鲁大地深厚的传统文化与现代设计公司先进的设计理念完美地结合在了一起，最后形成了“好客山东”的品牌标志。其中，“好客”二字用中国传统的篆刻形式，“山东”二字也是传统的黑色笔墨书法。而英文“Friendly Shandong”用的则是五颜六色的笔墨书法方式。

看似简单的标识，却饱含了旅游局和设计公司的心思。好客文化就源自传统的山东文化，因此，中国传统的篆刻和笔墨书法很能体现这种传统的文化的古朴和韵味。而旅游又是令人快乐的事情，山东不仅是拥有悠久文化的人文山东，同时也是拥有葡萄酒庄、高尔夫球场、温泉、啤酒街的时尚山东。作为“好客山东”品牌的提出者，他们希望“好客山东”的品牌既能代表传统的齐鲁文化，又能体现现代山东旅游的时尚和活泼之处。“好客山东”的标志是传统与现代，东方与西方的完美结合。对于“好客山东”品牌的塑造之路来说，有了恰当的标志，可谓如虎添翼。

三、“捆绑营销，联合推介”

（一）整合资源，集中突破

鉴于山东旅游资源的多样性，以及前文所述的资源分散等问题，山东旅游局对省内各市的旅游资源进行了整合和定位，开展了以“好客山东”作为一个高品质旅游品牌的全方位推广。

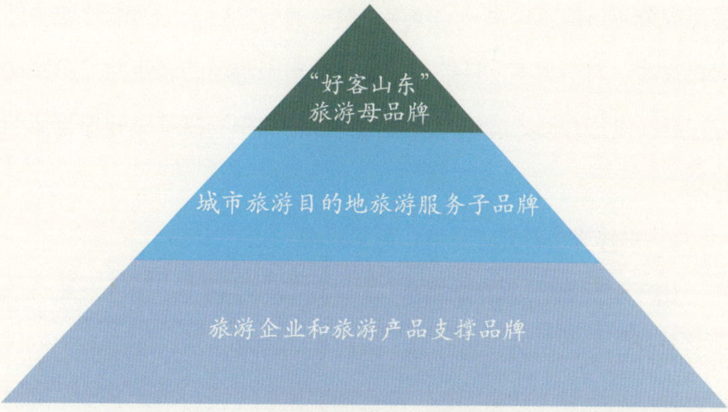

"好客山东"品牌体系

在"好客山东"旅游母品牌的宣传下，山东建立了省内各个地级市的子品牌，从而使得"好客山东"品牌成为一个体系，能够支撑其所宣传的品牌形象和内涵。

1. 创新模式：联合推介，捆绑营销

在"好客山东"品牌体系建立的感召下，山东旅游局进行了省内旅游资源的整合，也就是号召和组织各个市区拿出自己最具核心价值的景区和特色项目进行宣传。

同时，针对各地旅游宣传经费少、策划制作水平低、旅游宣传不集中、品牌形象不鲜明等问题，山东旅游局创新合作机制，推出了一条以政府为主导的具有山东特色的品牌推广之路——"联合推介，捆绑营销"，即以省旅游局牵头，整合省、市、县三级的财力资源、企业资源、旅游资源和媒体资源，调动各方面的积极性，形成集约机制，集中力量做集群式重点宣传与推广，形成一加一大于二的放大效应。

▼ 宣传费用"三三制"

在资金方面，山东旅游局得到了省政府和各级地方政府的大力支持，为了促成"好客山东"旅游品牌的诞生，也为了调动各级参与品牌塑造单位的积极性，提出了"三个三分之一"的办法：政府专项资金补贴三分之一的费用，地方政府负担三分之一的费用，相

关民营企业负担三分之一的费用。这样捆绑之后，不但能够集中地方有限的财力干大事，还能有效地加强省旅游局的号召力，迅速树立在后续执行方面的威信，为整合“好客山东”品牌奠定了坚实的基础。

2. 媒体宣传：央视平台，高端拉动

山东旅游局在“好客山东”品牌的打造过程中，从一开始就选定了央视作为自己的宣传媒介。央视作为覆盖广泛、影响力大的国家媒体，能够让“好客山东”的品牌快速在全国打响知名度，同时使得“好客山东”品牌的实力、影响力、形象迅速在消费者心目中占有一席之地。

无论从媒体的影响力还是广告的投入产出比，无论是从以往投放经验还是山东旅游局对未来的期望，无论是从山东旅游局自身的目标市场与央视受众的高度契合还是旅游产品自身的特性来说，央视都是山东旅游局首选的媒体平台。

以往的案例来看，在央视的广告投放能够迅速打开市场知名度，同时带来的是立竿见影的经济回报。对山东旅游局来说，还有更深层次的利好效果，那就是加强山东各个城市的形象宣传，不仅能带动旅游业的发展，而且会为更为广阔的经济结构转型注入强劲的动力。山东旅游局在决定走整合之路之后，有了足够的资源和资金集中起来做宣传，在央视进行广告投放也就显得游刃有余。

3. 地方政府：从疑虑到踊跃

“联合推介，捆绑营销”提出伊始，各地方政府并不是没有自己的疑虑。以往用于旅游宣传的费用都是分散在各个方面的，如今大量资金要集中在电视媒体上，势必面临其他活动经费紧张的问题。同时，这种创新的营销方法是不是能够得到良好的收益也是一个未知数。然而省旅游局为各地方政府做了详细的分析工作，仔细讲述捆绑营销的利弊，而且提出了政府传播工作对未来山东旅游业长远发展的积极影响。渐渐地，各地方政府开始接受了这样的营销理念和方法。在政府提出财政补贴宣传费用的三分之一后，各地方政府更是开始积极参与，踊跃报名，最终都加入了捆绑营销的行列中。

在实际的操作执行中，各地方先把自己的宣传重点和核心价值汇报到省旅游局，再由旅游局做重新的整合和协调，比如相互重叠和冲突的特色要加以调整，对不符合整体形象要求的诉求加以修改等。

这个环节说来容易，但是执行起来却是一个巨大的工程。全省17个地市要参与“好客山东”品牌的打造，上报旅游资源和特色，加之时间安排和顺序调整，再将17个地市调整以后的安排发回到各个市进行意见咨询和反馈。无论在时间还是精力上来说，这都是一个巨大的信息交流和协调的工程。

在此过程中，还牵涉到与媒体的相关协调和商讨，按照媒体给定的时间和资源进行有效的宣传。山东旅游局作为“好客山东”品牌体系塑造的发起者，也作为沟通地方市政府和媒体的桥梁，其团队发挥了重要作用。工作所要求的细致和耐心程度，协调各参与者利益所需要的技巧和精力，都在最后的品牌崛起中得到了回报。山东旅游局联手政府的大力支持，地方的鼎力配合，从而共同创造了一个从双赢到多赢的欢喜局面。

在团队的努力背后，是一位敢做敢为的带头人，那就是山东旅游局的局长于冲。在作出“好客山东”品牌宣传决定之后，于冲局长作了大量的协调工作。他认为旅游品牌的建设不是一个急功近利的短期工程，而是能够福泽民众放眼未来的长期建设工程。省政府之所以大力支持，也是看好于冲局长的想法与才干。地方市政府之所以打消疑虑、团结一致，也是出于对于冲局长的信任。

于冲局长的实干精神在旅游局人尽皆知。在“联合推介，捆绑营销”模式的实施过程中，于冲局长带领山东旅游局力图和每一个地方局以及政府做好沟通工作。倾听各地方政府意见和想法，同时也体谅他们的难处，设身处地为地方政府着想。威海曾经面对分摊到自身的巨额宣传费用而举棋不定，于冲为了打消威海政府的疑虑，亲自给威海市长写了一封信，将广告宣传的利弊和对威海市长远发展的巨大影响一一道来，威海市长被于冲的深远见解说服，也为于冲的耐心真诚而感动，当即同意将原计划200万元的旅游宣传专项费用提高到800万元，全力支持“好客山东”品牌的整合宣传。

（二）借力强势媒体，一举成名

1. 巧妙选择投放节目与时段

2007年，山东旅游局携手央视，开始大力打造宣传“好客山东”这个旅游品牌。从2007—2011年5年间，山东先后在央视、山东卫视和凤凰卫视、香港翡翠台、台湾东森台等电视媒体投入广告宣传资金累计超过4亿元，参加推介的城市和单位也由开始的31家增加到现在的70家，涵盖全省17个地市。

▼ “好客山东”广告截图

山东旅游局不仅在媒体的选择上考虑了和自己的市场受众高度相符的媒介，而且在投放时间和栏目上也作了相应的精心考量。考虑到旅游产品消费者主要是大众群体的特点，山东旅游局最终选定了受众面较广的《朝闻天下——媒体广场》《海峡两岸》与《走遍中国》等节目进行重点投放。这些节目在内容上与旅游市场高度相关，在形式上为观众喜闻乐见，从而有力地加强了山东旅游形象广告的传播广度和传播效果。

2007—2009年，山东旅游局在这些节目和频道投放的广告都是30秒，能够对丰富的旅游资源进行详细地说明和介绍，进行生动有力的展示。2010年开始，由于参加捆绑营销的单位越来越多，山东旅游局在《朝闻天下——资讯全接触》节目中的广告时长延长到了60秒，与此补充配合的是CCTV-4《走遍中国》全年30秒广告的投放和CCTV-1全年30秒广告的投放，以达成广告投放的广度和深度。

2. 投放初见成效，业绩不俗

广告一经投放，就取得了漂亮的成绩。

根据央视索福瑞公司提供的数据，在2008年，全国就有71%的电视观众约9.12亿人次观看了“好客山东”的广告宣传。其中，有2.68亿人看过3次以上“好客山东”广告，每条广告平均被观众收看9.6次之多，CCTV-1和CCTV-新闻栏目的投放效果尤为突出。

千人成本通常用于评估广告的经济性，表明广告被1千人收看到所需要的成本。一般说，15秒版本广告千人成本3~6元被认为是较理想的成本指标，广告版本越长千人成本会越高。通过评估，“好客山东”旅游形象广告30秒版本的千人成本仅为4.12元，投资性价比非常高。

3. 传播转化为收益，千亿步伐越走越快

推出“好客山东”旅游品牌只有短短2年时间后，“好客山东”已经成为一个年接待国内游客超过2.4亿、接待入境游客超过300万人次、旅游总收入超过2000亿元的大品牌。

“十一·五”期间，山东省旅游业实现了跨越式发展。2005年，全省旅游总收入首次突破千亿元大关，2008年用了3年的时间迈上了第二个千亿元台阶，2010年仅用了2年时间就实现了第三个千亿元跨越，总量达到3058.8亿元，同比增长24.7%，在全国的位次由第6位跃升到第4位。

“十一·五”期间的五年，全省旅游总收入增幅年均高出全省GDP增幅8个百分点，高出服务业增加值增幅5个百分点，相当于GDP的比重从5.6%提高到7.7%，相当于服务业的比重从17.5%提高到21.2%。从在央视投放广告的2007年开始，到2010年，旅游业对地方财政的贡献一路上升，贡献率分别达到7.09%、7.65%、7.97%和8.03%。

山东旅游收入与全国总体情况对比（2001—2010）

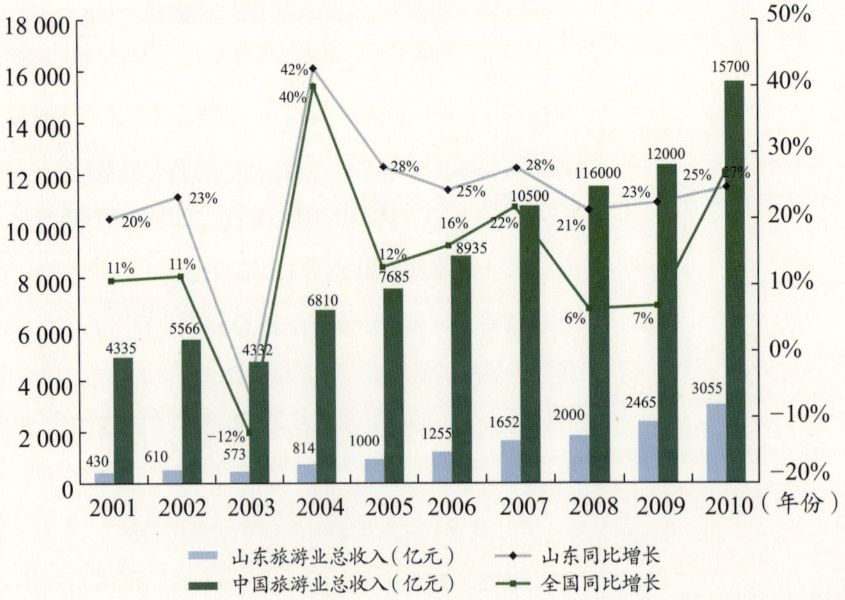

数据统计证明，山东旅游局在历年的旅游宣传投入中得到的回报也是可观的。在山东旅游收入大踏步前进的十年中，旅游收入增幅一直高于全国平均水平。从上图可以看出，从2001—2010年，山东旅游业的总收入总体呈现连年增长的趋势，仅在2003年因为“非典”而出现了短暂的下滑，全国趋势亦是如此。但是从折线图也就是增长幅度来看，山东旅游也总收入的涨幅一直高于全国平均水平，且这种领先水平从最低时期的2个百分点一直扩展到了2009年的16个百分点之多。2010年，相对成熟的山东旅游市场和全国的旅游总收入涨幅相比，开始基本持平。

另一方面，山东旅游局广告费用投入产出比的效果有目共睹。从2007—2010年，三个千亿、三个大台阶跨越的背后，是山东旅游局对大力度广告投入的强力支撑。以投入央视的广告费用为例，从下图中我们可以看到，从2007—2010年，投入央视的广告费用从500万元增加到了8 000万元，而山东省旅游业的总收入从1 652亿元增长到了3 059亿元，7 500万元的投入增长带动的是1 500亿元左右的收入增长，不可不说其宣传效果之明显。

“好客山东”品牌的推广不仅拉动了旅游消费，还拉动了旅游投资。从2008年起，山东省政府连续三年召开了全省重点旅游项目

山东旅游广告费用投入与收益对比（2007—2010）

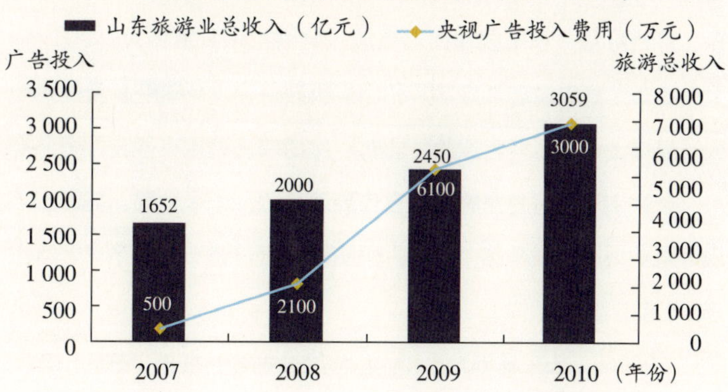

建设现场会。2008年当年完成旅游投资680亿元，2009年完成860亿元，2010年完成1025亿元，3年累计完成2565亿元。2010年，省政府新批9个省级旅游度假区，旅游度假区总数达到24个，批准总面积超过400多平方公里。

（三）媒介组合，重拳出击

1. 整合营销助力品牌传播

“好客山东”品牌在全国基本形成知名度和影响力之后，山东旅游局又开始了全方位的品牌塑造，综合利用了多种手段使“好客山东”旅游品牌深深根植于齐鲁大地，不但使品牌有形，而且有声有色，着力打造出“好客”的媒体环境。

除电视媒体外，山东旅游局还在网络、报刊、广播、车载和机场媒体开辟旅游专栏、专版和专刊。山东旅游局与大众报业集团联合出资主办《大众旅游》周刊，每周4版，读者覆盖全省；在《中国旅游报》开辟《好客山东专刊》，每周4版，将品牌宣传触角伸向全国。

2011年又同省内发行量最大的《齐鲁晚报》合作，合办了《玩周刊》，每周4版，使“好客山东”品牌更加贴近广大的读者群。

2010年，为配合上海世博会的举办，山东举行了“观世博游山东”大型系列促销活动，并在上海地铁站、火车站设立“好客山东”广告灯箱，在电视墙循环播放《好客山东》宣传片。2011年又在动车、高铁杂志《旅伴》和山航机载杂志《新航空》及航机电视等媒体上进行了广告投放。同时，旅游局还利用其他公共资源推广“好客山东”旅游品牌。在省内高速公路、一级公路、城市出入口等重要地段，在车站、机场、码头等显著位置，设置了“好客山东”公益广告牌。

2008年，山东省旅游局和山东航空公司联合推出“好客山东”

▲ 借助平面媒体宣传山东旅游

▲ 地铁广告

▲ 航空电视传播

▲“好客山东”彩绘飞机

▲“好客山东”与电信合作

▲“好客山东”与银行合作

▲“好客山东”活动营销

号彩绘飞机，成为山东旅游最靓丽的“空中名片”，该飞机执行了青岛、济南首飞台湾的任务，搭建了鲁台空中交流通道。所有乘坐“好客山东”号的乘客，都可以体验到山东的好客文化。

2009年，山东旅游局和青啤集团合作，在其旗下的崂山啤酒酒瓶上免费印上“好客山东”的LOGO，年销售量达13亿瓶，由此带来的品牌推广价值可见一斑。

“好客山东”与青岛啤酒合作，另外山东旅游局还和中国电信、农业银行、中国银行联合推出了“好客山东”电话卡、“好客山东”旅游信用卡等等，通过与这些企业的合作，使“好客山东”旅游品牌营销形成了叠加效应。

2. 网络营销紧跟时代节奏

如果说，电视等主流媒体能在大范围内扩大知名度，那么网络媒体的优势就是传播速度。山东省在打造“好客山东”旅游品牌过程中，大力加强了网络化传播，投资近3000万元建立了山东旅游网，率先成立了数字化多媒体营销系统。通过实时的信息更新和网络品牌宣传，以及与携程网、同程网等国内知名旅游网络运营商合作，实现了“好客山东”旅游品牌和消费者的零距离接触与互动，网络已成为山东区域旅游品牌传播的重要渠道。

3. 借力活动营销，提升品牌影响

利用重大活动推动“好客山东”旅游品牌落地也是全方位塑造“好客山东”品牌的重要手段。近年来，山东先后举办的第11届全运会、第19届全国书博会、园博会、绿博会、省委省政府主要领导带队赴日韩召开山东区域发展战略说明会、赴香港和台湾举办“山东周”等许多重大国际性、区域性文化、体育、经贸活动，都统一使用了“好客山东”标识。在济南举办的第11届全运会的所有测试赛，全部冠名“好客山东”。

“好客山东”这个品牌正在超越旅游的层面，上升为山东的品牌，成为整个山东和山东人的对外形象。这无疑大大增强了山东人的自豪感和认同感。山东省委、省政府主要领导及一些涉外部门带头使用带有“好客山东”标识的名片，元旦春节贺年卡也都使用了“好客山东”标识。“好客山东”通过各个细小环节的推广，逐步深入人心。

全方位的媒体宣传迅速提高了“好客山东”品牌知名度之后，如何践行品牌精神和理念就成为决定品牌成败的关键因素。“好客山东”旅游品牌不仅仅是一个口号，更成为山东人民向社会做出的庄严承诺。服务质量是旅游业的生命。“好客山东”旅游品牌有了很高的知名度之后，最重要的就是履行承诺，提高“好客山东”的美誉度。

（四）狠抓落地，细致入微

2009年，山东省旅游局和山东省社会主义精神文明建设办公室联合出台了《“好客山东”旅游服务标准》，紧密结合全省“旅游目的地体系建设年”和“旅游服务质量提升年”活动，组织服务业行业认真落实，大力推进标准化、亲情化、细微化服务。在开展的“百千万金银铜好客服务”竞赛活动中，各个领域都树立起了一批旅游服务标杆，推出了一批旅游服务示范岗，擦亮了“好客山东”的窗口，兑现庄严承诺，力争使每一位游客都能感受到“好客山东”的热情。

仅以山东省会济南的山东大厦为例，就能看出“好客山东”品牌落地的力度和深度。作为与政府有着长期良好合作关系、在一定程度上能够代表山东整体形象的五星级酒店，山东大厦接待的客人除了海内外名流就是一些高端客户。而这些高消费能力的游客的口碑又会对“好客山东”品牌整体产生重要的作用。酒店致力于将“好客”文化融会于日常服务的各个细节中，使游客在游览山东好

▲ 山东大厦整合营销

▼ 高速公路路牌广告

▲ “好客山东”服务标准

▲ “好客山东”服务落地

山、好水、好风景的同时，也能体验到浓浓的“好客”文化，并通过游客的亲身体验将山东的“好客”形象广为传播开来。

1. 制订服务标准

在省政府的工作中，山东省旅游局把诚信建设作为“好客山东”旅游品牌建设的一个重要内容，作为解决当前市场秩序和服务质量中存在问题的重要措施，加强行业自律，弘扬旅游业的诚信道德，健全旅游业诚信体系和机制，建立常态化信息反馈机制和投诉渠道，并注重通过抽样调查、跟踪调查、专题调研、专家咨询、媒体报道等多种方式，广泛收集游客和其他社会公众对旅游服务质量的意见和建议，进而改善、提升服务质量和水平。

山东省不仅落实旅游服务的落地工作，制订了相关的服务标准，提前保证了服务的质量，并且还在提供服务的过程中善于发现问题、解决问题。通过深入开展“好客山东”优质服务竞赛等活动，结合创建最佳旅游城市、优秀旅游城市目的地、旅游强县、星级饭店评定复核、A级旅行社评定等工作，山东省进一步加大对服务质量的督导检查，集中抓好一批影响旅游服务质量的突出问题。

2. 真抓实干解决问题

而具体到旅游景区，重点解决的是“野导”、“黑导”、“黑车”以及出售假冒伪劣商品等问题,加强对景区门票价格的管理，把门票价格控制在游客可以承受的合理范围；旅游星级饭店着力解决早餐质量不高、服务不到位等问题；高星级饭店带头落实国家旅游局召开的“全国旅游饭店业发展暨五星级饭店质量提升工作会议”精神，为游客提供舒适的消费环境；旅游星级餐馆着力解决饭菜特色和节约问题；旅游娱乐场所着力推进明码标价；旅行社严格执行旅游合同，坚决遏制零团费、负团费，规范旅游购物活动；旅游环境着力解决厕所方面的问题，下决心对一批服务质量差，经过整改仍然达不到相关标准的旅游景区、旅游星级饭店、旅行社等摘牌。

凡此种种，通过不间断强化工作，形成人人维护“好客山东”形象，处处优化“好客山东”环境，全面提升“好客山东”价值的浓厚氛围，真正使“好客山东”品牌体系有了切实的服务落地支撑。

（五）品牌延伸，创造价值

旅游品牌体系打造系统工程的同时，“好客山东”品牌在资产化方面也作出了尝试，打造旅游企业品牌和旅游产品品牌，作为“好客山东”旅游服务品牌体系的基础。围绕“好客山东”品牌，山东省推出了“贺年会”、“山东客栈”和“鲁菜馆”三大子品牌。

在资产化过程中，值得一提的是成功举办了两届的“好客山东贺年会”。“贺年会”利用年节休闲时间集中、民俗文化活动集中、消费资源集中的优势，整合商贸、交通、文化、体育、农业、林业、水利以及餐饮、住宿、旅游景区等资源和行业。“好客山东贺年会”的举办，是集中打造主题鲜明、浓厚热烈、覆盖城乡的贺年会节事活动品牌的成功范例。贺年会期间，全省各大城乡，各县区、街区、社区、乡村、商场、酒店、旅游景区以及交通、民航、铁路等行业和部门，突出元旦、春节、元宵节三大节日节点，以统一的主题、统一的标识、统一的形象共同营造了浓浓的贺年会氛围，推出了一系列以满足人民群众年节物质、文化消费需求为主的贺年会产品，举办了一系列以传承创新民俗文化为主的贺年会活动，由此当地居民得到了实惠，参与的企业收获了效益，年节消费潜能也得到充分释放，由此推动品牌资产化的顺利实施。

首届贺年会，全省实现社会消费品零售总额2308亿元，增长

▲ 贺年会景象

▲ 贺年会标识

▲ 贺年会吉祥物

18.4%。其中，旅游消费383.9亿元，增长23.5%，拉动餐饮住宿消费220亿元，增长21.2%。第二届贺年会接待国内外游客4157.7万人次，实现旅游收入369.9亿元，增长24.5%，成为“好客山东”旅游品牌带来实际收益的又一有力支撑。

▼“好客山东”子品牌LOGO

泉城
JINAN City of Springs, China
中華泰山 天下泰安
泰安旅游
TOURISM TAIAN

韩家英为山东省一手设计的“好客山东”品牌识别体系得到了广泛的认可之后，省内17个市开始逐渐建立自己的子品牌，首先都是从形象识别系统开始。山东旅游局积极推动全省17市开展城市旅游品牌策划创意工作，像“泉城济南”、“中华泰山，天下泰安”、“走遍四海，还是威海”、“江北水城，生态聊城”、“奥帆之都，多彩青岛”、“葡萄酒城，魅力烟台”、“孔孟之乡，魅力济宁”、“放飞梦想，逍遥潍坊”、德州“中国太阳城”等城市旅游品牌开始叫响。有的县、市也打造了形象口号和标识。到2010年年底，全省大部分地级和部分县级旅游城市都策划推出了自己城市的旅游品牌形象，部分重点旅游企业策划推出了企业品牌形象。

一向走在城市形象建设先列的威海开始建立自己的城市子品牌

形象。威海也是最为贴近“好客山东”母品牌整体风格的城市。威海市旅游局在城市形象识别系统的设计中完全请韩家英操刀。在服务和服从于母品牌的基础上，韩家英完全按照“好客山东”母品牌的设计理念，设计了威海的城市形象识别系统。在风格上与“好客山东”一脉传承，在精神上与“好客山东”相得益彰。

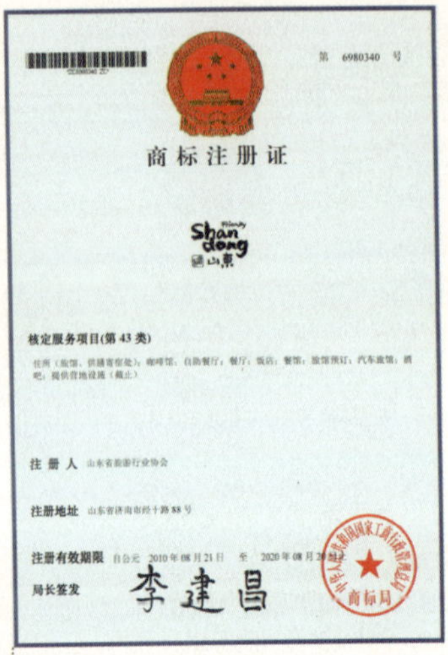

▲ “好客山东” 商标注册

（六）注册商标，完善保护

在资产化过程中，山东省“好客山东”标识在国家工商总局申请的21个类别商标注册已经获得批准，目前已收到其中3个注册证书，是资产化具有里程碑意义的事件。这些都为“好客山东”推广和使用的规范化、标准化，提供了法律保障和技术规范，也为品牌的资产化提供了保证。

在“好客山东”旅游品牌下，山东省还着力开发打造了具有山东特色的旅游产品，初步形成了“山水圣人”、“黄金海岸”和“逍遥游”三大骨干产品体系，以及高尔夫、葡萄酒庄、海水热疗、海上运动、温泉、湿地等新兴业态产品。经过三年多的努力，目前已基本构建起以“好客山东”旅游品牌为龙头，以城市旅游目的地旅游品牌为支撑，以旅游企业和旅游产品品牌为基础的“好客山东”旅游品牌体系。

四、原创者的再创造

“好客山东”区域旅游品牌一经推出，就在全国引起了广泛的影响。在利好效果的推动下，许多省市开始效仿“捆绑营销，联合推介”的“山东模式”进行旅游宣传，着力打造各自的旅游品牌。例如湖北、福建、陕西、贵州等省，均开始采用捆绑式的营销模式，也收到了较好的效果。

以福建为例，2008年，福建省内十家景区联手以创新的“集群式”传播模式在央视进行大力度广告投放，经过将近一年的广泛宣传，吸引更多受众游览福建景区，2008年十家景区旅游经济均实现增长。武夷山、福州、南靖土楼、永定土楼、泰宁等省级整合单位，在景区旅游受到“5·12”汶川大地震严重影响、旅游收入持续下滑的情况下，通过长期持续的央视传播，在下半年及“十一”期间，实现了游客人数和旅游收入的双丰收，更有多个城市和景区的多项效益增长指标创历史纪录。此后更多的省市，诸多河南、河北，都加入到省级区域旅游市场的宣传和营销中来。

面对后来跟随者的激烈竞争，山东省如何能保持全国区域旅游市场佼佼者的位置，成为一个品牌后续发展的战略性问题。

首先，优势必须保持，成功必须延续。从央视等主流媒体中尝到甜头的山东省连续几年都参加了央视的广告招标，在广告投放上更为积极。为了更高效、更专业地完成“好客山东”品牌的后续发展工作，山东旅游局已经着手成立了自己的国内、国际旅游开发中心，专职管理品牌宣传和推广的全套事宜，形成专人专项的工作流程。

在以央视为主的强势投放的基础上，山东旅游局开始尝试更多的营销手段，力图建树更多的创新经验。

2008年，山东旅游局举办的“齐鲁百景千社万人迎奥运、游山东”活动，借力奥运盛事，体育营销取得了良好的成绩；举办“博客写山东”博客大赛又充分利用网络媒体与时尚达人进行了一次有益的互动和宣传；在团购兴起的2010年，顺应潮流，借势做了团购旅游的项目，引领了国内团购品类的新风尚；旅行社率先看准老人旅游市场，打出亲情牌配合“好客山东”的品牌理念，推出“您的爸妈我来陪”特色旅游项目……

同时，海外也是新的战场。山东旅游局与韩国最大的旅行社HANA TOUR建立了良好的合作关系，与之签订了全面营销山东高尔夫产品路线的协议，利用其网络在韩国全面营销山东旅游产品。山东旅游局还与日本最大的旅行社JTB集团签订全面合作协议，2008年1月，其网站开辟了日文山东旅游信息窗口，发布了13万字旅游资讯。此外，山东省同我国港、澳、台地区的旅行社也有诸多良好的合作关系和创新的营销方法。

7月6日，一场别开生面的"中国首届进行中的高铁旅游营销大会"在京沪高铁G101列车上进行。来自海内外旅游文化界的专家学者、官员和旅客，在时速逾300公里的高铁上就高铁旅游展开激烈的头脑风暴。

召集者就是山东旅游局。旅游局局长于冲希望这次大会在行进

▼ 案例组走访山东旅游局

中的高铁上举办，本身就在体现高铁旅游的内涵——在一种极速状态下，进行一次自由、舒适、便捷、酣畅的旅行体验。

他们请来日本政府观光局代表，请来旅游策划人，甚至请来在民间艺人现场演绎的非物质文化遗产山东快书《武松乘高铁》。

“闲言碎语不多讲，话说好汉武二郎。今天武松乘高铁，山东的，八个城市逛一逛。” 山东省各旅游城市的美景、美食、美物及城市本身所具有的独特文化魅力，在诙谐、幽默的山东腔中跃然眼前。京沪高铁与山东省内铁路网的开通意味着省内形成了“T”字形旅游新通道，围绕济南、青岛“两极”，进而形成覆盖全省、辐射省外南京、郑州、太原、杭州、上海等城市的多级大“旅游圈”，高铁游在国内的潜力不可估量。

“好客山东”的形象也必将在这场盛宴中更加丰富起来。山东模式的成功，为我国区域旅游品牌市场树立了一个先进的标杆。山东模式有其不可复制的独特之处。山东旅游强省品牌的打造无疑是成功的，它已然开启了一个新的旅游时代。区域旅游市场的开拓由山东而始，在全国旅游行业蓬勃崛起，于国民经济中所占位置越来越重要的新时期，山东的影响力必将成为全国旅游发展过程中浓墨重彩的一笔，也会因其重大意义而被行业所铭记！

北京大学新闻与传播学院：陈　刚　黄旭丽
经济观察报社：朱熹妍
中央电视台广告经营管理中心：曾盈盈　汪　杰
胡　重　徐　蕾

采访手记

刚着手研究“好客山东”案例的时候，我一直有一种挥之不去的隐忧：到底“好客山东”案例的成功是偶发性的，还是有其必然性？

中国这个市场机会太多。所以很多企业的成功确实是运气。我们当然要尊敬这些企业对机会的把握，但当进行案例分析的时候，经常是没有更多的内容可以挖掘。

2011年3月，我踏上了那片熟悉的土地，同山东旅游局各个层面的领导以及济南、青岛、烟台等市县旅游系统的领导和员工进行深入的沟通和访谈；实际上，除了专门的访谈外，整个山东的行程本身也是对“好客山东”品牌建设的一次深入体验和感受。

我的隐忧终于释然。我的结论是，“好客山东”案例是经典的中国式的品牌案例，并且，这个案例对未来中国的品牌发展具有标志性的意义。

中国社会的巨大转型对广告行业带来的时代性的变化，政府正在成为重要的广告主。

政府作为广告主，当然有着同一般的广告主的共同点，但我们目前特别需要了解的是差异。

我认为，“好客山东”这个案例，体现了中国的政府传播进入到了一个新的阶段，其最重要的价值，是可以让我们通过解剖这个案例，探析正在不断发展的政府传播内在的运行秘密。

“好客山东”是一次成功的政府传播。成功的政府传播，一定是很智慧地协调和解决了行政特性与市场专业运作之间的关系，按照专业规律，整合行政资源。在“好客山东”的案例中，无论是对策划设计公司的选择，还是对中央电视台的利用，都充分体现了市场专业运作的特点，但在这些行业所熟悉的操作背后，如何根据中国行政运作的规律，整合资源，并同市场运作对接，这些是政府传播所独有并且亟待研究的。

成功的政府传播，行政首长毫无疑问起决定性的作用。作为行政首长，专业和胆识很重要，但经验和协调力同样重要。这些因素，都聚集在了从青岛市副市长的职位卸任担任山东旅游局局长的于冲身上。所以，“好客山东”品牌案例的成功首先要归功于于冲局长的运作能力。要知道，“好客山东”已经不仅是单纯的旅游系统的事情，只有协调上下左右的行政资源，才能把“好客山东”变成整个山东的大事。

▼ 案例组走访山东旅游局（左一为陈刚，右三为于冲）

当然，政府传播的实现，必须有一批高素质的精兵强将执行。山东旅游局的管理人员正是一支特别能战斗的团队。当然，政策和制度的制订、落实和完善是保障。而政府传播所做的应该是把市场化的专业规律转化成行政规则。

这也是“好客山东”案例的成功之处。

研究“好客山东”的案例，我们可以发现，为了保证“好客山东”品牌的持续发展，山东旅游局已经建立起一个市场规律与行政规律相结合的有效系统。所以，有足够的理由相信，“好客山东”将成为一个能够持续发展并健康运行的中国政府传播的经典品牌。

陈　刚

陈　刚

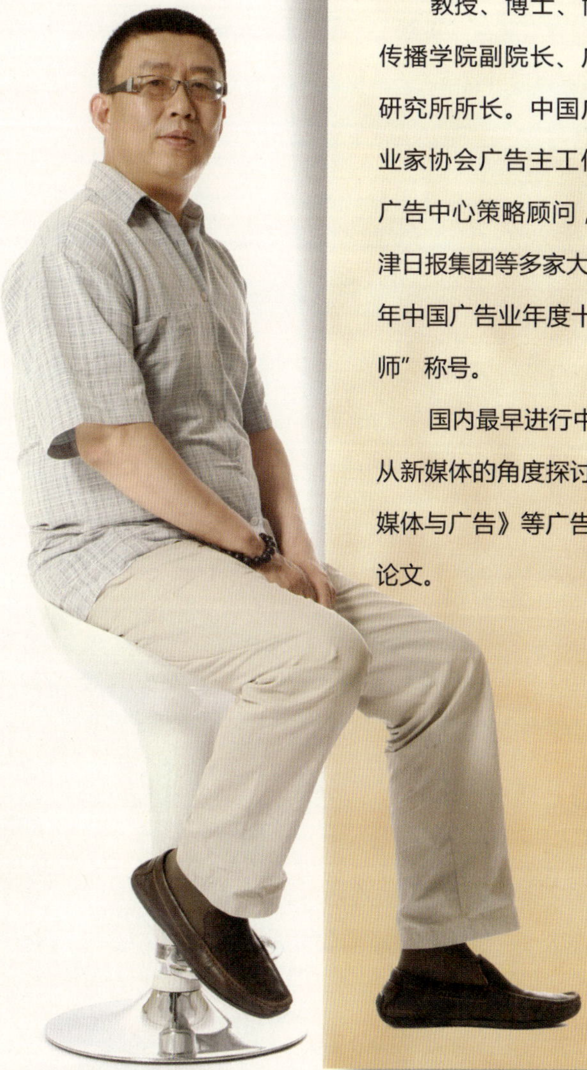

教授、博士、博士生导师。现任北京大学新闻与传播学院副院长、广告学系主任，北京大学现代广告研究所所长。中国广告协会学术委员会委员，中国企业家协会广告主工作委员会专家组成员，中央电视台广告中心策略顾问，中国人寿保险公司、中国电信、天津日报集团等多家大型企业和媒体顾问。曾荣获“2003年中国广告业年度十大广告学人”和“北京大学十佳教师”称号。

国内最早进行中国广告产业发展研究的学者和最早从新媒体的角度探讨广告经营的学者之一。曾出版《新媒体与广告》等广告学专著，并发表多篇广告研究学术论文。

在国外价格战打得头破血流，到头却被老外“反倾销”； 弄了个假洋鬼子的身份到国内来发展，却顺风顺水。如果知道一双皮鞋在国外卖9.9美元、国内卖499元人民币，你会有什么感受？

中国庞大的服装市场，难掩大而不强的尴尬。

但波司登却以自己的创新精神，屡创行业第一，在国际市场成功地树立了中高端精品的良好形象，变更了中国制造对外以廉价产品输出的经济增长方式！

从温暖到时尚

——波司登的登峰之路

▼ 波司登总裁高德康

35年前的无名小卒，35年后的服装巨人！

打工16载，然后自己创业，第三年便将产品做到了行业销量第一，自此一直稳居行业龙头老大，至今又有16个春秋。这，就是高德康和他一手创办的羽绒服品牌波司登！

2011年4月28日，第二届中国工业大奖表彰大会在北京人民大会堂隆重举行，在获评中国工业大奖的7家企业中，波司登公司成为国内消费品领域首个获此殊荣的企业。

中国工业大奖是经国务院批准设立的中国工业领域的最高奖项，以强调科技创新、注重产品质量、中国制造、弘扬民族品牌以及体现转变经济增长方式为亮点，被誉为工业界的“奥斯卡”。迄今，波司登公司集“中国世界名牌产品”、“全国质量奖”和“中国工业大奖”于一身，在我国工业制造业中首屈一指！

波司登羽绒服16年蝉联中国市场冠军，成为“羽绒服”的代名词，旗下品牌组合（波司登、雪中飞、康博、冰洁等)的国内市场份额达40%。公司羽绒服装的年产量占全球市场总量1/3。

2010年，波司登集团全年实现销售收入158亿元，同比上升43.6%。2010年9月揭晓的中国最有价值品牌排行榜（100名）上，波司登以180.16亿元的品牌价值居排行榜第13位，列纺织服装行业首位。

回想1976年，高德康组织10多个农民，以8台缝纫机起家，至今有此成就，靠的是什么呢？

成功的理由许许多多，其中最重要的一点，就是创新。

作为中国纺织服装行业领军品牌，波司登依托面料、设计、款式创新，多次引领行业的重大变革。每年推出400余款新款羽绒服，连续15年唯一代表中国防寒服向世界发布流行趋势。在当今经济环境下更具代表意义的是，波司登在国际市场打破了“中国制造”物美价廉的悖论，在欧美国家树立了中高端精品的良好形象，近年外贸业务持续迅猛增长！

正是创新，使波司登赢得了行业地位，赢得了那些把中国制造视为廉价产品的欧美消费者对波司登品牌的尊重！

一、冬天里的“革命”

每当寒冬来临的时候，现在的人们一般都把羽绒服作为防寒服首选，不但防寒，而且青年男女穿上去，都能显得青春时尚，流光溢彩。但最早的时候，羽绒服是厚厚的、笨笨的，像面包一样，被称为“面包服”，可以当被子盖。那时候的人们，觉得羽绒服厚才保暖。是波司登颠覆了这个市场，它通过技术创新，不断将时代所需、消费诉求的元素注入产品升级中，创造了波司登羽绒服在市场上一波又一波的销售高潮，同时不断通过设计创新和引导流行趋势，扩充了羽绒服的消费市场，将羽绒服从北方卖到了南方。

（一）三次革命“夺天下”

1．产品“瘦”了，企业活了

时间回溯到1993年年底，当时，波司登公司的前身——康博集团彻底结束了贴牌加工的历史，开始全力推广自己的品牌——“波司登”。

由于没能把握好市场的脉搏和规律，只是凭自己的感觉购回原材料并投入生产，1994年这一年生产的全部23万件羽绒服，在冬天快要结束的时候仅卖出了10万件，积压在仓库里的羽绒服价值总计达2000多万元。这对于起步阶段的波司登无疑是致命的灾难。更为雪上加霜的是，银行的800万元贷款又上门催账了！

“每天晚上都睡不着觉，当时，真是上吊、跳楼的心都有啊！”回忆起当时的情景，高德康仍不禁感叹。“我一人死了一了百了，可是还有好几百人等着吃饭，就觉得我必须要为他们负责，为企业负责。”

高德康于是横下一条心，决不坐以待毙，他决定全面考察东北市场，找出波司登销路不畅的原因。通过细致的市场考察，他认为波司登羽绒服滞销的原因，并不是因为波司登是新品牌，而是面料、款式、版型等不适合北方人的体形与需求。当时高德康就想：为什么羽绒服不可以薄一点，做到既轻薄美观而又保暖呢？这样的产品一定有市场！

1995年的冬天如期而至，波司登的命运也在这个冬天迎来了大转折。这一年，波司登羽绒服生产了68万件，销售了62万件，一炮打响。从此波司登坐上了我国羽绒服行业的第一把交椅。

2. 破解新世纪的绿色命题

20世纪80年代以来，羽绒服防钻绒性与透气性、舒适性的矛盾始终困扰着羽绒行业的发展。不断面世的各类高科技、高密度的新型面料虽然效果好，但价格昂贵，不易被市场所接受。为解决这些矛盾，许多厂家采用了多层制作等措施，但效果都不尽如人意。

为了解决羽绒服防钻绒性和透气性矛盾，波司登与美国杜邦公司强强联合，采用了杜邦公司的高科技羽绒内衬Tyvek Plusdown。这种内衬产品具有轻巧、牢固、既抗风又透气的特点，使羽绒服手感更柔软、穿着更舒服，因此被誉为“自然与技术的精华”。除此之外，波司登还与日本的帝人公司合作，开发外可防水、内可透气的“密可柔”面料。它与杜邦衬里的有效搭配，从整体上提高了波司登产品的科技含量和穿着舒适性。

那时是20世纪末，波司登已经意识到，21世纪是崇尚绿色环保的世纪，人类越来越清醒地认识到自然的重要性以及绿色产品无毒无害、安全健康、符合生态纺织要求的优越性。同时，面对中国加入WTO后的机遇和挑战，波司登决策层就着手开发绿色环保羽绒服。

2001年，波司登发起了一场轰轰烈烈的防寒服绿色革命，在国内独家推出了一系列具有智能化保暖特征的羽绒服——利用天然、轻盈、温暖的羽绒，配合吸热、透气、隔色、防水、防污染的生态纺织品，通过简洁的收敛式裁剪、功能性的工艺处理和丰富的色彩组合，充分迎合了现代人对绿色健康的要求，将自然与时尚完美地结合起来。

同时，“波司登”获得了中国环境标志认证，成为中国羽绒服行业首家获得环境标志的企业，达到了厂区环境和产品“双绿色”，拿到了通往国际市场的“绿卡”。

2001年波司登绿色环保型羽绒服的推出，再一次引领了羽绒服消费的新潮流，在市场上引发了极大的轰动和前所未有的火爆场面：推出后曾一度脱销，商家连连告急；2001年波司登的销售额中绿色环保羽绒服就占了80%。“买羽绒服就买绿色环保羽绒服”已成为消费者的共识，羽绒服的绿色革命极大地提高了波司登在消费者心目中的地位。

3. 神奇的“纳米”来了

随着时代的发展，服装行业在不断地革新，企业需要用最新的技术和最亮丽的产品来吸引消费者的目光。

中国人第一次接触纳米这一概念还是在20世纪90年代，而21世纪，中国的纳米技术得以不断推进和成熟。纳米技术在国内服装领域的应用已不算新奇，然而在防寒服领域却从未实现真正的市场化、产业化。2004年，波司登使中国羽绒服进入纳米抗菌时代！

波司登纳米抗菌羽绒服的品质升级主要体现在纳米“三拒”（拒水、拒油、拒污）面料和纳米抗菌羽绒的应用上。前者是经现代纳米材料改良处理后研制开发的新型多功能织物，在原有的透气透湿性、强力牢度、色泽鲜艳、手感细腻等优点的基础上，更有神奇之处。由于纳米材料的独特几何形状与尺寸效应，织物表面形成互补的界面效果，当油、水、污物溅落在衣服上时不会侵入布料而自动滑落。纳米技术的引进使羽绒具有抗菌、除臭等功能，其广谱抗菌、持久抗菌的卓越性能可有效克制细菌对人体健康带来的危害。

权威部门提供的资料表明：波司登纳米抗菌羽绒服的各项抗菌性能指标均达到国内行业领先水平。波司登纳米抗菌羽绒服成了2004年冬季羽绒服市场的主流，创造了一周内销售3个亿的历史最好记录。

（二）在时尚变幻中引领消费潮流

“波司登”品牌创立之初，高德康就大力倡导“品牌创新、品质创新、设计创新”，确立以市场为导向、以设计师为导向的创新工程，坚持以原创设计引领防寒服流行时尚，并借此推广自己独特的设计理念与品牌文化。

1997年春天，首届中国国际时装周期间，波司登作为羽绒服行业的领军品牌，第一次代表中国向世界发布防寒服的流行趋势，正式向各界人士宣告了波司登流行时代的到来。这是中国国际时装周的第一次，也是波司登的第一次。至2011年，波司登已连续15年代表中国防寒服生产企业向世界发布防寒服的流行趋势。

▼ 波司登发布流行趋势

▲ 波司登发布流行趋势

以下是近十年波司登发布的流行趋势主题：

“云烟梦幻·雪迹绒情·运动旋律”——1997/1998波司登秋冬流行趋势；

“欢乐·静思·变奏”——1998/1999波司登秋冬流行趋势；

“时空·边际·旋律”——1999/2000波司登秋冬流行趋势；

“纵横·遗风·秋语·冬韵”——2000/2001波司登秋冬流行趋势；

“边缘·理性·无忌·征服”——2001/2002波司登秋冬流行趋势；

“浪漫遗韵·自由印象·共享荣华”——2002/2003波司登秋冬流行趋势；

“中性之风·摩咖之恋·活力之旅”——2003/2004波司登秋

冬流行趋势；

“性情畅流·城市轮廓·快乐狂想”——2004/2005波司登秋冬流行趋势；

“物语自然·婉约中性·深邃都市”——2005/2006波司登秋冬流行趋势；

“迷幻融合·冒险基因”——2006/2007波司登秋冬流行趋势。

这10场流行趋势的发布展现了十年来中国防寒服的演变，从改变众人心目中如面包一样的臃肿造型到以崇尚自然的心态来演绎时尚，从以平和怡然的色彩来装点心情到将时尚与环保相结合，一步步的彻底颠覆和进一步完美整合，将传统羽绒服演变成今天的模样，并带动中国防寒服行业不断走向时装化、休闲化、运动化。今天，中国羽绒服产品的时装化更加鲜明，甚至已打破了季节的局限，这不但给了设计师更大的创新空间，也给产品带来更长的销售生命。

设计赋予服装灵魂，创造流行的背后是坚实的硬件基础、独到的设计眼光。1995年以来，波司登先后成立了中国服装总公司康博设计研发中心（国家级）、上海波司登设计开发中心、江苏波司登产品研发中心（省级）等机构，发掘聘用了一大批有潜质的年轻设计人员并委以重任。

朱琳，波司登国际控股有限公司副总裁兼上海波司登设计中心有限公司总经理。中国服装设计师协会时装艺术委员会委员、中国服装流行趋势专题特约研究员、中国流行色协会流行趋势研究员。1997年出任波司登首席设计师；2001年以波司登西藏系列闻名中外服装界，同年荣膺第7届“中国十佳时装设计师”称号。朱琳从事防寒服设计20多年，长期关注和研究国内外服装流行趋势，自1997年起，连续15年参与中国秋冬服装流行趋势的专题研究并作防寒服流行趋势专场发布。

服装设计师热衷于捕捉时尚、引领潮流，面对流行的更迭，朱琳在防寒服时尚的系统要素中努力寻找“变”与“不变”的平衡点。在她看来，无论“神似”还是“形似”，品牌的历史不能割断；无论形象、技术还是服务，时代生活一刻不能远离。她认为波司登的设计“每年都变一点点”，而就是这“一点点”使波司登羽绒服连年风靡中国市场；就是这“一点点”的涓涓细流，汇成了防寒服流行时尚的潮流。说到底，波司登对这“一点点”的把握，是波司登综合实力的体现。

朱琳曾和一位记者聊过一个故事：有一年，她突破羽绒服原来的立领带帽的臃肿样式，设计了一款翻领的羽绒服，征求意见时所有的人都说好看，但是真的拿到市场上卖的时候才发现，消费者根本就不买账，因为翻领无帽的羽绒服不能给脖子和耳朵保暖。从那以后，她更注重把羽绒服的保暖性放在第一位。她还举例说，中国幅员辽阔，南、北方人对服装的要求差异太大。北方人对羽绒服的要求是要长、要厚、要封闭式的造型，强调实用性；而南方人只是偶尔穿一下羽绒服，所以需要像时装一样，装饰性更强一些。她得出结论：市场占有率是检验设计师的唯一标准，我是给企业做设计师的，羽绒服是面对工薪阶层的，非常看重销量，羽绒服设计就必须更看重市场的需要。

曾经有一位外国设计师问朱琳，你设计的羽绒服能卖出2000件吗？朱琳告诉他，我设计的羽绒服曾经一个款式就卖过50万件。他吓坏了，连说不可能。朱琳说，在中国就有可能，这里有着巨大的消费者群。确然，经得起市场的选择和淬炼的品牌才是真正的风尚领舞者。

波司登积极支持和主导产业技术标准，扩展企业影响力和话语权。目前，公司拥有国家专利42项，先后承担来自中国科学院

▲ 波司登2008年最畅销款型（销量67.9万件）

百人计划支持的重点研究项目、国家“十五”科技攻关项目及国家“863”计划子项目，参与5项国家标准、2项行业标准的起草、修订工作，直接制定各类企业技术标准218项。2007年8月，全国服装标准化技术委员会羽绒服装分技术委员会秘书处落户波司登，标志着波司登成为国家标准制修订的主导者。2010年7月，第6届ISO/TC133服装尺寸系列和代号国际标准会议确定，由中国和南非以“联合秘书处”的形式承担ISO/TC133秘书处的工作，并将修订相关国际标准。波司登积极承担秘书处落户中国后的各项工作，推动中国服装在国际标准化工作中取得了历史性突破。2008年，波司登获得中国质量管理最高奖——全国质量奖。

二、“阳光普照”登峰路

多年来，波司登的品牌传播已经形成了自己的一套独特模式，波司登在媒体传播上看重的是高端媒体的选择、辐射效应的大小和品牌效益的提升。这使得品牌形象高度匹配、广告投放把握时机、品牌效应志在必得……

（一）央视平台上的双丰收

波司登一贯坚持“好媒体、大平台”的选择，这是因为高端优质媒体的权威性与影响力同“波司登”高端、经典、大气的品牌形象一致，所以央视是波司登品牌传播的主渠道。

中央电视台广告招标历来被称为“中国经济的晴雨表”、“市场变化的风向标”，招标结果将反映来年宏观经济的走势和行业发展前景。波司登也正是抓住了这个机会来强化自己的行业影响力，形成服装行业的强势品牌。

2002年，波司登开始涉足央视广告招标，波司登2002年央视招标额度很小，投放以栏目广告、时段广告的常规投放为主，投放量小，投放时间短。2002年对于“涉世未深”的波司登来说只是一个起步，更大的动作即将开始……

1. 钟爱黄金标段，创新传播组合

2005年11月，波司登再次参加了2006年央视黄金段位广告招标，在11月、12月分别投放了“天气预报1+1”和 “天气预报特约收看”，同时增加投放了中央电视台重点剧《大敦煌》贴片的指定位置和新闻联播后5秒标版。2006年年初波司登独家赞助了“CCTV艺术人生——温暖2006特别节目”，传统节目与时尚栏目的投放组合使品牌与节目有机结合。

2007年，波司登强化与央视的合作，以1.6亿的中标额成为央视黄金资源服装行业中的标王，是波司登与央视合作的一次战略性转折。这一次招标，波司登与广告代理商昌荣传播机构密切合作，从策略到每一个执行细节，大气中更显缜密，是企业与广告公司智慧的一次完美结合，是与企业销售相配合的一次战略创举：

▼ 波司登参与2010年央视黄金资源招标会

一是锁定独家资源，选择“天气预报提示收看”广告时段，在10~12月中标。因为羽绒服是跟季节紧密相关的一种产品，素有“看天气穿衣服”的概念，“天气预报提示收看”使品牌更加贴近消费者，收视率更有保障，提升了品牌美誉度和品牌影响力；

二是中标高收视率的“新闻联播后7.5秒标版” 广告时段，凸显传播冲击力，强化品牌形象；

三是抢占先机，选择最好的广告播出时段，波司登在五单元9~10月7.5秒标版中标位置为正一，11~12月更将正一至正三最黄金位置全部收至旗下。在中国最权威与最具影响力的媒体、最黄金的时段，用最霸气的广告策略支撑波司登的品牌传播，将竞争对手远远地拉开了一段距离。

2007年1月，在广告公司的配合下，波司登在元月新闻联播后标版单日有一条7.5秒广告，双日有一条7.5秒+7.5秒的两个产品连播广告，这种差异化的广告投放策略，进一步支持了产品的销售，取得了很好的投放效果。

2008年11月18日，在2009年央视黄金资源广告的招标会上，波司登一举拿下了1、9、10、11、12月份的天气预报提示收看独家播出权， 9、10、11、12月新闻联播后标版正一位置广告播出权，所夺得的位置都是绝对优越的，也都是别的羽绒服甚至服装品牌所无法替代的位置，波司登以2.2亿元广告投放额稳守纺织服装企业龙头位置。波司登董事长高德康表示，波司登投下2.2亿元竞标央视，是因为国家扩大内需的政策出台后，波司登对政府的宏观调控有信心、对来年的市场抱有信心，波司登将借助央视这一高端平台，在羽绒服市场持续保持第一的位置。

在今年的央视投放上，波司登增加了《朝闻天下》这一资源，从《朝闻天下》开启波司登新的一天。

2. 把握时机，契合受众

有了高端平台、优质资源，波司登要做的就是选择适当的投放时机，这是波司登广告策划人员最为讲究的一个环节。再好的媒体、再好的产品、再好的资源，如果投放时机把握不好，那就等于半途而废，而抓住最佳时机才能事半功倍。

波司登的广告投放80%集中在央视黄金时段，这是关注度最高、收视率最高的时段，使宣传得以最大层面地覆盖，在最黄金的媒体、利用最黄金的资源、把握最佳时段，以达到广告投放的最佳效果。

▲ 波司登在央视投放的最新版广告

波司登还集中主要力量在旺季的广告投放上，与淡季相比，旺季对于羽绒服的需求量大，关注的人群比较多，因此这一时期的广告宣传必定显现出巨大的效应。此时，波司登会加大宣传力度，并且配合店庆、促销等展开广告宣传，能够让消费者在第一时间了解到新产品的信息，促进旺季的销售。

波司登的广告从不轻易跟风，与其他一些大品牌进行广告宣传的理念和方式不同，其羽绒服广告的一个最大特点就是不请代言人，他们认为，当自己的品牌已经靠产品品质具备了很好的知名度和美誉度的时候，就没有必要一定要请代言人，有时还要承担“反受其害”的风险。

黄金媒体+黄金资源+黄金时段+黄金季节的广告投放策略，使波司登在广告投放上颇为得心应手，这种投资在波司登的老总高德康看来是值得的。

▼ 波司登子品牌康博在CCTV-1《天气预报》的景观广告

3. 品牌销量双丰收

通过在央视的广告投放，特别是《天气预报》景观广告的选择使品牌传播效果非常明显，央视的广告效应成为波司登国际化之路的强势助力。

波司登做广告不单是为了促进销售，更重要的是提升品牌的美誉度。2005年波司登与央视的《同一首歌》合作后，品牌美誉度提升了10%~15%，树立了标杆式的品牌形象，进一步积累了品牌价值。中央电视台作为国内最高端的媒体传播机构，与波司登中高端的品牌气质和企业的品牌形象十分吻合，广告所到之处无不刮起一阵“波司登旋风”。

央视投放带动波司登销量持续增长的同时，也稳固了波司登在行业内的领军地位，波司登的品牌知名度、美誉度、忠诚度进一步提升，并使波司登品牌的含金量得到持续的积累，正所谓品牌销量双丰收！

波司登2006—2010年品牌价值（亿元）

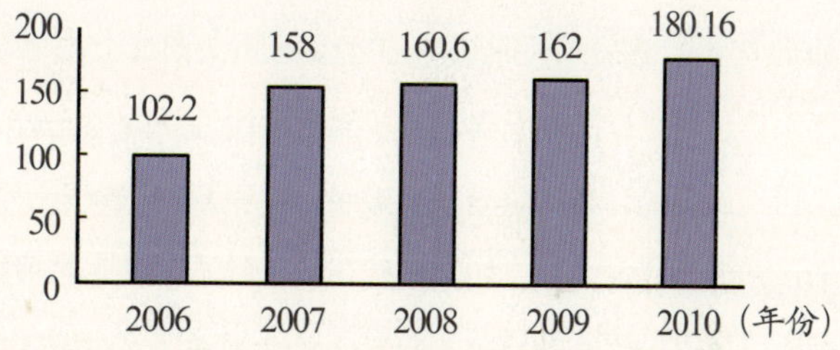

在谈及几年来与央视的愉快合作时，高德康表示对于央视的感情十分深厚，言语间透露出对于央视的认可和感激。他曾说：“在中国做品牌传播，不能没有中央电视台；在中国培养消费者对品牌的认知与忠诚，央视的声音不能弱。”央视不仅提供了一个很好的很广阔的传播平台，也为民营企业面向全国、走向世界提供了机会和勇气。

（二）跨媒体全效沟通

波司登在广告投放上一直采取“支撑+补充”的策略：以央视为支撑，60%以上的广告集中投放在央视，同时以其他媒体为补充。

▲ 波司登平面广告

平面媒体是除央视广告以外的投放大户。以省级以上的报纸杂志为主，版面选择上以党报的“新闻版”、商报的“经济新闻版”、都市报晚报的“副刊”以及时装类杂志的“时尚版面”为主，内容多为软新闻形式。

所谓软新闻是指人情味较浓的社会新闻，形式上通俗，注重趣味性。它没有明确的时间界定，多属于延缓性新闻，无时间的紧迫性。它和人们的切身利益无多大关系，向受众提供娱乐、开阔眼界、增长知识、陶冶情操。如波司登在全国筛选了几十张报纸分别发表题为《解开波司登的品牌之谜》、《谁解决了羽绒服的世界难题》、《选购羽绒服有了新秘诀》、《波司登：登上哈佛讲坛的民族骄傲》、《波司登热销创造“第一速度”》、《为何波司登成了“热门礼品”》的软新闻，既使读者容易接受，又在字里行间传递了产品的高品质、高科技含量的信息，以提升品牌的知名度、美誉度和影响力。

大型的户外广告也是波司登十分看重的一个传播介质。波司登会选择飞机、火车、公交、高速公路黄金路段以及城市标志性建筑周围的广告位，让消费者充分感受到“波司登品牌无处不在”。

此外，波司登还通过具有较高权威性的服装博览会做品牌形象的展览展示、T台秀、发布流行趋势等等，通过媒体的报道展现品牌的独特魅力和行业影响力。

（三）在主题营销中登“顶”

1. “登峰”“造极”宣告最牛防寒服

1997年的波司登，还是个刚刚进入轨道的小企业，各方面的实力不甚完善，虽然连续3年占据了全国销量冠军，但消费者对于这一品牌的认知度还不够普遍，信任度还不高，品牌影响力还远远不够，这使得波司登员工集思广益以寻求更好的宣传手段。

“波司登”诞生时南有“鸭鸭”，北有“伊里兰”，其后又出现了“美尔姿”，这样的前后夹击、围追堵截使波司登面临着巨大的竞争压力。为了成功突围，波司登积极转变营销传播思路，这就有了轰动一时的波司登挑战世界最高峰事件。

1997年12月，波司登与中国登山协会签订协议，包括《人民日报》、《中国青年报》在内的20多家媒体披露了这个消息，很快形成一股新闻冲击波。

▼ 波司登在珠穆朗玛峰插上了中国品牌的旗帜

1998年3月，在北京召开了中国波司登登山队壮行会，国家体育总局领导及中央电视台等30多家媒体参加，形成又一次冲击波。

1998年5月24日，中国波司登登山队登顶成功，“波司登雄踞中国第一，挑战世界名牌”的金属牌被永久安放在8848.43米的“世界屋脊”的巅峰，中国的服装品牌第一次以这样的身份降临世界之巅。这则喜讯让很多颗期待的心振奋不已，让很多关注波司登的人拍手称赞。人们看到的不仅是中国登山队的一次成功登顶，更是看到了中国民族品牌傲然于世界的东方。

此次宣传效果非同一般。“波司登”登上世界最高峰的图片一时间通过中央电视台、网络、报纸、杂志传播开来，而在人民大会堂召开的登山凯旋庆功会暨第二次新闻发布会上，时任军委副主席的张万年发来贺信，国家体育总局局长伍绍祖等出席发布会，中央电视台等媒体进行了报道。

更重要的一点是，“登峰”事件，无疑使波司登羽绒服的防寒效果深深锲入消费者心智。英雄次洛成功登顶后，深有感触地说：“我去年登山时穿的登山服容易受潮。这次，波司登登山服不仅轻柔保暖，而且透气性好，穿着十分舒适。”而世界上首位登上珠峰的女性，我国藏族登山队员潘多作为一名经常遇到装备困扰的运动员，更是为波司登登山队的成功登顶自豪，她说，登山队员穿着波司登登山服登上主峰，不仅是人类征服自然的体现，也是中国服装业的骄傲展示。此后，“波司登”羽绒服被指定为中国登山队攀登珠峰唯一指定产品并长期使用。

波司登及时地放大这一事件营销的功能：宣传画册、商场POP广告、博览会服饰展都在反复宣传和颂扬波司登登顶珠峰这一事件，而在产品包装袋、吊牌、手拎袋以及公司文件袋、吊旗上，均以登珠峰图片为创意进行推广和深入宣传。一时间，手持国旗身披波司登防寒服的登山队员成了万众瞩目的焦点，尤其是在销售旺季的滚动式宣传让很多普通老百姓深刻了解了波司登强大的高新科技制衣能力。

1998年7月，波司登羽绒服又随中国北极科考队远征北极，见证极地科考历程；1999年11月，波司登羽绒服伴随“雪龙号”科考船深入南极，再战极地高寒，成为国内唯一登上“世界三极”的防寒服品牌。南、北极活动大大地深化了波司登挑战珠峰的内涵。

至此，波司登完成了“登峰造极”的壮举，这使“波司登”迅速抢占品牌制高点，实现“品牌第一”与“品质第一”的完美结合，一举奠定了防寒服行业至尊地位。

2. 抓住世纪之交的第一缕阳光

为了巩固波司登第一品牌的形象，在世纪交替的时候，波司登又在泰山推出了“第一品牌登第一山”的活动。

泰山以五岳独尊名扬天下，为中国十大名山之首。作为著名的旅游胜地，每年都吸引着大批游客前来观光游览，而“泰山观日出”则是游览当中必不可少的一个项目。由于山上与山下温差较大，因此观看日出的必备用品就是军大衣，但很多游客为了方便都在山顶的宾馆租借军大衣，而这些军大衣又脏又旧，游客勉强穿着，大大影响了观看日出的兴致。为了解决这一问题，波司登抓住了契机，借用“第一品牌第一山”这个创意概念进行羽绒服的宣传，给泰山赞助了一万件羽绒服。

2000年1月1日6点50分，向世界直播泰山日出开始。当新世纪的阳光照在近万名青年舞龙人和中央省市领导、各地游客、记者的身上时，他们所穿的五彩缤纷的旅游防寒服，闪现出“波司登”标识及“登第一山，穿第一品牌”字样，形成了一个“波司登”的世界。而在太平顶一侧，悬挂起一幅108平方米的红绸巨幅，上有“波司登”标识及“波司登与新世纪共献辉煌”的字样，更加烘托出迎千禧年的壮观场面。

这就是“波司登万件羽绒服营造泰山世纪景观”中的一幕。

3. 搭乘国际赛事，让荣誉与品牌同行

随着知名度的提升和影响力的扩大，波司登自身的产品优势和品牌魅力也逐渐凸现出来，开始借助国际体育赛事的力量对自己进行全方位包装。

波司登连续两个赛季冠名国际滑联“波司登短道速滑世界杯”，成为该项赛事的全球赞助商。2006年，波司登成为都灵冬奥会中国奥运代表团合作伙伴。

2006年2月23日是一个永载历史的日子，这一天，中国小将韩晓鹏身穿波司登设计制作的滑雪服完成惊鸿一跳，赢得了都灵冬奥会自由式滑雪男子空中技巧冠军，实现了中国雪上冬奥会金牌零的突破。波司登首次让中国健儿穿上中国自主设计研制、极具中国特色的滑雪服，并成功加冕奥运冠军成功。

这是中国冬季项目的突破，也是波司登的成功。赛后韩晓鹏激动地说：“作为一个中国运动员第一次穿到中国自己的品牌，我当时感觉到非常的光荣，非常的荣耀，因为我们终于有了自己的品牌，有了自己的国产品牌。我站在运动场上非常自信。这是第一点。还有，这衣服本身相当有特点，一是轻巧；再就是保暖和透气。”

在得知韩晓鹏取得金牌的第一时间，波司登便快速将户外路

▼ 波司登祝贺韩晓鹏夺冠的户外广告

▲ 韩晓鹏身穿波司登羽绒服获得冬奥会首枚金牌

牌、公司网站上的内容做了全面更新，红底黄字的“领军品牌波司登祝贺韩晓鹏勇夺中国奥运雪上项目第一金”十分耀眼，让波司登“领军品牌”与韩晓鹏“第一金”紧密联系，搭乘冬奥会的高关注度趁势宣传。

随后，一系列的宣传品占据超市卖场的各大显著位置，在高关注度的促进下有力地拉动了销售。

（四）“阳光普照”

纵观波司登的媒体投放策略，以央视为主打意义重大、影响深远。正如高德康所说，央视好比“红太阳”，照到哪里哪里亮。中央电视台可以在第一时间最大层面上为全国观众传递信息：1998年3月和5月央视两次报道波司登登山队情况；2006年都灵冬奥会，央视报道穿着波司登滑雪服的韩晓鹏赢得比赛冠军的瞬间；2006年央视的《同一首歌》栏目又走进常熟，为波司登30周年庆典助力……所有的央视报道都是在第一时间让全国观众熟知波司登这个品牌，在全国观众心目中树立起羽绒服“第一品牌”的形象，所有的事件构成了央视新闻的价值，也将波司登的品牌形象照耀到千家万户。

这种制高点的辐射效应，通过事件、通过渠道的有力彰显，决定了“普照效应”，正是这样一种策略使广告效应最大化，从而带动品牌更有利的传播。

三、唱响“国际歌”，打造“全天候”

波司登发展到今天，已经进入一个企业增长模式转型的时期，而突破成长的天花板的关键，就在于上升到品牌战略管理的高度去发现一个更加广阔的平台，这样才能在竞争愈发激烈的国际市场占得一席之地……

（一）与时俱进多元化

历经全球金融危机洗礼，中国纺织服装业开始步入整合、调整、提升的变革期，市场需求及行业格局出现微妙变化。面对前进的阻碍与困境，作为行业的佼佼者，波司登积极寻求跨越式发展，大胆尝试集团化、多元化和国际化发展，新锐品牌不断涌现，日益呈现跨品类、区域、行业界域的发展态势。

1．四季化，全天候

今天提到“羽绒服”，人们就会自然地想到“波司登”，波司登成功占据着“防寒服王者”这一顾客心智资源。波司登幸福之余也有烦恼：产品季节性单一，市场赢利状况受气候影响明显。

“现代管理之父”彼得·德鲁克说：企业的目的是创造顾客。高德康相信，品牌的定位和塑造不是企业一厢情愿所能掌控的，必须根据顾客心智、竞争环境以及自身优势制定。波司登要打破单一产品、单一模式格局，由市场孵化品牌到用品牌创造市场，就必须用心创造对目标消费群有渗透力的品牌文化和个性品牌，并通过互动沟通使新的品牌定位植入顾客心中。

为了提高季节性服装产品多样性、降低企业经营风险、开发新的利润增长点、提高公司赢利能力，波司登前瞻性地制订了四季化服装产品发展策略。“十二·五”期间，波司登将整合资金资源，通过兼并收购、设立产业基金、投资基金等运作方式全面进军四季化时尚领域，转型成为一家拥有羽绒服、男装、女装、休闲、童装、户外等品类的综合服装企业。

波司登从主打羽绒服系列的多品牌，到四季化、全天候的产品类别的扩充，变单季产品为多季组合，从而形成多品牌的集聚效应，为打造服装帝国的未来发展增添了力量。

2. 插上资本的翅膀

波司登一直在积极寻找适当时机并购具有高发展潜力、声誉良好的非羽绒服装品牌项目，以扩张其产品及品牌组合。

2009年开始，波司登全力布局男装市场，并把波司登男装业务确立为多元化和国际化战略的重要项目。

2010年12月，波司登新推女装品牌瑞琦（RICCI），在江苏常熟举行2011年春夏时尚发布会，赢得了各方赞誉。同年，波司登成功收购美国著名休闲服品牌“ROCAWEAR”（洛卡薇尔）在上海举办首场发布会，宣布正式登陆中国市场。

2011年1月13日，“ROCAWEAR”首家概念店于上海大悦城盛大开幕，代表着“ROCAWEAR”正式登陆中国，全面启动在北京、上海、天津、重庆等城市的拓展计划，将“ROCAWEAR”打造成为中国市场的翘楚。

高德康表示：“ROCAWEAR”概念店的开幕，标志着集团落实四季化服装产品发展战略及成为世界知名综合服装品牌运营商的重要里程碑。“ROCAWEAR”品牌业务计划于2013年前，于大中华地区开设300家以上的独立店铺及店中店。

紧接着，波司登收购了休闲品牌“摩高”，全国共设有近400间店铺，主要分布在华东、东北和华中地区。

▼ 波司登男装央视广告

▲ "ROCAWEAR"首家概念店落户上海

3. 母品牌给力，子品牌续写传奇

纵观波司登整体的品牌管理模式，母子品牌的相互作用和相互影响日益凸显。波司登仍然是强势的母品牌，35年的发展给予了波司登充足的养分和坚实的文化底蕴，这样一个给力的品牌将在以后的大多数时间里作为背书，以“波司登荣誉出品”的形象示人，将波司登的国际水平的产品品质与国际化品位的设计水平等基因注入子品牌。

而包括摩高、洛卡薇尔、瑞琦等收购进来的一系列子品牌，将充实波司登这个母品牌发展的未来版图。这些子品牌有着不同的历史和独具特色的产品定位，对味消费者需求，他们将不断成长壮大，力争在不同的服装领域都有所作为，为母品牌以及集团整体形象贡献力量。

（二）走自己的国际化之路

尽管在国内市场取得了很大的成绩，但高德康发现波司登在通向国际市场的道路上还有许多的困难，如产品设计、科技含量高的面料、先进的加工设备和服装经营理念等等。

“波司登目前的产量已经做到第一了，产品的质量也可以与顶尖产品媲美。但波司登品牌在国际上与领先品牌在国外消费者心目中的差距却很大。”高德康坦陈。

虽然困难重重，但波司登并没有停下“走出去”的脚步，一个品牌要想实现永续的发展，一定要到国际市场上汲取营养。

从寻求国外代理商树品牌到直接赴国外开分店造气势再到收购国际品牌进行资本运作，在打造国际品牌运营商的路上，波司登走出了一条属于自己的特色之路……

1. 品牌先行，试水国外代理

高德康在最初创立品牌的时候，就定下了要创“世界名牌”

的目标，所以，波司登很注重创新，也早早地在其他国家注册了商标，这是睿智和远见。

后来与NIKE、BOSS、GAP、TOMMY、POLO、EDDIE BAUER、REEBOK等开展合作，加快走向世界市场，2005年时就实现出口创汇1.968亿美元。

国内大多数企业代理海外品牌的产品，高德康反其道而行之，摸索出一条请海外代理商做自己品牌的道路，这也让品牌形象深深地扎根在海外消费者的心目中。

高德康说，十几年来，我们一直能够坚持不懈地进行这些方面的尝试和努力，因为我非常看好服装这个行业，我也相信只要坚持创新，是不可能被市场遗忘的。

2. 渠道跟进，开展海外自营

有了品牌的先行基础，接下来就是渠道的跟进，加快海外设点布局。

2003年年初，在纽约曼哈顿第七大道成立美国分公司，并在当地聘请优秀设计师，长期跟踪，把握当地流行时尚和消费心理；同时聘用熟悉当地市场、善于经营管理的犹太人负责市场拓展。波司登羽绒服以合适的价格、风行的款式和人本化的营销模式逐步得到美国消费者的认可，并成功进入Burlington和Century21等连锁商场。依靠自主品牌和自营渠道，在不到3年的时间里，波司登累计营业总额达到8千万美元，成功抢滩美国市场。

2006年，波司登又在俄罗斯与欧洲商业开发投资管理中心合资设立了波司登·友谊国际有限责任公司，投资总额为1700万美元，全力开拓俄罗斯市场。公司在莫斯科设立了独具特色的波司登专卖店，盯住俄罗斯中高档市场，专营“波司登”品牌羽绒服。如今，“波司登”品牌已经为很多莫斯科市民所熟悉，波司登也成为俄罗斯中国总商会的会员单位。

2011年，波司登斥资2005万英镑(相当于约2.4亿港元)购入紧邻伦敦西区购物中心牛津街的一处物业（南莫尔顿街[SOUTH MOLTON STREET]28号），开设包括男装和羽绒服在内的四季化产品旗舰店，并设立公司欧洲总部，迈出波司登品牌国际化战略的重要一步。

3. 与国际接轨，用实力说话

早在迈向国际市场之前，波司登在技术装备上就同国际接轨了：投巨资建造了现代化生产车间，从日本、德国、美国引进了具有国际先进水平的检测设备、缝制设备以及电脑设计裁割系统，使波司登成为亚洲规模最大、技术最先进的服装生产基地之一。

▼ 案例组走访波司登
(右四为高德康，右五为杨同庆)

波司登产品的国际化，不仅在设计上要跟国际接轨，迎合国际需求，而且在管理上也跟国际接轨。比如请国际知名公司为波司登重新导入CIS，创造了国际流行、动感十足的“波司登”品牌识别系统，规划品牌战略管理架构，确立了具有独特凝聚力的企业经营管理念，塑造了国际化的企业形象。并请国际顶级的咨询公司为波司登导入新的战略管理构架。

而且波司登活学活用，在海外专卖店采取的是“中国人管理+当地人销售”的运作模式，既能统筹全局，又可借助当地人的优势与当地文化融合，大大提升了波司登的海外知名度和影响力。

波司登坚持“品牌化、多元化、国际化”发展战略，从第一个成功打入瑞士市场的民族服装品牌，到成为“向世界名牌进军、具有国际竞争力”的16家中国名牌企业之一，波司登走出了一条独特的成长之路。

“世界名牌，全球瞩目”，波司登正在向这个目标全速前进，未来的波司登将成为一家令世人尊敬的综合服装运营商。

首都经济贸易大学广告研究所：杨同庆　谢　媛
《销售与管理》杂志社：谢海峰
中央电视台广告经营管理中心：曹晓峰　赵忠仁　高业赢
金　永　宋　青

采访手记

波司登坐落于山清水秀、人文荟萃的历史文化名城——常熟。

初到常熟，感受到的是百姓的质朴与自然，没有华丽的修饰，没有奢侈的布景，却拥有着独特的江南情调。在这个羽绒服之乡，也许应该说是服装的故乡，踏上这片远离城市喧嚣的土地，我们感受到的更多是真挚、悠然与韵味。

在常熟，我们随处可见“世界品牌、民族骄傲”、“世界名牌、全球瞩目”的巨幅广告，这昭示着依托沃土成长的巨人身姿。孕育文化与激情的常熟城不仅给了波司登深厚的积淀和发展的活力，也给了波司登走向世界的雄心壮志。波司登人身后的这片土地养育了一代又一代为中国服装业贡献力量的人们。

“追求卓越、永争第一”一直以来是牢牢印刻在波司登人头脑中的概念，这是一种积极向上的精神状态，是一种不满现状、寻求突破的意识，正是这种态度和意识指导了行动。“追求卓越”是对产品品质提出的要求，通过不断地创新研发来实现；“永争第一”是对企业自身地位的考量，做就要做行业老大，要做服装行业的领军企业，这既是勇气，也是豪气，更是霸气。一方面是对产品质量提出的要求，因为产品是企业生存和发展的基础和核心；另一方面又对企业自身提出目标，这是企业生存和发展的助推力。把这种企业精神传递给每一位员工，形成一种向心力，激励他们在工作岗位上进行创新，而这种企业精神转化而来的创新便成为了核心生产力与核心竞争力，这种上升为理念和方针的精神是系统化、深刻化的，能够有效引领企业发展方向。

波司登是一个典范，是一个传奇。它将自主创新成功演绎，将民族灵魂传播到世界各地，坚定不移地走向国际化大发展。中国并不缺乏优秀的产品，缺乏的是这种能将本土产品义无反顾地拿到世界市场接受检验的勇气与信心，中国也并不缺乏优秀的企业，缺乏的是这种能将本土品牌的一点一滴注入到世界版图竞争当中去的决心与毅力。中国服装业要想真正做大做强，最根本的是要坚持品牌战略，在提高科技创新能力、培育知名自主品牌上下工夫，这是品牌成长的内在动力。

一位领袖、一个品牌、一个团队、一套模式、一种文化、一颗爱心，这“六个一”深刻诠释了企业存在的意义和波司登人对企业的深厚情谊。从苏南模式到红筹上市，从产品经营到品牌运营，从本土运作到海外扩张，波司登走出了一条可持续发展的创新之路，波司登把自己的“创新驱动模式”发挥得淋漓尽致。

我们期待着波司登重构品牌战略管理系统，在品牌运营上不断创新；着力提升母品牌偏爱度，打造子品牌的影响力；同时注重开拓潜力巨大的青少年市场，在更高、更广的层面上有所作为。今天的波司登演绎着羽绒服的传奇，明天的波司登将打造服装的帝国。

波司登将成为一家令世人尊敬的综合服装运营商，为推动中国经济增长贡献力量。

杨同庆

杨同庆

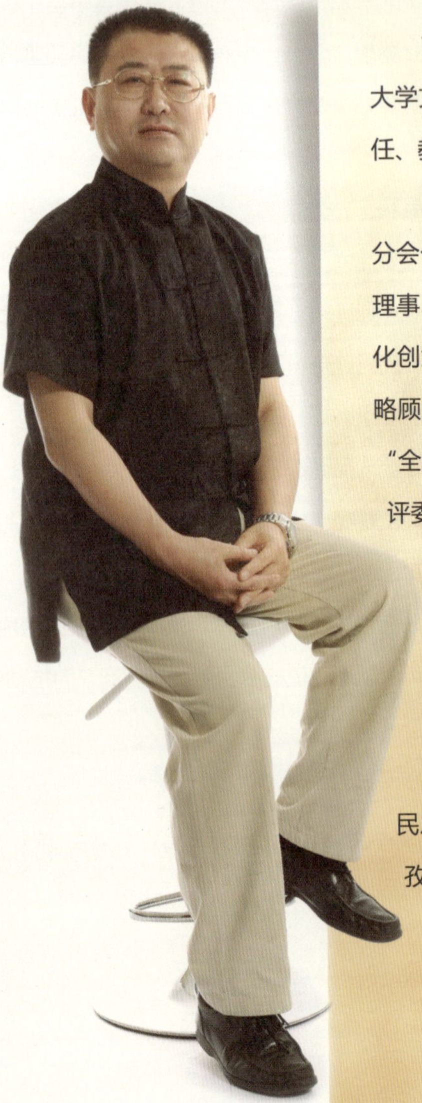

首都经济贸易大学广告研究所所长，首都经济贸易大学文化与传播学院广告系主任、传媒实验教学中心主任、教授。

兼任中国广告学术委员会委员、国际广告协会中国分会个人会员、中国高等教育学会广告专业委员会常务理事、中国广告教育研究会常务理事、中国市场学会文化创意产业专家委员会副主任、中央电视台广告中心策略顾问。“中国国际广告节黄河奖”评委，中央文明办“全国公益广告优秀作品评选”评委，中国“艾菲奖”评委，“全国大学生广告艺术节学院奖”评委。

先后主持国家社会科学基金、国家工商总局、北京教委、北京市工商局、中国广告协会等委托的多项课题。曾出版著作《现代广告学》、《广告监督管理》教材，并发表多篇广告研究学术论文。

追求踏踏实实治学、老老实实做人，秉承经世济民之使命，倡导有用即价值，在理论与现实冲突中，孜孜以求、殚精竭虑，略有领悟。在万物皆传播的时代，寄望于对“一张琴、一壶酒、一溪云”。

第四章　回归文化基因

没文化，真可怕！

不管是对于人，还是对于品牌，道理大体一致。

一个人如果富有却缺少文化的熏陶，可能变得空虚。一个品牌步上发展的快车道，却无视文化的支撑，则可能从根本上影响其前途。归根到底，品牌是商业文明的结晶，其从诞生之日起，血脉当中就存有文化的基因。在当下的市场中，文化几乎已经成为品牌的身份标签，就好像毕业生手中不同的学历证明。文化，是品牌进入不同竞争层次的依据。

到底要混一张高学历还是练一点真本事？或去海外镀镀金？品牌在文化建设中的选择，是一种自信心的体现，本章当中，张裕和招行的选择无疑是这种自信的集中提炼。

对于品牌而言，真实的积累是最重要的。冒充有文化不好，搞个假文凭更要不得。

品牌在金融行业中的意义高于其他行业，品牌代表了银行的核心竞争力，反映了社会、客户对产品的信任。如何打造成功的金融品牌？招行选择了构建体系化竞争力。从高瞻远瞩的企业战略，到决定企业发展速度与安全的管理，再到诞生企业灵魂与精神的企业文化、企业品牌以及让这些落地的媒体传播，招行精心构筑的体系化竞争力可敬可畏。

葵花向阳

——招商银行的体系竞争力

▼ 招行行长马蔚华

蛇口工业区坐落于深圳南头半岛，与香港新界隔海相望。在20世纪80年代以前，蛇口只有残旧的码头、破败的船厂。与当时中国众多荒寂的海湾一样，蛇口静待着属于自己的变革。

随着“以经济建设为中心”和“改革开放”方针的提出，具有对外战略地缘优势的蛇口作为改革开放的“试验田”，成为中国改革开放的前沿阵地。短短的二十几年，在摸爬滚打的改革之路上，这个小渔港里走出了许多人们耳熟能详的企业。招商银行（以下简称招行）就诞生于蛇口这片充满着改革气息的神奇土地上。

1987年4月，刚从学校毕业的吴佩虹通过考试成为当时还位于蛇口的总行营业部的一名员工。作为中国首家企业法人持股的股份制银行，成立之初的招行只有1个营业点，1亿注册资本金和36名员工。虽然只是“试点”银行，但招行从诞生之日起就承袭了蛇口不断探索和创新的基因，摸索出了一条属于自己的商业银行品牌建设之路。

如今，当年那个毫不起眼的小银行已荣登2009年度中国商业银行竞争力排名第3位，与中国建设银行并列。2010年，英国《金融时报》发布全球品牌100强排名中，招行以168%的增长在品牌价值增幅排名中位居全球第一，与中国移动、中国工商银行等4家中国品牌一同进入排行榜。

而支撑招行品牌的有两个核心因子：“因您而变”的经营服务理念和品牌象征物“向日葵”。在招行人看来，客户是太阳，招行就是向日葵。向日葵是迎着太阳转动的，向着太阳的招行一定能走得更远。

一、“为什么总能领先一小步？”

市场历来是变幻莫测的，准确把握市场先机，才能在市场竞争中占据有利地位。招行在发展过程中，并没有什么奇招，也没有什么有利的背景资源为支撑，单就理财业务和小额信贷业务看来，招行的水平并不比同行业高出多少。然而在同样的服务、同样的业务上，招行却能未雨绸缪，想其他银行所未想，做其他银行所未做，思则有备，使招行总能领先那么一小步。

（一）总能领先那么一小步

企业的战略方向与规划必须以强化核心竞争力为依托，而这一竞争力必须能够同行业成功关键要素咬合在一起。然而，行业的成功关键要素是在不断变化与发展的。在行业发展的不同阶段，招行也必须不断发展新的核心竞争力，时刻考虑怎样同行业将来的成功要素相匹配。

难能可贵的是，在招行的发展中，资源的不足、环境的艰险似乎从未影响到招行的战略选择，它总能在环境中洞察先机，找准方向，把自己的一点资源用足、用活，成功实现竞争优势的建立。等到竞争对手觉察到异动，开始行动时，它又早已看到了新的方向，先行一步。

1. 服务先行一小步，品牌领先一大步

在今天，良好的服务体验已经成了银行品牌的基础。但同样打服务这张牌，招行却最先洞悉到了其中蕴含的战略意义，并层层递进做足了“以服务树品牌”的功夫。

在20世纪80年代招行成立之初，国内银行业尚未开展市场化竞争，银行业普遍没有品牌意识，“门难进，脸难看，事难办”是公众和企业对银行的普遍评价。当时的招行作为第一家完全由企业法人持股的股份制商业银行，没有政府背景，没有政策支持，论实力、论资历都比不上国有银行，在商业银行中也没有特别的优势。怎样才能吸引客户，维持银行基本生存，这成为摆在招行面前的一道难题。招行权衡考量之后，决定以服务为突破口，做足“以服务树品牌”的功夫，以服务树口碑，以口碑立品牌，形成招行的差异化品牌优势。找准突破点之后，招行在服务上开始发力。

招行沈阳分行行长在对银行零售业务进行深入研究分析后，提出了“几个一样”理念，如“抹布要和白毛巾一样、卫生间要和办公区一样、节假日要和平常一样、地面要和镜子一样” 让整个营业厅始终保持宽敞、明亮、整洁的形象，给客户留下了良好的第一印象。而在银行大堂里摆上牛奶和咖啡，则率先改变了传统银行高高在上的姿态，“因您而变”的服务理念，给客户带来了新奇的人性化服务体验，迅速扩大了客户数量。通过微笑服务，主动服务，便捷服务，贴心服务招行成功树立起自身品牌，在市场上站稳了脚跟，打赢了生存战。仅沈阳分行在开展“服务树口碑”的第一年就吸收存款十几个亿。这在当时的银行业引起了不小的震动。以往根本没有品牌意识、服务意识的银行业开始意识到品牌的重要性，纷纷开始学习招行服务的相关举措，也开始有了微笑服务、主动服务。

而在微笑服务、主动服务已经成为业内通行标准之后，招行又早已先行一步。招行总行办公室秦主任表示“之前有糖吃就好了，在柜台放几个碗、放一些糖果，大家会觉得你服务很好。但现在有糖吃，让他排队他也非常生气。这就对服务创新提出了更高挑战，实际上是与时俱进的。”为此招行又已经开始新一轮的服务升级：

其一，服务细分化。服务要细分，不断给客户分层，给不同层次的客户做不同服务。招商银行已经形成“金葵花”、“金葵花”钻石、私人银行在内的客户分层管理体系，针对不同财富阶层的个人理财客户提供针对性、差异化的金融服务。

“金葵花”面向金融资产超过50万元的中产阶级客户，强调“专注您所关注”。招行捕捉到这部分客户非常注重子女的教育与发展，因此通过举办“金葵花少儿钢琴大赛”等活动增强这部分人群对招行品牌的认同度，体验招行的品牌服务。

而“金葵花”钻石服务面向金融资产超过500万元的客户群。与普通“金葵花”客户相比，这类客户更注重亲身参与到理财过程之中、注重服务过程的私密性。针对钻石客户，招行提供了投资顾问、理财资讯、灵活授信等升级理财服务，并提供贵宾专线、贵宾登机、高尔夫畅打、健康医疗等诸多增值服务。

私人银行则是更为高端、贴身的服务，面向金融资产超过1000万的顶级客户。针对这部分人群，招行2003年就开始联合咨询公司，研究高端人群的生活方式与理财需求。不仅提供全球视野资产配置等理财服务，还不断通过举办音乐会、艺术展、收藏品鉴赏等

现在，我们叫她「儿童教育家」
金葵花理财 专注您所关注

现在，我们叫他「高球手」
金葵花理财 专注您所关注

现在，我们叫他「收藏家」
金葵花理财 专注您所关注

现在，我们叫他「旅行家」
金葵花理财 专注您所关注

▲"金葵花理财"平面广告

适合高端人群生活方式的平台来增加品牌接触点，强化与客户的关系，加强客户对招行品牌认同。

其二，服务价值化。招行认为，在消费者财富管理意识日益提升、理财经验不断积累的当下，服务不能再简单停留在为客户带来良好的体验，维护客户利益，为客户创造更大的价值才是关键。以“金葵花”理财产品为例，招行为“金葵花”客户提供持仓基金

链接

▲ 涂女士前往深圳向刘习龙致谢

2011年6月2日，招行95555服务热线接到客户涂女士来电，表示自己的一笔数额不小的贷款即将到期，但是自己卡内的存款不足全额归还。涂女士打遍了电话，却处处碰壁。想到逾期贷款将产生一笔额外利息，并可能影响个人信用等问题，涂女士异常着急和不安，甚至表示只能向民间高利贷举债来归还。接到电话的客服代表刘习龙首先安抚涂女士先冷静，然后耐心地解释了贷款归还业务的相关办理规则，并表示一定在制度允许范围内尽力帮涂女士解决困难。此时已是中午12：50，下午15：00左右是扣款时点，如不能在此前存够足额资金，贷款将逾期，涂女士不仅将损失不小一笔额外利息，以后的融资等行为都将受到影响。刘习龙向中心领导汇报的同时了解到，涂女士已开通了随借随还功能，且尚有部分额度可用，于是结合涂女士周转需求及资金情况，向她提出了通过随借方式解决资金需求的方案。之后又多次与南昌分行相关工作人员沟通业务处理细节，在分支行有关人员的密切配合下，下午15：00左右，涂女士的问题终于得以圆满解决。获知贷款已经结清，不会产生罚息和不良记录，涂女士终于转忧为喜。一周后，涂女士从江西专门飞往深圳，向刘习龙致谢，并说：“体验过很多银行的服务，真的觉得还是招行好！”

诊断服务，实现了售前售后皆有优质服务，并通过“绝对回报组合”、“三维理财”等专业资产配置方案提升客户投资价值，为客户资产增值提供帮助。

2. 产品先行一小步，战略领先一大步

商业银行有很多先天不足的因素：规模不及国有银行，资历难比外资银行。但是，每个时代都有每个时代的机遇。这一代商业银行的机遇就是信息化时代的来临。

20世纪90年代互联网的出现对整个社会经济生活产生了巨大冲击。这种变化对银行提出了新的要求，所有不同体制的银行都站在了同一个起跑线上。谁能够准确把握并迅速满足这种变化了的需求，谁就能够在新一轮的竞争中脱颖而出。

1998年招行准确把握住了历史机遇，率先推出“一网通”服务，在国内率先推出网上银行业务。“一网通”的推出成功弥补了招行在分布网点上的不足，使招行依靠不到800个营业网点支撑了将近1亿的客户量，每个网点支撑的客户数量远远高于其他银行。“一网通”的推出还使招行快速抢占了金融服务领域的制高点，在当时，一提到网上银行就想到招行，一提到招行就想到它有先进的网上银行。至此，招行已然在客户和业界心目中树立起科技领先型银行的形象。并且由于上网人群大多是高学历、高收入人群，招行网上银行业务的开拓又为其以后针对中高端人群发展“金葵花”理财业务奠定下良好的基础。为招行向精益化转型，建立差异化竞争优势做了有益铺垫。

3. 纽约分行一小步，国际化拓展一大步

如果说改革开放是中国的“第一次大开放”，那么加入WTO，就是中国的“第二次大开放”。随着外资银行大张旗鼓地进入，国内银行业的竞争进一步加剧。招行掌门人马蔚华曾经判断，现在国内的银行国际化，不是愿不愿意的问题，而是不得不面对的问题。

▲ 招行纽约分行开业

因为随着市场开放，外资银行进入，中国银行业已经融入了国际金融市场。

基于这种国际化的视野，招行在国际化道路上积极前行。2002年4月，招行香港代表处获准升格为香港分行，这是招商银行国际化经营战略迈出的实质性的第一步。2008年5月30日，招行斥资300多亿人民币全资收购香港第四大本土银行永隆银行，这是香港乃至全国银行控股权的最大收购案例。同年10月8日，在金融危机席卷的纽约，招行纽约分行在曼哈顿开业。招行纽约分行是美国实施《加强外国银行监管法》17年来为第一家按照市场准入标准在美国获得牌照的中资银行。业界对此的评论是："招行一小步，中国银行业一大步。" 而对于招行来讲，纽约分行的一小步，却为其建立国际化竞争优势构提供了一个绝佳平台。

4. 精益化转型一小步，未来领先一大步

随着中国的改革开放步入深水期，银行业发展的外部环境、资本约束和客户需求都发生了变化。中国经济结构调整迫在眉睫、金融监管愈加严格、利率市场化推进等对银行的传统经营带来了巨大挑战，银行传统的以存贷差为主的增长模式将难以为继，国内商业银行将面临阶段性的生存危机。与此同时，中小企业融资、个人财富管理、消费信贷等需求的持续快速增长，也为银行业的发展提供了巨大的机遇。

面对即将来临的发展变化，2004年招商银行就率先提出向零售银行转型，发展零售业务，发展中间业务，发展中小企业客户。截至2009年年底，在五年转型过程中，招行零售业务已经占整个业务的35%，中小企业业务占整个业务的50%，非利差收入即中间收入占整个收入的22%左右，净利润年均增长40%，不良贷款率降到6‰。伴随着第一次转型的成功，2010年招行又率先开始“二次转型”，进一步提出：实施精益化经营，提高定价能力，降低资本消耗，追求创造价值及效益最大化。

而反观整体中国银行业，历经了2009年急剧扩张，进入2011年，面对目前通货膨胀、存款搬家等极其复杂的形势，银行业才对业务转型形成全行业的普遍认识。而这一普遍认识的形成距招行第一次提出转型已经过去了近7年的时间，距招行提出精益化“二次转型”也过去了近1年半的时间。招行2010年年报显示，公司净息差上升幅度远远高出行业平均水平,这归因于招行开展中小企业业务，定价能力的大幅提高。同时，招行利润贡献度大的客户数量增长迅速,日均总资产在50万元以上的零售客户数增长21.18%，综合收益达10万元以上的企业客户数增长39.92%。精益化转型的一小步，已经为招行未来发展的一大步创造了一个良好开局。

（二）为什么总能领先那么一小步？

战略是对企业乃至行业未来的洞察。这种洞察未来的智慧是企业极为重要的能力，可谓生死攸关，差之毫厘、谬以千里。那么，招行是如何实现这种战略的领先洞察，品牌又在其间发挥了怎样的作用？

1. 居高望远

马蔚华经常说的三句话是："不知宏观者无以处理微观，不知世界者无以理解中国，不知未来者无以评判当下。"招行总能领先那么一小步的奥妙就暗含在这三句话当中。

首先，招行从来不会脱离社会大环境来谈发展、谈战略。银行是个特殊的企业，宏观经济的变化对银行经营影响颇大；同时，中国银行业又处在尚未完全市场化竞争的阶段，对宏观政策与大环境的准确解读，对银行发展至关重要。国际金融危机后，一方面，国内经济内生增长动力不足，资产价格膨胀，通胀预期明显，需要切

▼ 招行总部大楼

实平衡好保持经济平稳较快发展、调整经济结构和管理好通胀预期三者之间的关系。另一方面，国内金融监管不断加强，客户需求升级变化，直接融资快速发展，同业竞争日趋激烈，来自监管机构、股东、客户、银行同业以及员工等各方面的约束日趋刚性。在此背景下，招行认为银行不能老做低风险业务，这样就会退化银行的风险能力。而一个先进银行的卓越表现，是在一定风险容忍度下，能实现贷款收益的最大化。2009年招行全面实施以降低资本消耗、提高贷款定价、控制财务成本、增加价值客户、确保风险可控为主要目标的“二次转型”，着力推进经营方式向内涵集约化经营转变。

其二，招行在洞察中国社会大环境的同时，时刻注意着国际金融市场的发展动态，以国际市场反观国内市场，探索发展方向。招行于2002年在国内率先推出一卡双币国际标准信用卡。当时，信用卡业务并不被看好。因为大家普遍认为中国人消费比较保守，不会透支，信用卡在中国大陆市场不会赚钱。但招行认为虽然当时中国消费者还不习惯透支，但是伴随中国经济发展，中国消费能力不断增强，消费观念发生改变，未来的中国消费者一定会呈现和国际市场消费者相似的消费特点——将来一定会习惯信用卡透支的消费方式。在信息化社会，一切都会变，问题是变化的快慢程度而已。把握住这一点，招行毅然发行信用卡，并且发行仅4年多就突破1000万张，成功实现赢利，远远早于预期的8年时间。这一结果同时证明，中国同西方的状况大致相同，也同样是年轻群体和富裕阶层在使用信用卡透支。

其三，招行的战略领先离不开其对未来发展的艰苦探索。招行领导人曾坦言，在招行发展过程中，没有什么奇招，招行的水平也不比别人高多少，做同样的事、搞同质化竞争，招行不一定赢。所以“招行一定要想其他银行所未想、做其他银行所未做。当大家都着眼于今年的事情时，招行就要想3年以后的事。3年后会有什么需求？判断准确后，就着手去做，而且做就要做到最好。等别人也开始做的时候，招行已经有了基础和市场，甚至有了品牌。这就是先发优势。而等别人追上来再想下一个3年就来不及了。”马蔚华说。就像招行对信用卡业务的战略布局，当其他银行也看到了信用卡的丰厚利润前景纷纷进军信用卡领域时，招行又先行一步——结束了疯狂扩大发卡量的阶段，开始深耕信用卡资源，向激活信用卡使用、增加信用卡使用频次、提高单卡价值量的新领域进军。

2. “因您而变”

招行的品牌有两个核心因子：“因您而变”的经营服务理念和品牌象征物“向日葵”。“因您而变”是招行品牌的核心理念，“向日葵”则是这个理念的形象阐释。在招行看来，客户是太阳，招商银行就是向日葵。向日葵是迎着太阳转动的，招行要做到的是“因您而变”，永远以满足客户需求为根本。

以客户为核心，不仅要想客户所想，还要想客户所未想。想客户所想就是把现有的产品和服务做到极致，让客户有良好的体验，这只是前提、是基础，理论上是每个银行都能做到的，构不成最强有力的竞争优势。所以，战略的机遇关键还隐含在后者之中。如果你能够根据客户现有的需求，结合对市场趋势的预判，把握客户未来一段时间内需要拥有哪些产品和服务，那么就把握了先机。

▼ 招行在央视最早投放的广告截图

1995年，当客户仍普遍在用存折取款、储蓄的时候，招商银行从客户的需求出发、因客户而变，在国内银行业首家推出集定活期、多储种、多币种于一卡的银行借记卡——“一卡通”。“一卡通”的出现改变了过去基于账户号的管理方式，成为国内第一张基于客户号管理的银行借记卡，率先在全国范围内实现了通存通兑。一张小小的卡片解决了当时国人依靠多个账户进行现金管理的难题，这就是想客户所未想，适应了客户对银行业务和服务更高的要求。抓住了这个机遇，招行“一卡通”的品牌在客户心中根深蒂固，这为以后招行向零售银行转型奠定了至关重要且扎实非常的基础。

进入2000年，随着中国社会经济的不断发展，财富越来越多，客户不仅需要存款，还需要理财，需要更多的服务。基于客户需求的变化，招行看到了中国零售银行业务的巨大潜力，在零售业务上开始发力。从2002年起，招行相继推出“金葵花”理财、财富账户、私人银行业务等，这也为后来招行进行“二次转型”，强化零售品牌优势进行了有力的提前铺垫。这种“因您而变”、“葵花向阳”的品牌因子助力招行把握一个又一个战略机遇，逐步构筑起难以企及的战略优势。

3. 环环相扣

战略，只有被员工认可，切实落实到工作中，才能真正发挥效用。招行对战略的推广可谓多层次、全方位、环环相扣。对企业战略的学习，中高层有专门的培训和研讨班，来强化管理层的战略意识和管理理念；基层员工每天有晨会、夕会，专门来学习总行的战略思想、行内的优秀案例。

马蔚华走访分行一般需要两天时间，其中有几件事是他一定要做的：一是到网点体验一下，感受基层网点的服务与管理；二是要跟员工吃一顿饭、送大家几本书、合几张影；三是要给员工讲一

▲ 马蔚华与武汉分行财富管理中心员工座谈

课，讲招行的战略和文化。行长来网点体验，对员工是莫大的督促与激励，甚至比发奖金还令人激动。之后行长亲自来给大家讲企业的战略和文化，更进一步加深了员工对招行战略的认同。正是在这种自上而下、环环相扣的全员学习、参与过程中，招行的战略得到了持续有效的传递。

除了利用制度性的走访加强员工对企业战略的认同，行庆的晚会也可以成为一个宣传贯彻招行战略的舞台。在招行建行24周年行庆的晚会上，战略思想的宣传贯彻无处不在。在各分行选送的节目当中，“二次转型”也成为一个高频词汇。虽然从招行提出“二次转型”至今不到两年，但这一战略思想却深入人心。这种强势传播，确保了企业战略为员工所接受和认可，企业的战略有了落地的土壤，才能由水中月、镜中花转化成实实在在的执行力。

4. 刚柔并济

银行是高风险行业,要获得稳步、长远的发展，就必须有一套能够有效规避战略风险的机制。防范风险，首先要靠制度，立下规矩之后方能明确雷池的边界在哪儿，才能知道哪些事情可以做，而且必须要做，哪些事情万万不能做。招商银行为此出台了很多严格的制度。

招行意识到在成长过程中很大的一个风险源自于招行自己——随着企业的不断壮大，很容易犯“大企业病”。为了规避这种风险，招行建立了诊断和考核机制，通过五个渠道进行自我纠错，消除“大企业病”隐患：一是每年的稽核检查；二是关注客户的反应；三是监管当局的审计检查；四是中介机构的审计监督和新闻媒体的批评；五是员工的意见和建议。招行建立了员工意见反馈机制，设有专门的网站——招银社区。所有员工可以上网匿名或实名发表各种批评建议。2003年，正是招行A股上市后形势大好的一年，有员工在内部网上发了一篇名为《招行向何处去》的“盛世危言”，马蔚华看到后当天就召开行务会，对照检讨，在全行印发了这篇文章，还对这个员工进行了奖励。

为了保障“二次转型”能够顺利实现，招行还设立了严格的考核制度——在2010年5月，由马蔚华及核心管理层对高管进行第二轮“面试”，以新的考核指标卡位，淘汰了一批在“二次转型”中执行不力的负责人，换有能者居之。

招行兴衰，匹夫有责，目前，招行在国内金融界的地位和形象已初步确立，2002年利润总额居股份制银行首位。然而，骄人的业绩和炫目的光环背后，也孕育着深刻的危机，并显露出诸多表象。马蔚华行长在2003年4月的一个会议上说：“招行要做最有特色的银行、最有品牌价值的银行、最有竞争力的银行，而未必去做最大规模的银行。”此言极是，但招行的核心竞争力是什么?多数招行人,特别是基层行的干部员工都不是很明确。因为,在多数员工的眼里,存款是放在第一位的东西，其他的免谈。在经营思想上, 尤其在资产业务方面，争抢大客户、上市公司,使得风险相对更加集中。最近，一批上海超级富豪的相继倒下，敲响了警钟。

此外，制度虽然重要，但任何制度都是认识的产物，在实践的不断发展过程中它总会有所滞后、显出漏洞；并且制度本身是强制的、被动的，很容易出现“上有制度、下有对策”的状况。因此需要刚柔并济，把文化纳入到规避风险和战略落地的机制当中。招行强调 “需要培育企业文化作为对制度建设可能存在某些漏洞的重要补充”，通过文化建设把制度由强制、被动变为员工自觉、主动的行为。如对风险文化的宣传贯彻，招商银行20周年行庆，马蔚华在全行5000人的视频会议上没有过多地讲招行过去的成绩，而是重点讲了现在招行所面临的危机，分析招行在3个方面、22个问题上的差距，希望大家能从中有所感悟、受到启发，这在行内引起了不小的震动。通过风险文化的宣传贯彻，让员工明白不良资产的产生关系到所有人的自身利益，银行的得失成败与员工的自身紧密相连、利益攸关。把风险的概念固化到员工的头脑中，员工就会自觉地去防范风险。当员工能够自觉这样去做的时候，文化已深入人心，制度也会最大限度地被执行。

链接

招商银行曾经有一家IT行业客户，年销售超过50亿元，对银行综合贡献非常可观，但因IT技术进步快，行业竞争激烈，该客户的销售逐渐萎缩。招行总行风险预警团队经排查发现，客户亏损额、资产负债率不断攀升，经营现金流难以为继。2007年末将其列入风险预警名单，向分行发出预警通知，下达行动方案，要求调整贷款分类，增提贷款拨备；列入退出名单，采取措施尽快收回贷款。2008年年初，分行立即采取行动，抓住其生产经营在春节前后仍在维持，有部分回流资金的有利时机，积极开展清收，一季度全额收回贷款4000万元，成功退出该客户。随着销售进一步下滑，2008年二季度该客户生产经营风险全面暴露，出现资不抵债并日益严重，直至其生产线全面停产，客户被数十起诉讼（仲裁）案所困，各家银行贷款被迫成为不良。随后，该客户进入了旷日持久的重组之中。而招行却通过成功的风险预警，成功规避了这笔不良业务的产生。

5. 团结稳定

战略关照的，是相当长一段时间内企业的发展方向。因此，作为战略制定与实施管理的主体，管理层如果不能确保连续、稳定，所谓战略，也就支离破碎，难以发挥其真正的效能。

在招行的发展中，高层的稳定确保了战略的实施与切实效用的发挥。成立24年来，招商银行只经历了两任行长——王世桢和马蔚华。1999年之前的12年王世桢带领招行在服务和产品上不断创新，并且在银行管理上进行了初步的摸索，基本完成了全国战略的布局。1999年之后马蔚华走马上任，在王世桢奠定的基础上，使招商银行全国性商业银行的品牌形象深入人心；相继扩大"一卡通"的发行，推出"一网通"、信用卡、"金葵花"理财等具有战略意义的产品及业务，夯实了招行品牌基础；时机成熟之后，又带领招行踏上了国际化的征程。招行战略前后衔接、一气呵成。

招行管理层的稳定来自于规范的管理制度。招商银行创办初期，即成立了董事会，实行了严格意义上的董事会领导下的行长负责制，实现了所有权与经营权的完全分离。董事会是最高决策机构，决定大政方针、领导人选。只要能够引领招行持续创造高额效益，回馈股东合理利润，管理层就可以保持相应的稳定。

二、先天不足，后天突围

战略领先是招行品牌稳步发展的基础，但"葵花向阳"所代表的独有的强调客户价值的品牌文化则是招行从众多银行中脱颖而出的品牌能量，是引领招行获得战略优势的重要因素。那么，招行如何形成了这种强有力的品牌力量？又是哪些要素构筑了这种品牌力量?

（一）“逼出来”的品牌观

没有充裕的资本，没有大客户资源，更没有公众认知，这样一个银行企业如何在市场上站稳脚跟、打开局面？初创期的招行在先天资源匮乏的前提下，拼规模不行，拼资历更没有，被迫走上了一条与众不同的面向大众、强调市场的品牌化道路。品牌在当时的市场环境下还是一个银行业尚未意识到的重要战略竞争盲点。

然而品牌的建立，一要有切实的品牌利益点作为支撑；二要有相应的广告投入用于推广。当时的招行资金有限，靠大手笔的广告投入去打造品牌不切实际。在品牌建设上，只能另辟蹊径，寻找到既能打响品牌又相对经济廉价的品牌建设与传播方式。而这样的方式哪里找？

▼ 招行优质的客户服务

20世纪80年代，招行沈阳分行的实践为招行的品牌建设打开了突破口。当时辽宁省国有企业改制，众多企业破产，对公业务开展困难，招行被迫转而开展面向公众的零售业务，服务就非常重要。银行零售业务一般主要指商业银行以自然人或家庭及小企业为服务对象,提供存款、融资、委托理财等各类金融服务的业务。当时沈阳分行在大堂提供免费牛奶咖啡，环境明亮整洁。客户对此感觉非常新奇，口口相传，争相到这个“不一样”的银行看一看、坐一坐，体验一下“当上帝的感觉”。 良好的服务很快拉动了业务的增长，不仅招行的其他分行，甚至银行同业者也开始对这个没有任何政府背景的股份制商业银行刮目相看，纷纷学习模仿。

从沈阳分行“咖啡+牛奶”的服务创新实践中，招行找到了自身品牌建设之路的答案：服务立口碑，口碑树品牌。

此后的二十年多里，招行遭遇了无数次类似的困境和挑战，但在创业初期所沉淀下来的对品牌的重视从此融入了招行的血液。也正是多年来招行精心打造的品牌优势，为招行一次次在竞争中突围提供了有力支持。招行发行“一卡通”的成功，正是由于前期通过服务建立的良好品牌形象为招行带来了大量零售人群，这些人群是招行成功发行“一卡通”的重要市场基础。此后，“一网通”、信用卡等等都是利用了品牌优势所带来的庞大客户人群。而招行“二次转型”，之所以有众多的高端人群、中小企业青睐，选择招行服务，也正是由于招行多年来持续的品牌优势。品牌，这个当年逼出来的竞争力成为了招行打造可持续竞争优势的重要基石。

（二）“对外是品牌，对内是文化”

品牌虽然难以模仿，却也并非不可复制乃至超越。然而，上升到文化层面的品牌却是几乎无法模仿的。即使想模仿，也是学了表层的皮毛，却学不来核心的精气神。在招行的品牌建设中，非常

链接

▲ 招行老员工吴佩虹接受采访照片

吴佩虹是招行1987年成立时最早加入的老员工。在交谈中，我们明显感受到招行文化对吴的深刻影响，以及吴对招行的深厚感情。吴谈道：“我们这一批人能进招行是命运对我们的关照，现在回想真是非常的幸运。现在不说本科生，连研究生都很难进来。我一个乡下打工妹，是招行培养了我，教会了我很多东西。比如马行长谈“二次转型”，那作为基层员工我们就意识到，现在除了微笑还要给客户创造价值。在招行工作，待遇的丰厚只是一个方面，招行品牌带给我个人的荣誉感也让我很自豪。现在我的儿子在外面留学，提起妈妈在招行工作都很自豪，以妈妈为骄傲。我家人每次看到招行广告都很激动，我在洗手间也会喊我，我就会跑出来看。最近马行长上电视，我们都会去看。……我退休时哭了一场，舍不得。”招行外在的品牌为员工带来极大的荣誉感和自豪感，促发了员工内部的一种文化认同。品牌与文化，一体两面，相生相谐。

准确地把握住了品牌与文化一体两面的关系。招行总行办公室主任秦季章表示“什么是品牌？对外是品牌，对内是文化”。没有外在的好品牌，内在的文化就难以建设，缺乏凝聚力与向心力；而没有内在的好文化，外在的品牌建设就缺乏灵魂，空洞无物。招行人始终认为“强有力的文化是品牌长久不衰的保证”。品牌的塑造从产品到服务再到形象与传播，最后落到了文化上。招行的客户价值文化、风险文化、创新文化，切实地融入到了招行的血液中，在员工内心根深蒂固，无所不在，无时不在，为招行品牌建设保驾护航。

（三）“人人皆媒体，事事皆宣传”

在招行看来，内部文化形成了对品牌的自觉重视与关注，品牌就会由内而外爆发出强劲的生命力，为品牌对外传播奠定坚实的基础。

在招行，马蔚华首先就是名副其实的“首席品牌官”，他善于

▼ 马蔚华前往哥伦比亚大学演讲

利用每一个机会向公众传播招行品牌。到大学授课、去论坛演讲、下分行会见当地媒体……只要是这种公共场合，他总会不失时机地把招商银行的品牌理念、价值观传播出去。

不仅行长如此，招行员工亦复如是。在招行员工看来，客户生日时送上鲜花、开车接送客户来招行办理业务，这些都不仅仅是为客户提供好的服务那么简单，还是传播招行形象、与其他银行形成差异化的方法。

招行的每一个层面，从行长到基层员工，都在见缝插针地向外界展示招行。这种对品牌建设与传播的认识已经内化到招行的企业文化当中，形成了一种从上到下、覆盖全行的品牌自觉。可谓“人人皆媒体，事事皆传播”。

（四）“短小精干的队伍打硬仗”

品牌的打造离不开实干的队伍。目前，银行业在品牌建设组织运作上存在很多问题：架构冗繁，层级叠加，决策缓慢；工作人员缺乏品牌意识、专业素养与能力；分工不明确、传播无效率等等。而反观招行的品牌组织运作却自成章法：

其一，短小精干，善打硬仗。如上市路演，别的银行都是二十几个人，招行却是行长带队，两三个人解决问题。在日常品牌建设上，总行、分行的品牌监管协调、品牌策略制订、广告投放策略制订与执行、线下主题活动、新媒体运作、企业社会责任运作、企业内部活动等工作人员虽少，但推进的井然有序，而且高效。

其二，权责明确、专业合作。虽然一人身兼数职，却能做到权责明确，与合作伙伴专业对接，高效合作。招行品牌部门的员工几乎都是传播、广告科班出身，对内沟通业务娴熟，对外接洽供应商、管理供应商服务，更是科学、高效，反馈专业、迅速。如，2008年“5·12”汶川地震当日，招行品牌部人员看到事态严重

▲ 招行汶川地震公益广告截图

后，当夜即与年度广告服务公司确定了以汶川地震为主题的公益广告，广告片迅速出炉，第二天傍晚，广告公司乘坐飞机将广告片送交央视审核，顺利通过，广告第一时间播出。央视抗震救灾晚会当日，所有商业广告停播，只有招行制作的这则以地震为主题的公益广告持续播出，在倡导“心手相连，抗震救灾”的同时，也为招行赢得了超高曝光率，更极大地提升了招行的公益形象。

其三，组织扁平化，机制灵活。招行的品牌组织扁平，且运作机制非常灵活。品牌管理室隶属于办公室，办公室主任直接向行长汇报，决策迅速，反应灵敏。如奥运前夕，当央视推出相应的奥运资源时，招行决策灵活高效，迅速拿下相关资源。在其他机构左掂量、右斟酌时，招行已经在奥运营销上开始了品牌的先发优势之旅。

三、巧借媒体，取巧不投机

（一）“行甚于言”

从“服务立口碑，口碑树品牌”开始，招行就已经树立了“行甚于言”的传播之道——先建设切实的品牌利益点，再结合传播，

链接

“招行领先的品牌形象靠的是体系化建设，不是一招一式。是通过产品、渠道、组织、管理，最后形成比较好的整体品牌。”招商银行总行办公室主任秦季章如是说。

招行品牌的成功来自于招行企业整体品牌体系的竞争力。从高瞻远瞩决定企业发展方向的企业战略，到决定企业发展速度与安全的管理，再到诞生企业灵魂与精神的企业文化、企业品牌，招行已经形成了体系化的竞争力。真正做到了战略有高度，执行有力度，稳定有长度，品牌有深度，传播有精度！

▲ 招商银行总行办公室主任秦季章接受采访照片

成功树立品牌。

在服务为招行带来良好口碑后，招行把品牌传播的工作先一步落实到产品上。招商银行总行办公室主任秦季章就表示“来你这儿喝完牛奶、咖啡后如果没有更进一步的业务，客户关系也难以稳固和长久；失去客户，谈口碑、谈品牌都是不切实际的。”于是，招行从客户视角出发，针对客户多账户管理繁琐不便的困难，推出“一卡通”；针对客户网点排队时间长、服务体验不好的需求，推出“一网通”；针对日益高涨的理财需求，推出“金葵花”理财。

在招行发展的每一个阶段都注重先把产品和业务做稳、做实，然后以产品的营销带动品牌的传播。产品做好了，品牌传播的基础就稳固了；产品为客户广泛认可，品牌形象的树立就水到渠成。

在社会责任建设上，招行同样秉承这一理念。一直以来，国有银行缺乏向中小企业贷款的动力，中小企业作为吸收劳动力的重要经济组织、国家经济活力的重要源动力，却往往由于贷款难承受着巨大的压力和风险。对此，招行推出了“千鹰展翼”计划，有目的地选择高科技、成长型小企业，把这些企业推荐给非常需要客户资源的投资基金、私募基金，由它们为招行进行第一轮的风险过滤；投资基金等选定企业后，招行不仅为这些企业提供贷款，还提供投资银行和财务顾问服务，帮助这些小企业IPO(首次公开募股)。IPO成功以后，风险投资退场，招行仍旧结合企业需求，帮助企业开展避险、增值、财富管理等等服务。真正做到了伴随中小企业一同成长，为中国经济、社会健康发展贡献一份责任。在招行踏踏实实践行这份社会责任的同时，也收获了丰厚的利润以及良好的企业声誉与口碑。

（二）“传播要精算”

银行讲究精算，而招行的品牌传播更是“精算”，可谓“螺蛳壳里做道场，小小螺肉分外香”。

1. 巧借口碑传播，小投入获大收益

招行创立之初，最先启用的传播资源即是口碑传播。由于在影响消费者态度和行为中所起的重要作用，口碑被誉为“零号媒介”。而这种杀伤力极强的传播资源却又最为廉价、经济。对口碑传播的使用贯穿招行发展的始终。

招行的口碑传播有三大特征：

其一，注重体验。体验不能强制，也不能被收买，必须把服务和产品做到位、做出色，口碑传播才有切实的说服力、影响力。

其二，善于利用员工、老客户的渠道。招行全行几万员工和庞大的客户群所形成的辐射力，是大众媒体达不到的。

其三，善于讲故事。在招行的口碑传播中，从马蔚华到品牌传播人员都非常善于讲故事。在推广招行信用卡时，马蔚华就讲过关于那英找他办信用卡的故事。名人的光环、通话的细节，使得这个短小的故事生趣盎然，极富感染力。

2. 把握机遇进军央视，小投入促品牌大跳高

截至1998年，招行基本完成了全国性商业银行的战略布局。然

链接

马蔚华讲那英与招行信用卡的故事

那英打电话给马行长：“马行长，你好！你认识我吗？我是那英。”马蔚华：“当然认识，你是那英啊。”那英：“马行长，你得给我办一个白金卡，别人都有，我也想办一张。”马蔚华：“好，没问题。你怎么会有我的电话呢？”那英：“那谢谢您。您的电话是赵本山给我的。我们一起吃饭，他们都有招行的白金卡！”

而，战略成形了，品牌还没上去，迅速打响招行全国性品牌成为当务之急。那么该怎样打响这场战役？投电视？贵得很。投报纸？覆盖有限。恰逢此时，央视开始大力支持民族品牌的发展，通过提供较为优惠的广告资源帮助民族品牌迅速提高知名度，拉动其销售。招行果断把握住了这个难得的战略机遇，以十分优惠的价格拿下了央视新闻联播前整点报时广告。当时尚没有任何其他银行同业投放央视平台，单纯到极致的广告环境让招行品牌迅速脱颖而出。经此一战，招行一举成名，领先的全国性银行品牌形象深入人心。微小投入，实现了品牌的大跳高。之后，招行与央视保持了持续密切的合作，借助央视的大平台，招行获得品牌知名度和美誉度的极大提升。

3. ““二次转型””，品牌传播大变身

进入2009年，为配合“二次战略转型”，招行品牌传播亦开始了相应的策略转型，呈现出三大特点：

其一，从企业形象广告向理财、私人银行等专项业务的传播倾斜。

其二，从单纯投放媒体广告，向整合传播转型。招行总行办公室主任秦季章表示：“品牌传播方式没有所谓的好或者不好，只要充分发掘各种媒体资源的优势，对各类传播媒介进行整体性布局，就能取得最好的品牌传播效应。传统的单一广告模式效果递减，因此必须不断创新，开发新的资源。”基于这一认识，目前招行对传统大众媒体的广告投放费用进行了策略性调整，将部分宣传费用于微博、百度知道、理财论坛等可以深入与客户进行财富知识沟通、专项业务介绍的内容传播平台以及诸如“金葵花少儿钢琴大赛”这类面向特定精准人群的活动传播平台。

其三，除了单纯硬广，增加了与栏目等深度合作、线下活动的整合传播。

秦季章认为：“我们同媒体的合作，从单一广告已经转向多方位的深度合作。如与央视的合作，我们参与《绝对挑战》节目，一个节目40分钟只说你一个企业，多好！我们还同科教频道《巅峰梦想》合作，做招行客户的登山活动，效果同样很好。2008年金融危机，新闻联播特别播放我们纽约分行成立的新闻，极大提升了我们招行的品牌形象；《对话》栏目几次访谈马行长，对我们的品牌都起到相当大的推动作用。另外，我们和《南方都市报》合作，推行'金葵花财金论坛'活动，除各地的线下活动外，还联合南都通过办讲座、办论坛的形式，对公众进行理财教育。”

事实证明，招行的传播策略转型极好地配合了招行的二次战略转型。2010年招行营业收入、营业利润、利润总额、净利润快速上升。2010年，英国《金融时报》（*Financial Times*）的“2010全球私人银行奖项”评选中，招行荣获“中国最佳私人银行”大奖（Best Private Bank in China），其“金葵花”业务年均增长50%，私人银行客户增长年均高达40%。与此同时，招行品牌价值继续领跑非国有商业银行。英国《银行家》杂志2010年公布的2010年世界银行品牌500强名单中，招商银行以22亿美元的品牌价值领跑于国内其他非国有商业银行。

2008—2010年招商银行会计数据

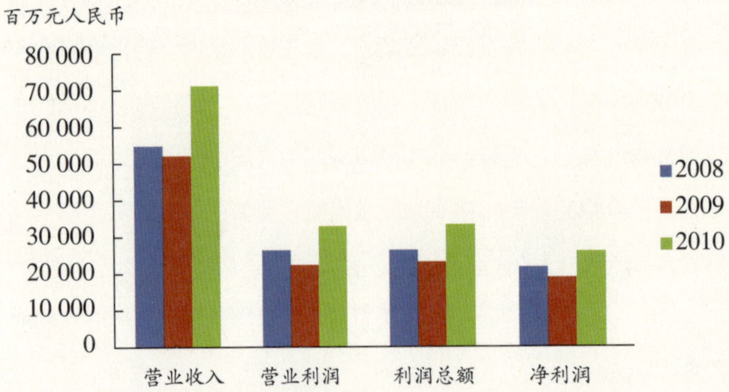

数据来源：招商银行2010年年报

（三）“资源要深挖”

近年来，银行业广告传播同质化日趋严重。传播资源的深入挖掘是防范投资价值被稀释的重要应对举措。以代言人为例，郎朗在与招行合作后，又先后接下来几个代言。但招行通过多维度、立体化合作将郎朗与招行紧密结合，成功化解了投资价值被稀释的风险。如借郎朗为世博开幕式演奏之机，买下央视世博套装广告，开展高集中度、爆破式的广告投放；与此同时，举办“金葵花”杯全国少儿钢琴大赛，郎朗担任评委，并与获奖儿童同台演奏；还开发郎朗衍生产品，如郎朗签名CD、郎朗牌钢琴等，在活动传播中使用，加强品牌与郎朗的关联。

再以微博运用为例，招行没有同其他企业一样只是品牌宣传部门负责，将其打造成一个简单的企业品牌信息或活动信息平台，而是发动从总行到分行全行力量，打造了一个包含159个招商银行认证微博（含机构、个人）、40人团队的招行空中理财专员以及数百人尚未认证的微博组成的招行微博群。通过精细化管理将其打造成企业品牌公益活动的发起平台、客户关系维护的互动平台、金融理财信息的资讯平台、金融产品服务的营销平台、品牌声誉管理的维护平台——多角度、多层次深度挖掘微博的潜在营销价值。

链接

微博助力招行大运会整合营销传播

2011年3月19日—5月15日，招行在全国近40个城市发起“大运火炬巅峰梦想”登山活动，2万多人参与线下登山活动。结合此次活动，招行联合新浪微博专题开展整合营销传播。网友在登山中发送微博“大运巅峰梦想”，便可在微博上与自己的粉丝分享登山快乐，所有的留言形成专题。配合新浪微博，招行还在官网上开展了“晒峰景”“晒梦想”活动，作为巅峰梦想登山活动的延续，丰富的大运相关奖品吸引了众多的网友关注、参与互动。

Universiade SHENZHEN 2011
招商银行
CHINA MERCHANTS BANK
深圳2011世界大运会全球合作伙伴
个人理财，我就选择金葵花
Sunflower, my choice for personal wealth management
在舞台上，他是音乐的化身，将全部的热爱与激情倾注于音乐之中。正如招商银行金葵花理财，专注个人财富管理，为其提供专业理财服务，助他在音乐之外挥洒精彩。金葵花理财，郎朗的选择。
On the stage, he performs with all his passion and affection for music. Off the stage, he enjoys a wonderful life with the support of CMB's professional Sunflower financial service. Sunflower financial service, choice of Lang Lang.
金葵花理财 专注您所关注
Sunflower wealth management You need, We care
招商银行品牌代言人、国际钢琴巨星：郎朗
Lang Lang

▲ 全员参与巅峰梦想活动

链接 马蔚华语录

关键词：转型

最担心的是管理层能不能适应迅速变化的时代。我对转型有三重理解：第一是形势变了，你的做法不变，肯定要出问题。所以环境变了你必须变，转型很重要。第二转型是很困难的。人们都习惯传统，传统的东西从头到脚约束人，传统是最可怕的，改变传统很不容易。第三正是因为不容易，谁先改变了谁就主动，谁就有可能走在前面。所以我们非常注意管理层思想的改变，如果大家能够适应思想的转变，我们的转型没问题。

关键词：支撑力

转型能成功，要有三点支撑力：战略、管理和文化。战略就是你的判断，但前提

链接

马蔚华语录

是必须判断准确。世界在变，特别是信息化社会，同质化竞争不一定能赢，所以我们就先想别人没想到的事，每一步都比别人早三五年，这就是战略。有了战略，还要有执行力，这就需要管理，特别是管理理念的颠覆很重要，它能支撑起银行战略的实现。文化是一个银行的核心竞争力，产生于这个银行自身特定的文化，是别人学不去的，它能把理念变为员工的自觉行为。所以战略、管理、文化三者相辅相成。光有想法不行，得能支撑，大家都认同你的想法，这就是管理，要把管理的理念变成自觉的执行力就要有文化的力量。而这整个过程就支撑起品牌的形成和发展，变成品牌的力量。

关键词：管理

转型表面上看是经营指标、资本消耗、回报率、成本等等，但最终表现的是管理水平，包括风险管理、资本管理、成本管理水平。而这些管理恰恰是中国银行业的软肋。我们跟西方银行，现在我们经常说我们赢利最多，我们在金融危机中损失最小，这些都存在。但是我们最大的问题是我们管理水平低，国际化程度低。对于衍生品是什么东西，次贷、CDO、CDS是什么东西，银行都不了解，不可能受损失，但是不能说明你的抗风险能力高。

结束语：文化凝聚体系，体系支撑品牌

招行并不完美，它不是一个神话，却有一种说不清道不明的魅力，让人忍不住一次次探究下去，却发现一切也没有想象中复杂。

从战略到管理，从制度到文化，从品牌到传播，招行精心构筑的体系化竞争力可敬可畏。细细剖解，每个环节都独具特色、暗含玄机；一览全貌，又环环相扣，相互支持，合力不容小觑。

招行体系竞争力的真正的命门在于文化，文化是品牌的内在支撑，品牌是文化的外在表现，二者相谐共生，共同将招行打造为今天国内第六大行。招行品牌成功的背后，是招行的服务创新文化和

产品技术革新的支持。作为拓荒者、改革者、先驱者的招行，如果没有令消费者舒心的产品，没有招行人的敬业精神，招行的品牌也无法做大、做久。一体两面，对内文化、对外品牌，正是招行人始终如一的敬业、创新精神才使得招行始终在战略上保持领先，而领先格局又引领着招行人继续前行，树立起一个又一个的行业先行者形象。

得益于品牌文化体系建设，招行如今又再一次先行于其他银行走上了改革之路。

向着太阳的招行，一路阳光照亮。

中国传媒大学广告学院：黄升民　邵华冬　庞　全　安　琪
《新营销》杂志社：闫　芬
中央电视台广告经营管理中心：陈高杰　胡　重　李　悦　马轶红

▼ 案例组成员合影
（左五为黄升明，右五为马蔚华）

采访手记

做案例是非常有意思的一件事情，是与一线接触的一个好机会，可以实地考察企业、了解企业的营销思路，这其中不仅有成功，也有挫折。这是第一个层次。第二个层次是可以校正自己理论上的想法。因为理论是灰色的，需要这种企业一线养分的滋养才能够鲜活。

另外，见到企业一线中高层管理者，不管层级怎么样，给我们带来的都是最鲜活的感悟。这个过程充满冲劲，也有很多收获。

中国企业和中国经济是一样的，都是短期迅速成长。从一个小

▼ 案例组走访招商银行
（左为黄升民，右为马蔚华）

企业成长为全国甚至世界大企业，品牌都是从零出发，管理理念、营销战略都是始于空白。中国企业的营销史、品牌史是一部高度浓缩的时空史。

很多场合都在讲，中国市场如此巨大，时间又高度浓缩，一年走完别人的十年、八年。所以在现实的实践中，在考察个案时，不能不为之心动。对于它的成功，感悯在心、叹为观止。这其实就是最好的学习。通过面对面的访谈，文献梳理，来回顾一个企业的成长，这个过程，艰辛又快乐。用白岩松的一句话是："痛，并快乐着。"

黄升民

黄升民

1955年出生，广东佛冈人。中国传媒大学广告学院院长、教授、博士生导师，中国广告协会学术委员会常务委员、国际广告协会中国分会个人会员、中国广告主协会专家委员会常务委员，中央电视台广告中心策略顾问。

1972年高中毕业，在《广州日报》编辑部担任文字记者工作。1978—1982年，就读于北京广播学院新闻系编采专业。1986—1989年，日本留学期间主攻传播学、广告学等，获日本一桥大学研究生院社会学硕士学位。1990年年底回国，在北京广播学院任教。1998年经人事部批准为有突出贡献的中青年专家。

在媒介经营与产业化研究、中国广告生态研究、新媒体、消费行为与生活形态研究、中国当代广告史研究、高龄沟通与传播等多个领域具有杰出成就。常以农民自居，是一个质朴、持重、踏实并有着强烈社会责任感的学人。

穿越110个岁月，张裕在最近10年中达到行业顶端，2010年，其销售收入比国内同行二、三名的总和还多，利润更是后两者总和的四倍。

——是什么激活了这个老品牌，以致如此“一骑绝尘”？

但这并不是张裕的巅峰。面对国外同行的大举“入侵”，张裕与狼共舞，“引进来，走出去”，意欲在未来五年内全面提升，冲击世界葡萄酒行业前三强！

百年品味

——文化成就张裕新传奇

背依和缓起伏的逶迤群山，毗傍900公里的绵长海岸。冬无严寒，夏无酷暑，春苍翠葱郁漫生机，秋则果林满馥郁。年均2698.4小时的日照、 11.8℃的气温以及651.9毫米的降水孕育了糖分、酸度和香气俱佳的酿酒葡萄品种。

这里，是东经120°，北纬37°，中国烟台。

神奇的北纬37°，既造就了誉满全球的葡萄酒城法国波尔多，也孕育出了中国国际葡萄酒城烟台。中国现存最早的葡萄酒企业张裕，就诞生在这里。1892年，爱国华人张弼士以 “实业兴邦”为旨在烟台创办“张裕酿酒公司”。一百多年后，这个公司已经发展成为中国乃至亚洲最大的葡萄酒生产经营企业。

▲ 张裕酒庄布局

小小的烟台早已承载不下张裕的扩张。除了在国内六大优质酿酒葡萄产区圈下业内最多的25万亩种植基地，张裕还把经营版图延伸向国际——销售网络接通了欧洲的连锁体系，在酒庄联盟中把品牌旗帜插进了欧洲知名的葡萄酒庄园；甚至在张裕的董事会上，也有国外专业的智力资源参与。

人均不到1升的消费量，和13亿人口的巨大市场消费基数，一直在无限放大着中国葡萄酒市场的诱惑。自2003年以来，中国葡萄酒市场的快速增长撬动了烟台、宁夏、沙城等与法国波尔多同一纬度的多个葡萄产区。光是在烟台，汇聚的葡萄酒企业就达到100多家，包括长城、王朝、威龙等知名企业。除张裕外，长城等本土品牌也开始了大规模的葡萄基地圈地战。

瞄准中国市场的世界葡萄酒巨头们也已纷纷加强攻势。自2006年以来，我国进口葡萄酒量明显增加，2010年葡萄酒进口量28.34

万千升，相比2006年增长147.3%，年均增长25.4%。

在这场世界范围内的中国葡萄酒市场争夺战早已狼烟四起。张裕，这个传承百年、几度沉浮的中国本土葡萄酒第一品牌，作为行业领袖被推上了这场鏖战的风口浪尖。

110多年的企业历史，50多亿的年销售额，浓缩着张裕公司的坎坷与成长，这个老品牌如何以“圭顿之贻谋”造就了这愈发昌裕的“品重醴泉”？

外，受酒业巨擘的进入；内，有长城龙徽的竞争。百年陈酿，在民族与国际、传承与创新、利益与责任的矛盾中究竟如何抉择？

链接

圭顿之贻谋：张学良给张裕题写的题词，以春秋战国时期的大贾巨富白圭、猗顿作比，赞誉张裕经营有方。圭顿是白圭、猗顿的并称，两人都是春秋战国时的大富商，经营有方；贻：遗留、馈赠；谋：计谋，打算。出自《尚书·五子之歌》。

品重醴泉：孙中山给张裕题写的题词，赞誉张裕：“中国商业失败，不止烟台一埠，凡属通商口岸，利权外溢，到处皆然。为今之计，欲商业兴旺，必从制造业下手，如本埠张裕公司，设一大造酒场，制造葡萄酒，其工业不亚于法国之大厂，将来必可获利，又如玻璃公司亦然。张君以一人之力，而能成此伟业，可谓中国制造业之进步。”

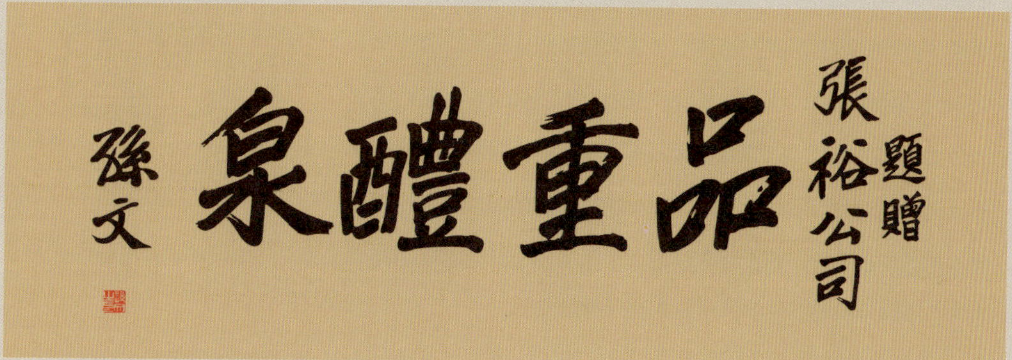

▲ 孙中山为张裕题写的题词

一、传承与革新

百年传承遭遇体制革新

历史积淀，是品牌传播、生存、发展中的重要背书与财富。

对于张裕来说，李鸿章亲批的营业执照；翁同龢题写的厂名；孙中山为鼓励题赠的“品重醴泉”；30年代注册的解百纳商标；历经百年仍无渗漏的大酒窖；巴拿马万国博览会的4枚金奖；首批“中华老字号”……正是这些积淀与百年传承，造就了张裕的独特优势与品牌根基，成就了张裕中国葡萄酒第一民族品牌与“国家名片”的美誉。

1956年，毛泽东阅读了《烟台张裕葡萄酿酒公司生产情况报告》后指示，“要大力发展葡萄酒和葡萄酒生产，让人民多喝一点葡萄酒”。

而从国宴款待奥巴马、梅德韦杰夫、卡梅伦等大国元首，到“股神”巴菲特爱不释手的中国礼物，再到联合国唯一珍藏的中国葡萄酒，张裕百年酒窖干红作为中国唯一的收藏级葡萄酒，越来越频繁地出现在外交场合与国际舞台。

但另一方面，张裕的“混血”色彩却逐渐增添。2005年股权制度改革后，张裕吸纳了四成国际资本，意大利意迩瓦公司持股33%，国际金融公司持股10%；此外，烟台市国资委持股12%，张裕员工组建的裕华公司持投45%。同时，张裕完成了全球十大酒庄联盟的布局，通过品牌联合的方式实现了品牌国际输出，目前已拥有张裕卡斯特、张裕爱斐堡、张裕凯利等多个“混血”子品牌，并代理泼尔多拉颂、多来利等国际葡萄酒品牌在中国市场的销售业务。

面对这个从品牌到产权资本全面国际化的中华老字号，许多人不禁质疑——张裕究竟能否被视为民族品牌与“国家名片”？

▲ 张裕创始人张弼士

▲ 巴拿马万国博览会金奖

▲ 张裕商标

链接

金字招牌

张裕公司的创始人张弼士在国内外摸爬滚打多年，练就一双慧眼，在有幸得到慈禧太后召见时，张弼士趁机献上30万两白银，此事在朝野上下引起不小的震动。张弼士此后做事一帆风顺，不仅得到了封赏，而且在宫内得了人缘。光绪皇帝的老师翁同龢当时名满天下，人品学问高人一筹，书法又精到。张弼士动了请他题写厂名的念头，以翁同龢的洞明练达，当然知道张弼士非等闲之辈，乐得送个人情，当下大笔一挥，朴茂凝重、气韵天成的“张裕酿酒公司”招牌写就。

6个大字镌刻贴金镶嵌在公司大门上方，透着不同凡俗的富贵大方气象，既抬高了张裕的身份，也使过往行人多了一份谈资。

▲ 张裕总经理周洪江

张裕集团总经理周洪江的回答是肯定的。

周洪江说，无论品牌扩张与品牌传播如何创新与国际化，张裕的品牌基本调性从未发生改变，那就是张裕的“百年传承”、“中西合璧”和“不断创新”。

周洪江告诉我们，在我国葡萄酒行业，拥有百年历史、早在19世纪就开始引入民族资本，研究葡萄的引进、栽培，并建造大酒窖的企业，只有张裕一家。这百年的积淀是张裕独有的并永不会放弃的优势。在保持基本调性的前提下，从品牌、技术、人才到产权资本全面国际化为张裕这个百年老字号带来了积极的刺激，帮助其克服了品牌老化问题，逐步实现了品牌重塑。以董事会的改革为例，张裕早期的管理层会议多流于形式，严重制约了企业和品牌的发展；产权改革后，张裕的每一次董事会都是对管理层的重大考验，同时也是中西葡萄酒品牌经营经验交流、沟通的绝好机会。

面对张裕“国际混血”与“国家名片”的双重身份，周洪江认为，决定品牌究竟是中华老字号还是国际混血儿的核心问题在于对企业及品牌的绝对控制权。以国际葡萄酒品牌的代理业务为例，张裕始终坚持对所代理产品在中国的知识产权的掌控。在与国际十大酒庄的合作中，卡斯特、凯利等也仅是跟随在“张裕”之后以子品牌的形式进入市场，以张裕母品牌的民族性来统领其下各子品牌的调性。这样一个生于中国、长于中国、控于中国的品牌，难道不应是民族的吗？

二、请进来，走出去

西方葡萄酒的文化、工业化以及国际化起步较早，特别是一些欧洲老葡萄酒品牌，历史积淀更为深厚，葡萄酒酿造技术也更为精湛。本土品牌不断与其交流、学习，这是发展之需。

张裕的第二个基本特性是中西合璧。在应对国际葡萄酒品牌的大举进攻上，张裕同样坚持着这一特性，采取“请进来，走出去”的战略，在合作与竞争中不断地发展和壮大自己。

在张裕成立早期，便是从国外引进酿酒葡萄再与烟台当地的野生葡萄杂交，从而培育出自己的酿酒葡萄；建筑的百年大酒窖，综合了中国土法和国际建造法；聘请的第一任酿酒师，是来自奥地利的酿酒世家。

在技术上，从法国、意大利、澳大利亚等欧美国家引进酿酒专家、葡萄种植专家。2006年，张裕还与法国历史最悠久的干邑白兰地厂商法拉宾干邑公司，正式展开从技术到贸易的全方位合作。除了技术层面上的合作，张裕还聘请美国宾夕法尼亚大学的校董凯利先生，担任高级国际营销顾问，借鉴其经营管理方面的经验。

张裕更重要的是要通过“请进来”而“走出去”。2001年，张裕率先与国际葡萄酒巨头卡斯特联姻，借助卡斯特的资本、技术以及品牌优势，提升张裕的品牌形象，并借机主攻欧洲市场。2006年，张裕正式成立烟台张裕先锋国际酒业有限公司，代理帝萨诺、苔丽雅、格洛凯等国际葡萄酒知名品牌以及相关葡萄酒系的产品，不仅与自身的酒种形成互补，而且为张裕搭建了一个贯通中外市场的平台。2009年，张裕正式成立了以自身为核心的七大国际酒庄联盟，囊括新西兰张裕凯利酒庄、法国波尔多拉颂酒庄、法国勃艮第斐拉帝酒庄、意大利西西里张裕先锋酒庄等四大国际酒庄，为国际化版图布局。目前，张裕位于陕西、宁夏和新疆的三个西部酒庄正在建设当中，预计在2012年全面建成投产。这些都为张裕的成长提供了重要的支撑点和作用力。

但是，引进外国品牌，是否会引狼入室，加剧我国葡萄酒市场竞争？

周洪江总经理表示，“请进来”是有选择、有控制的。通过与国际品牌的合作，利用其强大的品牌背书效应，张裕提升了自身的知名度和美誉度，并借此树立了自己国际化大品牌的形象。同时，来自国际市场的积极刺激可以有效地繁荣我国葡萄酒市场，也可以借助拥有良好历史文化积淀的国际葡萄酒品牌来加强我国葡萄酒文化的普及。最重要的是，“请进来”的技术和人才可以加速我国葡萄酿造技术和葡萄酒品牌营销管理的发展和完善。这样一来，以“师夷长技”为目的的“请进来”，就成为了民族葡萄酒品牌“走出去”的重要砝码。

三、跑马圈地25万亩

“七分材料，三分酿造”，“好葡萄酒是种出来的”——拥有好的葡萄基地，才能保证葡萄酒的品质。因此，在中国葡萄酒市场迅速崛起之时，产区圈地战吹响了这场鏖战的第一声号角。

地处胶东半岛的烟台产区是我国最为知名的优质产区之一，其酿酒葡萄种植自1892年张裕创立之初开始，至今已有100余年的历史。然而，烟台产区随着开发的深入，可开垦的葡萄园越来越少。

本世纪初，张裕已经将原料基地建设转向西部优质产区。

新疆、宁夏、陕西等省区，自然生态条件良好，非常适合酿酒葡萄生长。2010年，张裕在西部地区新增5万亩葡萄基地，其中宁夏3万亩、新疆2万亩。目前，张裕在全国的葡萄基地已达到25万亩，分布于烟台、新疆、宁夏、陕西、辽宁、北京6个优质产区。到2015年，所有葡萄基地将全部达到盛产。这意味着张裕葡萄基地面积将占全国酿制普通总面积的1/4左右，遥遥领先竞争品牌，在这场国际争夺战中抢先取得了不可替代的原料竞争优势。

这么大的种植面积，又如何确保这些原料葡萄的品质安全？张裕建立了一整套技术服务体系：一是聘请全国知名葡萄专家对公司的葡萄基地发展、品种选择、新技术的使用进行指导；二是建立自己的技术管理团队；三是由张裕聘请的专家及技术团队把先进的技

▼ 国家级技术中心

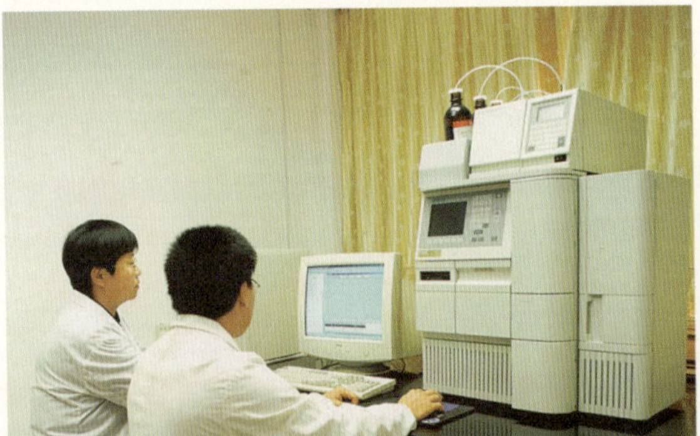

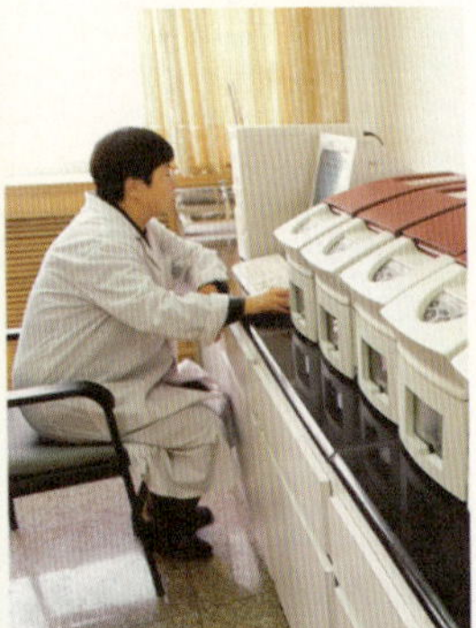

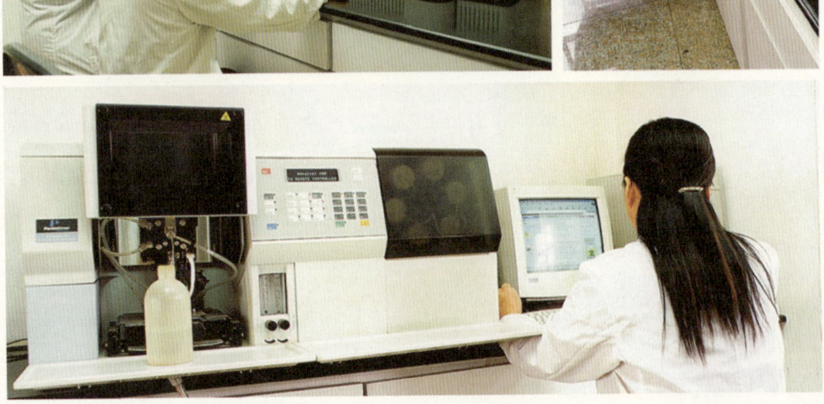

▲ 张裕国际葡萄酒研发与制造中心

术和信息传递给合作社的技术人员，由合作社的技术人员对农户进行培训。

现在，张裕在6个基地都配备了专门的葡萄种植技术人员。宁夏的合作社已随葡萄基地的建设逐步组建，烟台已组建近200多家合作社涉及到上万个农户，合作社统一进行技术培训以及农药农资的购买。统一购买既便宜又不会有假药，能保障种植户利益。

在研发与制造方面，张裕国际葡萄酒研发与制造中心项目于2011年1月在烟台启动。该项目将历时5年时间，建成集葡萄酒、白兰地、起泡酒、保健酒等酒种的研发、制造、生态旅游、文化展示等多功能于一体的、全球领先水平的葡萄酒研发与制造基地。

有人问及张裕百年长青的秘诀时，总经理周洪江表示，核心秘诀只有一条，那就是："百年品质，用心酿造"——一百多年来对品质的坚守：从葡萄种植、葡萄酒酿造到产品出厂，对各个品质环节始终如一的严格要求与酿造技术的积淀、创新，用心酿造每一瓶葡萄酒。

四、激活杯中的文化基因

（一）有品味才够高端

1. 酒庄酒的"圈子营销"

张裕的"10+1"高端品牌矩阵在葡萄酒行业是家喻户晓的。"1"是指中高端的核心子品牌张裕解百纳，"10"是指定位在高端细分市场的十大酒庄品牌：新西兰张裕凯利酒庄、法国波尔多拉颂酒庄、法国勃艮第斐拉帝酒庄、意大利西西里张裕先锋酒庄等四大国际酒庄，以及北京张裕爱斐堡国际酒庄、辽宁张裕黄金冰谷冰酒酒庄、烟台张裕卡斯特酒庄等三大国内合资酒庄，张裕新疆石河子、宁夏银川、陕西咸阳酒庄也正在建设中。

张裕针对十大酒庄推出了"圈子营销"的新理念和新模式。

（1）张裕卡斯特酒庄：首创"整桶订购"的旅游文化式酒庄

2002年，张裕同法国卡斯特在烟台合资建设的酒庄，这是国内第一座专业化、国际化的酒庄，这个酒庄的产品，主要定位在中高端的政务、商务人士，张裕正在着力把它打造成一个旅游文化式的酒庄。张裕卡斯特酒庄的主要特色在于其革命性地推出了"整桶订购"的营销模式，这一国内首创的个性化营销模式，为消费者提供了一个享受个性化服务的平台，让消费者可以根据个性需要来选择和参与产品工艺过程，定制酒庄酒。

（2）张裕爱斐堡国际酒庄：引入期酒营销的"国际酒庄新领袖"

▲ 张裕卡斯特酒庄

北京张裕爱斐堡国际酒庄，是由意大利、美国、法国、葡萄牙、中国 5 个国家的资本共同投资建设的，国际组织提供了全方位的技术支持。这个酒庄，集酿酒、旅游、休闲及葡萄酒知识培训功能为一体，定位为“国际酒庄新领袖”，它的消费人群是社会各个领域的领袖级人物。

在国际市场上，期酒因为具有稀缺性、奢侈性、收藏性的特点，代表着“金字塔尖”的消费，备受国际知名酒庄推崇。中国作为新兴的奢侈品消费大国，对高端葡萄酒有着巨大的需求，而国内葡萄酒高端品牌的缺位，根本无法满足消费者的需求。因此，张裕

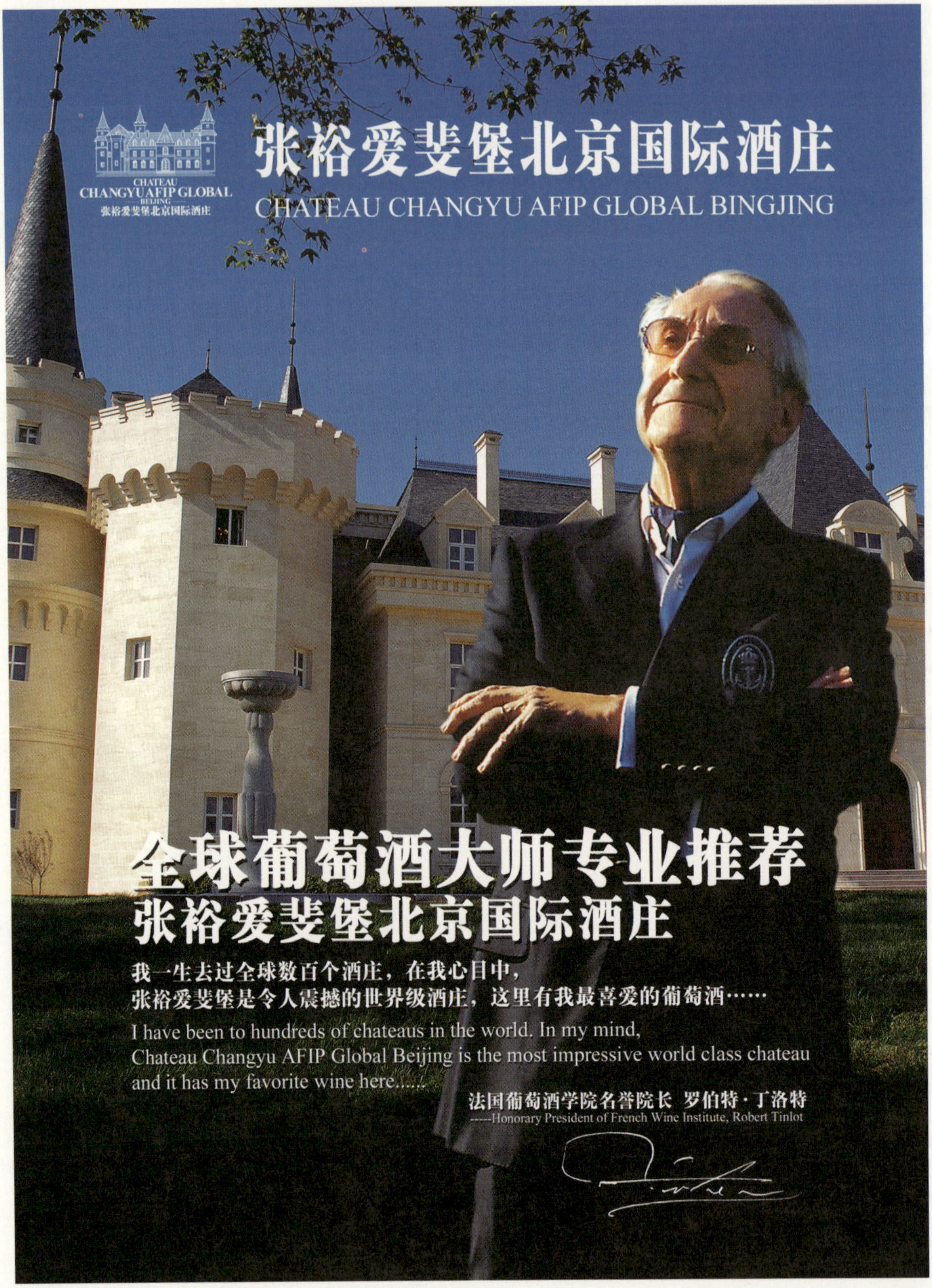
CHATEAU
CHANGYU AFIP GLOBAL
BEIJING
张裕爱斐堡北京国际酒庄
张裕爱斐堡北京国际酒庄
CHATEAU CHANGYU AFIP GLOBAL BINGJING
全球葡萄酒大师专业推荐
张裕爱斐堡北京国际酒庄
我一生去过全球数百个酒庄，在我心目中，
张裕爱斐堡是令人震撼的世界级酒庄，这里有我最喜爱的葡萄酒……
I have been to hundreds of chateaus in the world. In my mind,
Chateau Changyu AFIP Global Beijing is the most impressive world class chateau
and it has my favorite wine here......
法国葡萄酒学院名誉院长 罗伯特·丁洛特
-----Honorary President of French Wine Institute, Robert Tinlot

▲ 张裕爱斐堡酒庄

在爱斐堡引入了期酒营销模式，一方面，投资者可以通过提前预订享受葡萄酒的增值；另一方面，生产商可以提早获得资金上的支持。“储酒领地”，这种模式的创新之处在于，一旦成为领主，将获得酒窖储酒位的10年使用权，并享受专业的葡萄籽油SPA、住宿、餐饮等一系列私人度假服务。

一位消费者在其游记中这样写道：“除了寻常酒窖常见的一排排酒桶，这里可有个特别之处，就是私人葡萄酒储藏服务——储酒领地，它可是各界名流相当青睐的产品。有了它，你就拥有了专业的储酒环境，更重要的是，这里可以充分展现你的不凡品味与身份。葛优、王小丫、牛根生、马云等无数明星和知名企业都在张裕爱斐堡定制了自己的酒窖来存放心肝宝贝。说到特色，还有一项服务不能不提，这就是个性化定制。游客可以将自己的生活照交给爱斐堡的工作人员，请他们将照片印制在酒标上，定做出个性化十足的专属葡萄酒，送人或是留作纪念，随你所愿；如果是一个企业、机构，也可将自己的专属LOGO定制到酒标上，成为专供葡萄酒。”“如果您问我爱斐堡的服务有什么惊人之处，我未必能慷慨激昂、滔滔不绝地列出个一二三四五来，我只能告诉你，当你在园区内游览，所有和你碰面的工作人员都会微笑着与你打招呼；当你准备乘坐电梯时，爱斐堡的工作人员会抢先为你揿下电梯开关；在餐厅用餐时，服务员会贴心地提示你那款菜还有点儿烫，请小心。凡此种种，均是细节。然而，细节，决定成败。”

（3）张裕黄金冰谷冰酒：专注于情感营销路线的时尚型酒庄

张裕与加拿大奥罗丝公司合作，在辽宁的桓龙湖畔，共同打造了世界最大的冰酒基地，它的定位是时尚型酒庄，专注于情感营销路线，消费人群是那些享受生活、注重情感的白领、时尚人士。目前，包括加拿大、德国、奥地利在内的世界冰酒，每年产量合计为1000吨，而张裕黄金冰谷冰酒酒庄每年的产量就可以达到1000吨，

链接

发现中国的“黄金冰谷”

《世界葡萄酒地图》的作者休·约翰逊对冰酒的定义是：“颜色和价格都如同黄金的奢侈品。”在张裕黄金冰谷冰酒酒庄创立之前，几乎每3万瓶葡萄酒中才有1瓶冰酒，张裕黄金冰谷冰酒的问世改变了这一格局。

来自“枫叶之国”加拿大的亚伯特·米兰来到桓龙湖湖区考察后十分惊喜，称“桓龙湖湖区完全能够符合冰酒生产的苛刻的地理和气候要求，这在世界范围内也极为罕见，堪称冰酒的新大陆。”张裕所产的黄金冰谷冰酒占世界冰酒的一半，2009年被《Wine》杂志评为“年度最佳葡萄酒”，2010年获得SIALChina全球唯一甜酒大奖。

▲ 张裕黄金冰谷冰酒酒庄

对全球冰酒市场格局带来了巨大冲击，中国与加拿大、德国一起，正逐渐成为国际市场上最主要的冰酒供应者之一。

（4）张裕凯利酒庄：“高尔夫＋葡萄酒”的贵族休闲型酒庄

张裕也凭借自主品牌的影响力，在国外著名酿酒葡萄产区联合建立贵族休闲型酒庄——新西兰张裕凯利酒庄。这个酒庄定位于中高端白领、时尚人群以及外籍人士，针对高尔夫俱乐部这个特殊渠道，推出了“新西兰张裕凯利长相思干白”及“张裕大师级馆藏解百纳”两款产品，配合“新西兰张裕凯利酒庄干红”，组成针对高尔夫特定人群的高端葡萄酒系列。

目前中国打高尔夫球的人群已达到100多万。从消费心理考虑，高尔夫人群本身属于精英阶层，对使用的物品均要求显示出其独特的品味，满足其在圈子进一步彰显身份的要求，打高尔夫球和喝红酒是其生活必不可少的一部分。因此，极具差异性的“高尔夫+葡萄酒”的营销模式，符合目标消费群的心理需求。未来两三年内，张裕将在全国100家高尔夫球场建立葡萄酒营销网络，推行这种极具特色的体育营销方式。

另外，新建的三个西部酒庄也都有各自不同的产品定位。宁夏酒庄,展示贺兰山东麓葡萄酒的香气典型、口味平衡特点的有机葡萄酒。新疆酒庄，表现新疆葡萄的阳光、沙漠特点，体现强壮有力的产品风味的有机葡萄酒。陕西酒庄，则是带有温泉的葡萄酒庄园。

▼ 张裕·凯利酒庄

CHANGYU KELY ESTATE NEW ZEALAND新西兰张裕凯利酒庄
位于高尔夫球场正中的贵族式酒庄
Changyu Kely Estate New Zealand is an aristocratic Chateau built in the center of the golf course.

2. 文化在普及中逐渐浸润

虽然中国葡萄酒市场近些年成长速度明显加快，消费者的饮用频率越来越高，但是消费者对葡萄酒的品鉴能力和对历史文化的理解水平却没有相应提高。迷信个别产区或者品牌或刻意追求国外标准品酒习惯、“用一次性纸杯饮用葡萄酒”、“葡萄酒当啤酒喝”等误区依旧屡见不鲜。大部分消费者在选购葡萄酒时更多的是看品牌和性价比，而对葡萄酒的酿造品种、品牌历史等并不关注，尤其是在选购进口葡萄酒时，面对瓶身上的外国文字更是无所适从。这反映出我国的葡萄酒消费文化缺失十分严重。

面对这种高端市场与低端认知之间的鸿沟，张裕向高端市场的转移是否面临着高而无民的踏空风险呢？

目前，中国人均葡萄酒的消费量0.38升，城镇人均消费葡萄酒0.7升，与世界人均6升多的消费量差距很大。而且从国内饮料酒的消费结构看，葡萄酒也仅占酒类年消费总量的1.5%。因此，中国葡萄酒市场蕴藏着巨大的消费潜力。但潜力的释放离不开葡萄酒文化的培育与普及。

事实上，随着我国葡萄酒市场消费的逐渐崛起，葡萄酒行业的生产商、经销商、行业协会等，都在开始着力培育中国消费市场。与此同时，一些葡萄酒培训机构也推出了葡萄酒专业课程，一些国际知名葡萄酒品牌也通过葡萄酒品鉴会等活动，在中国市场普及葡萄酒礼仪、文化等。

张裕在消费者培育上也下足了工夫。选派首席荐酒师加拿大籍的让·皮埃尔赴全国各地进行葡萄酒文化的讲座，推动葡萄酒文化深入“寻常百姓家”；外籍高级品酒师克瑞斯等品酒顾问对全国各地的消费领袖进行了300多场葡萄酒文化讲座；同时，由几大酒庄及张裕葡萄酒博物馆共同构成的张裕葡萄酒旅游产业也起到了重要的葡萄酒文化培育作用。

在如此高密集的葡萄酒文化培育普及下，伴随着我国社会经济、消费者购买力的不断提升，以及中西文化的愈渐交融，中国必将在一定时期内发展为成熟、庞大的葡萄酒市场，葡萄酒文化也会朝着优雅、高端的方向迅速发展。

因此，张裕的高端定位，绝非市场鸿沟下的冒险一掷，而是深谙中国消费市场动向的远见卓识。

（二）坚守解百纳

2011年年初，历经9年的“解百纳”商标之争终于尘埃落定，商标所有权归张裕所有。这场商标之争，不仅仅是对知识产权的争夺，更深层次的是对品牌和消费者的争夺。

“解百纳”是张裕集团的核心子品牌之一，主攻中高端市场。从创建之初，张裕始终将“解百纳”作为一个商标和一个品牌在使用，立志将“解百纳”打造成国际知名品牌。每年“解百纳”的品牌宣传费用，都占到了公司总体宣传费用的50%以上。

目前，“解百纳”的销售额占到了公司销售额的40%左右，是公司主要的利润来源之一。随着消费结构的逐步调整和升级，“解

▼ 解百纳商标注册资料

链接

张裕的行业“第一”

1892年：张裕先后引进120多种酿酒葡萄，并为这些葡萄品种用中文命名，比如赤霞珠、霞多丽等。

1894年：兴建地下大酒窖，是亚洲地区第一座地下酒窖。

1892年~至今：酿造出中国第一瓶干红、干白、白兰地、加香葡萄酒以及冰酒。

1958年：创办张裕酿酒大学。

2002年：率先引进“酒庄酒”概念，推动国产葡萄酒进入“酒庄酒”时代。

2006年：率先在国内推出以综合质量分级为核心的葡萄酒质量分级体系。

2007年：张裕爱斐堡国际酒庄首发中国历史上的第一桶“期酒”。

2009年：率先在高端葡萄酒瓶上设置了一个电子标签（即RFID产品追溯系统）。

百纳”还可以延伸到下一个目标市场。此外，“解百纳”还是首个打入欧洲主流消费市场的中国葡萄酒品牌，具有世界知名度和美誉度，是张裕构筑国际竞争力的重要一环，负担着走出国门的使命。

在“解百纳”商标之争期间，主管张裕品牌建设的副总孙健曾说：“张裕解百纳这个百年品牌，不能在我们这一代人手中断送掉。”总经理周洪江曾说：“我们相信是非自有公论，我们的信心更来自于消费者对张裕解百纳的信赖和鼎立支持。”在此之前，孙健就有如下表述：“解百纳就是张裕，我们会大力推广这一子品牌。”

在此期间，随着张裕改制、酒庄联盟、期酒发售等频繁地曝光，引起了一系列的新闻话题，不仅使得“解百纳”的销量大增，而且达到了良好的品牌传播效果。

这一系列付出和收获的背后，都源于张裕对品牌管理的重视和对品牌战略的坚守。

（三）酒杯中的“中西碰撞”

在中国，葡萄栽培和葡萄酒酿造技术的传入应归功于汉代张骞出使西域。《史记·大宛列传》记载："宛左右以蒲陶（即葡萄）为酒，富人藏酒至万余石，久者数十岁不败。俗嗜酒，马嗜苜蓿。汉使取其实来，于是天子始种苜蓿、蒲陶肥饶也。"后经过魏晋南北朝，唐宋元三朝发展，这种技术得到较好的发展，葡萄酒文化也逐渐形成发展，并到达一个顶峰。但当时只有极少的地区如凉州能栽培葡萄，加之交通并没有像现在那么发达，葡萄酒只能作为一种流传在王孙贵族以及部分文人之间的珍贵饮料，没能得到大面积的推广，没有成为大众饮料。因此，葡萄酒文化在古代中国的普及有很大的局限性。

明清两代葡萄酒业没有得到更多的发展，直到1892年张弼士创建张裕葡萄酒厂，中国葡萄酒业开始工业化生产。然而大多数酒厂在长时间的内外战争中遭到严重的打击，逐渐衰落下去，纷纷倒闭。新中国成立之后，葡萄酒业得到政府的重视，才慢慢复兴，但直至20世纪80年代，我国当代葡萄酒行业才正式展开新的篇章。因此，古代的葡萄酒文化未能很好地传承，当代葡萄酒文化又尚未成型，这期间的断层严重影响着我国葡萄酒文化的生发。

加之我国的酒文化长期以来主要专注于白酒，将酒视为感情的载体，相比西方对葡萄酒的品鉴和欣赏，中国的酒文化更讲究对饮三千、同消万古愁的酣畅淋漓。这种酒文化在商务宴请上表现尤为突出，饮酒的豪爽程度逐渐成为了衡量感情的标准。

但区别于一般快销品，葡萄酒带有奢侈品行业的性质，目前我国这种推杯换盏的饮酒方式无疑会对张裕这样的葡萄酒品牌造成巨大的品牌文化侵蚀。

张裕自创建之初便十分重视各种公关消费。目前商务消费也是其重要的销售构成，而这些场合正是"推杯换盏"的饮酒文化最为盛行的场所。作为一个布局世界十大酒庄、定位于高端市场的酒业集团，以及中国葡萄酒行业的领军品牌，张裕一方面受到集团发展布局需求的驱动；另一方面也承担着繁荣中国葡萄酒市场的重任，必须要推动、引导中国消费者形成自己的葡萄酒消费文化。

“浅饮轻酌”的饮酒文化是否会影响张裕的葡萄酒销量？周洪江表示，中国葡萄酒市场基数大，潜力也大。由豪饮到品鉴的葡萄酒饮酒方式的转变，并不代表中国葡萄酒需求量的降低。若能够成功激发消费者对于品酒及葡萄酒文化的兴趣，甚至培养消费者饮用餐酒的习惯，中国市场的葡萄酒消费量将大大提升。因此，“浅饮轻酌”的葡萄酒文化与张裕集团的销售业绩也不是矛盾的。

另外，中国市场有其特殊性，中西方饮酒文化的融合与中国独特的饮酒文化的形成不是一蹴而就的。在这个过程中，张裕将配合集团品牌的高端定位，不断推动中国葡萄酒文化的建立和发展。

（四）低端也要讲形象

近年来，张裕不仅向中高端发力，还采取了“坚持中高档为主，高、中、低全面推进”的产品策略，向低端市场扩张，将品牌向下延伸。

向低端市场的扩张是必然的。随着中国葡萄酒消费人群的逐渐扩大，50元以下的葡萄酒的消费者占据了一半，他们也是张裕中高端品牌的潜力消费者。如果此时张裕不向低端迈进的话，众多的低端消费者就不会认识到张裕这个品牌，张裕就此丧失了这部分消费群体。

但是，品牌向低端延伸，往往会影响高端品牌的形象。面对这个问题，张裕通过消费者调研，针对不同的消费者细分群体推出不同的产品和品牌。其中重要的一个做法是，对中、低端的产品做进一步的区隔，在张裕作为一个主品牌的情况下发展子品牌、副品牌。对此，张裕还提出了“高端不光要有形象还要有利润；中端既要有利润又要有形象；低端酒也不能只要市场不要形象”的经营策略，在各类、各个系列和各个价位上，都争取做到性价比最好。

张裕通过垂直品牌延伸，延伸到价值敏感的细分低端市场，不仅仅是对低端市场的占领，而是基于战略上的考虑，对未来市场的期待和培育。未来，张裕的“倒金字塔”结构会倒转过来，低端的消费者会越来越庞大，而且这部分消费者会随着时间向金字塔上方移动。

五、在传播中常青

（一）老历史，新传播

一百多年的历史和品牌发展背后的故事，对张裕而言，无疑是一笔巨大的宝藏。如何开发利用这笔宝藏，将百余年的品牌历史及文化传播出去，成为摆在张裕面前的一项重要课题。

张裕除了通过在媒体投放百年历史文化的广告外，还对博物馆进行修复再造并以此为窗口将张裕的百年传承传播出去，通过工业旅游、体验营销的方式进行博物馆营销。此外，张裕每2个月出版一期的《葡萄酒鉴赏》杂志中有专门的版面来传播张裕的“百年传奇”，出版的《张裕往事》也是宣传张裕的人文历史；出版的《张弼士研究专辑》，也是通过研究创始人张弼士来再现张裕的历史文化和企业精神。

但百年张裕并未固守历史，而是在重视和挖掘其百年历史文化的同时，对张裕现今的发展和新鲜的方面进行传播和推广，近些年来更是在张裕的酒庄、酒城、葡萄酒文化等方面的营销和传播上下足了工夫。

1. 博物馆营销三张牌

张裕博物馆在其经营发展的过程中，逐渐形成了独特的营销推广主线，分别为品牌文化推广（历史文化牌）、酒文化推广（葡萄酒文化牌）和产区城市特色推广（酒城牌），这一系列主线都为张裕品牌的营销传播作出了独特的贡献。

（1）品牌文化推广：历史文化牌

从1892年建厂至今，张裕一直是中国葡萄酒行业发展的一个缩影，也是民族品牌吸收西方先进文化，融入主流世界的一个典型代表。要将距今一百多年的品牌历史文化成功地传播出去，也并非易事。为此，在博物馆改建过程中，设立了4个展厅，分别为历史厅、酒文化厅、荣誉厅、书画厅4大部分，通过从公司创立的历年大事叙述和用线型的角度加以介绍，并附以许多名人墨迹及藏品陈列展示，比较系统直观地展示了张裕的百年历史文化。此外，博物馆还通过“亚洲百岁酒桶庆典活动”和“1928·张裕白兰地传奇之夜”等活动来烘托品牌的百年历史文化。

（2）酒文化推广：葡萄酒文化牌

通过葡萄酒酿造流程的沙盘演示、微型灌装线现场取酒、现场

▼ 张裕酒文化博物馆内展示酿造工艺

▲ 张裕百年大酒窖

品酒等活动，张裕博物馆将诸如如何手持葡萄酒杯，如何品尝葡萄酒，葡萄酒的产地、年份、酿酒品种和橡木桶储藏等葡萄酒文化的方方面面知识，通过娱乐性、专业化的形式表现出来，使得游客在旅游过程中增强了对葡萄酒文化的体验。

张裕公司的百年大酒窖素有亚洲奇观之美称。该酒窖始建于1894年，傍海所建，又低于海平面，但不渗漏，四季常温14℃左右。酒窖纵横交错连环，有如迷宫，无人指点难以找到出口。据说夜深人静时，置身某一条甬道的尽头，往往会听到时隐时现的回声，有人听到当年施工时的嘈杂声响，有人分辨出当年首任总经理张成卿（张弼士的侄子）时断时续的广东口音……

（3）产区城市特色推广：酒城牌

鉴于烟台在中国葡萄酒行业的重要地位，烟台市于1987年被国际葡萄·葡萄酒局（OIV）命名为“国际葡萄·葡萄酒城”，意

链接

“全球第一CEO”杰克·韦尔奇与中国顶级红酒的故事

在北京进行的“相约北京杰克·韦尔奇欢迎宴会”上，“全球第一CEO”杰克·韦尔奇对红酒的喜爱表露无遗，演讲开头，他说道：“我不能说太多，否则我就成为你们跟好酒之间的障碍了。”杰克·韦尔奇对晚宴的唯一指定饮用红酒——张裕·卡斯特酒庄酒赞赏不已：“Wonderful!The wine is very good!”

令杰克·韦尔奇喜出望外的是，张裕公司特意派专人远从烟台赶来参加会议的“浦江夜游”沙龙酒会，赠送一瓶极其珍贵的窖藏干红送给这位“全球第一CEO”。此款酒曾由杨澜女士赠给过美国前总统克林顿先生，目前全球仅存六瓶。由于太珍贵其价格本无法限定，只能称为天价。杰克·韦尔奇对百年张裕的情谊表示衷心的感谢，又小心翼翼地把酒捧在手中，兴奋地说：“Wonderful, Wonderful!”。

味着在全球已命名的143个酒城中，烟台成为了其中唯一的亚洲代表。目前，烟台葡萄酒企业已经达到了100多家，产量占到全国产量的1/3。目前拥有张裕、中粮烟台长城、中粮君顶酒庄、威龙、白洋河等多家知名葡萄酒企业。张裕博物馆作为烟台市区仅有的几个旅游景点之一，在宣扬品牌历史文化和葡萄酒文化的同时，也将葡萄酒城作为城市产区形象推广到全社会。

2005年6月，张裕酒文化博物馆和烟台市旅游部门联合推出张裕葡萄酒文化专项旅游线路（包括张裕博物馆、张裕新厂区和张裕卡斯特酒庄等），成为国内第一条以“葡萄酒”为主题的旅游线路，为烟台酒城的专业化形象再次树立了标杆。以张裕博物馆为核心的“张裕酒文化之旅”也已经成为烟台市开展国内、国际交流的重要形式和渠道。

围绕品牌营销“三张王牌”的顺利实施，张裕博物馆开发了如个性化酒标设计、葡萄酒个性化DIY酿制、博物馆珍藏酒限量发售、侍酒用品、酒文化书籍以及与葡萄酒、白兰地产品或者张裕品牌相关的一系列旅游纪念品等。

因此，张裕不仅继承了自己优良的传统，而且与时俱进，继往开来，让历史与品牌老化相绝缘的同时，给自己注入了新鲜、时尚的文化血液。

2. 名人背书，相得益彰

李鸿章、翁同龢、孙中山、康有为、张学良、奥巴马、卡梅伦、巴菲特……

从中国的社会名流，到国际的元首政要，无不跟张裕有着“千丝万缕”的联系。一代中兴名臣李鸿章亲批执照，帝师翁同龢亲笔题名“张裕”二字，国父孙中山赠送“品重醴泉”，康有为两次题诗，少帅张学良题写“圭顿贻谋”。美国总统奥巴马访华，首站上海宴会用酒为张裕百年酒窖干红、张裕·爱斐堡酒庄霞多丽干白；英国首相戴维·卡梅伦首次访华，国宴上配餐的葡萄酒为张裕百年酒窖干红与张裕·爱斐堡酒庄霞多丽干白；2010年上海世博会开幕欢迎晚宴上，国家领导人宴请33国国家元首配餐的葡萄酒为张裕·爱斐堡酒庄赤霞珠干红和张裕·爱斐堡酒庄霞多丽干白；“股神”巴菲特离开中国的时候行李箱里带走的是张裕百年酒窖干红葡萄酒。

题词为张裕，重要场合喝张裕，礼物选张裕，张裕与名人相结

链接

巴菲特收藏中国顶级红酒

2010年9月，“股神”巴菲特以500份雪糕开始了他的中国之行，那么他离开中国的时候行李箱里将带走什么？答案已见分晓：一瓶中国顶级红酒——张裕百年酒窖干红葡萄酒。

据了解，这瓶酒在亚洲最古老的葡萄酒窖——张裕百年地下大酒窖4号拱洞封存了近十年时光，因巴菲特而启封，专程空运至北京。在接过这瓶中国顶级红酒后，好酒的巴菲特欢喜雀跃。当听说奥巴马、克林顿等历任美国总统访华均饮用并钟爱张裕百年酒窖酒时，他兴奋地把酒举至胸前，表示将好好珍藏。

合，互为促进，相得益彰。名人在消费者心中具有深远的影响力，利用名人与品牌相结合，可以吸引消费者的注意力，加深消费者对品牌的影响，丰富消费者的品牌联想，最终提升品牌的知名度和美誉度，乃至忠诚度。这些名人、场合都和张裕的高端品牌形象、目标消费群体相吻合，能够进行很好的沟通，具有很高的契合度，能够恰如其分地传达出张裕的品牌，恰到好处。

（二）让传播更有渗透力

1. 携手央视，抢占传播制高点

对品牌来说，在选择品牌传播载体的时候，一要选择覆盖率、收视率高的媒体；二是要选择影响力大、公信力强的媒体。因而，中央电视台便成为了不二的选择。对此，周洪江有着同样的感慨：“选择央视是因为央视无可比拟的优势，而且我们还会长期、持久、稳定的在央视投放广告。随着它的性价比变化，总价值在上升，基本影响力要维持在3个亿的规模。”

伴随着企业的发展，张裕持续投放中央电视台，从2006年开始，投入金额逐年增加，到2010年投入费用达到3亿。见下表。

2006—2010年张裕在央视广告投放金额表

单位：万元

类别	2006年	2007年	2008年	2009年	2010年
央视	4000	5500	12000	13000	30000

2010年，张裕在中央电视台解百纳播出1622次，22080秒；爱斐堡播出1680次，25305秒；冰酒播出208次，1820秒；母品牌播出3181次，324630秒。其中，在央视投放105秒、90秒版本的母品牌广告，重点宣传张裕的悠久历史、国际化和高价值等核心品牌内涵。

这里有我最喜爱的葡萄酒
全球葡萄酒大师专业推荐
CABERNET SAUVIGNON
赤霞珠
2002
全球葡萄酒大师专业推荐
张裕爱斐堡
北京国际酒庄
北京·密云
烟台
宁夏
新疆
北京
陕西
辽宁
张裕葡萄种植师 拉帕鲁 法国
任期 2009年至今
好葡萄酒是从种出好葡萄开始的
法国葡萄酒学院名誉院长
罗伯特·丁洛特 法国
必将创造出新的传奇
张裕百年
CHANGYU
SINCE 1892

▲ 张裕广告截图

在对央视的投入不断增长和对张裕品牌不断增加的曝光率的背后，不仅是张裕人长远的发展的战略眼光，而且还是央视媒体品牌力的凸显。

在采访中，负责张裕电视广告投放的路经理说道：“央视的投入确实在逐渐加大，一方面，跟张裕公司的发展方向有关。产品和子品牌多了，对应的消费者更加细分，因此投入也更大。另一方面，确实因为这几年央视对张裕品牌提升的贡献非常之大。”张裕人从上到下都觉得，过十年二十年回过头来看，今天张裕投

链接

张裕在2010年、2008年中国消费者理想品牌大调查中均获葡萄酒第一理想品牌

2010年理想品牌		2008年理想品牌	
名称	%	名称	%
张裕	33.5	张裕	34.2
长城	21.8	长城	21.5
王朝	6.1	王朝	10.1
香格里拉	5.9	公爵干红	4.1
长白山	3.8	云南红	3.9
公爵干红	2.9	伯爵	3.6
伯爵	2.3	通化	3.2
通化	2.1	阿波罗尼奥	3.1
云南红	2.1	威龙	2.8
威龙	1.7	华夏	2.8

注：“中国消费者理想品牌大调查”由中国传媒大学和中国商务广告协会联合全国36所知名高校共同进行，该项调查聚焦全国36个中心城市的消费者。

的钱不算多，而且算很少，因为带来的效益很大。首先，加大对央视的投入之后，张裕的业绩增长非常快，这点大家有目共睹；其次，张裕的品牌的影响力在不断的扩大，而且其他企业也在模仿张裕的媒体投放策略。这都说明了张裕选择央视的正确性和高瞻远瞩的战略眼光。

第三方的调查结果也证实了这一点。在由中国传媒大学和中国商务广告协会共同主办，中国传媒大学BBI商务品牌战略研究所执行的2008年、2010年“中国消费者理想品牌大调查”中，张裕连续两度取得葡萄酒类中国消费者理想品牌第一名的骄人成绩。

2. “三级营销体系”，强力影响终端

在中国的酒类市场，营销模式绝大部分是地区大经销商垄断的。由于销售的网络资源完全掌握在各区经销商手上，这种销售体制潜伏较大的危机，万一企业与经销商的合作出现问题，这个区的市场将可能全盘丧失。与国内其他企业多采用的大代理制不同，张裕实行的是“三级营销体系”，即销售公司总部（决策中心）——分公司（指挥中心）——办事处（执行中心）。

在“三级营销体系”中，张裕将广告费用的投入产出比、回款额度、各个酒种销售比例、高低端产品销售比例、终端铺货率和市场占有率等指标纳入了销售分公司、经销处和办事处的考核体系，并在重点市场的销售系统内设立酒店营销部，专攻即饮渠道（主要包括星级酒店、大酒店、酒楼、夜总会、酒吧、歌舞厅等卖场）。

通过自建销售网络，张裕在一些发达沿海地区甚至可以布局到县。这种深度分销的模式，是基于对国内葡萄酒市场深耕细作的长远考虑，能够使张裕各个地区的销售潜力最大限度地爆发出来。虽然这种三级体制下张裕的营业费用比同行业要高，但低风险的销售模式却为持续的销售增长打下了基础。

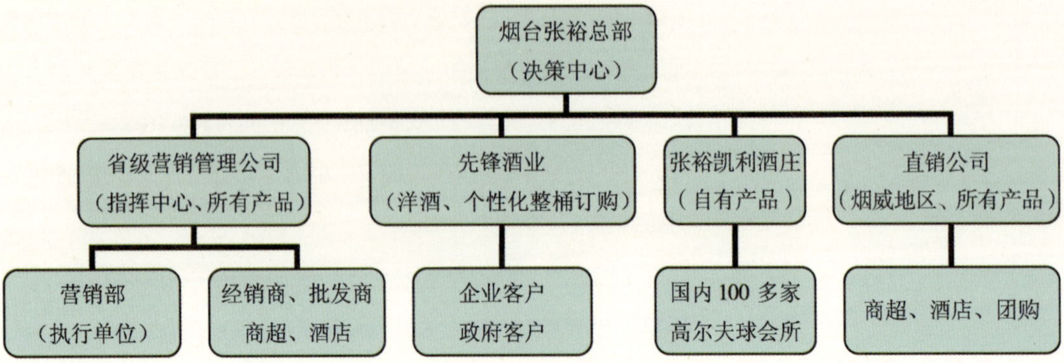

目前，张裕建成了遍布全国32个省、自治区和直辖市的销售网络，拥有4000多名销售人员和5000余家经销商。这样张裕在经销商面前便拥有很强的话语权，拥有对渠道终端的强大掌控力。这样的营销体系以及对渠道、终端的掌控，使得张裕能够在区域、终端的品牌营销和传播上有更多的发挥和作为。

张裕出版刊物《成长》，通过对张裕的销售、营销、终端建设等方面做出总结和建议，帮助经销商成长。对渠道终端的传播，张裕采取“目之所及”和“耳之所闻”的策略。首先，将张裕的产品在常规货架集中陈列，有利于消费者的选择和购买；堆头端架陈列要放在竞争对手的前面，占据先机；在大型卖场进行品牌文化展示。其次，对销售人员和促销人员进行培训和激励，他们的一举一动代表着张裕的品牌。最后，通过信息共享，对消费领袖进行培育和沟通。

终端作为企业和消费者亲密接触点窗口，不仅能够把品牌的信息直接传达给消费者，而且有助于企业了解目标消费群体，同时还能够与其他线上线下活动进行整合互动，达到良好的整合传播效果。张裕通过对渠道、终端的掌控，强化了消费者对品牌的印象，将品牌传播延伸至线下，渗透到生活中，从而形成了不同时空的持续性刺激，加强了对品牌的记忆和联想。

3. 强强联合，卖酒即传播

随着消费者需求的多样化和个性化，注意力资源的稀缺化，大众传媒的低效化，如何找到品牌的目标消费群体进行准确有效的传播成为摆在企业面前的一道难题。张裕随着近年来的高端化和国际化，对品牌高端消费群体的传播成为重中之重。

张裕通过与高端企业进行合作，为其定制个性化的酒，来进行品牌营销。这些企业大部分都是世界五百强企业，他们的关系客户和张裕的目标消费群体有着高度的契合性。例如，中国工商银行私人银行面向其财富领袖客户发售张裕爱斐堡酒庄的2009年份特级期酒，这不仅实现了客户资源的共享，而且有效地提升了双方的品牌形象和品牌忠诚度。2011年，张裕又与中国银行合作，推出张裕百年酒窖品重醴泉干红期酒，以纪念2012年中国银行成立100周年和孙中山为张裕题赠“品重醴泉”100周年。

借助品牌联盟，张裕直接接触到联盟品牌的客户群，实现资源整合、优势互补，增加了品牌曝光度，有效地促进了品牌的传播。

4. 借道世博巧公关

2010年4月30日晚，国家领导人以张裕葡萄酒款待宴请出席上海世博会开幕式的国家政要，张裕以隐性营销方式将其宣传植入世

链接

牵手奥迪，实现共赢

2007年，张裕爱斐堡国际酒庄与百得利奥迪名仕俱乐部签约战略联盟，这是极具创新性和前瞻性的。张裕选择与百得利奥迪名仕俱乐部合作，十分贴合双方的实际需求，二者的目标消费群体趋同，都是针对高端消费人群。在此次互动体验活动开展的同时，北京张裕爱斐堡国际酒庄与百得利奥迪名仕俱乐部在地面营销、品牌管理、市场推广、客户关系维护等多个领域深入合作，张裕也将借此获得分众精准营销的有效载体，在奥迪车主等“塔尖”人群中实现口碑传播效应。

链接 张裕香飘上海世博会国宴

世纪盛宴：四道海派菜，两款张裕酒

2010年4月30日晚，国家主席胡锦涛在上海国际会议中心举行盛大国宴，欢迎前来出席上海世博会开幕式的各国国家元首、政府首脑、议会领导人及国际组织代表。据中新社报道："宴会的菜品尽显'海派'风味……宴会上配餐的红葡萄酒和白葡萄酒分别是中国山东生产的张裕干红和张裕干白。"随着这张菜单的公开，吃世博会大餐，喝张裕美酒，成为上海世博会引发的时尚热潮。

博会之中，确有"四两拨千斤"之妙。

张裕一直以来对国家的大人物和大事件都密切关注，然后找到合适的机会跟他们产生关联，最后通过合适的契机传达出去，例如世博会卡梅伦来华。此外，张裕还一直致力于这方面的信息的挖掘，譬如哪位政要来华，在挖掘到信息之后，创造机会也要跟张裕联系起来。之后把信息展示出来，各大媒体跟进，线上线下密切互动，最终达到良好的整合传播效果。

5. 点面结合，让传播更精准

张裕在品牌传播中，不仅做到了传播面的覆盖，而且做到了点对点的精准传播。其中，通过电视媒体这个大众主流媒体进行品牌传播，既做到了覆盖尽可能多的目标消费群体，还通过对不同频道、不同时段的选择，做到了对细分消费群体的精准传播。针对张裕爱斐堡，一般选择高端的对话，或者是高端的财经栏目这个时段为主，因为高端人士关注这些栏目；对于张裕解百纳，一般选择《新闻联播》或《晚间新闻》、《新闻三十分》等节目，这种中国老百姓大众都要看的，高、中、低的消费者一般都能看到的。张裕还根据不同产品和品牌增加一些不同的时段，不同的栏目。例如在CCTV-电影频道黄金时段赞助"环球影院"栏目，宣传张裕黄金冰谷冰酒，针对年轻、时尚的白领消费群体。

未来，张裕还将持久、稳定地在央视投放广告，一则是因为消费者对广告信息产生兴趣、记忆、购买欲望，需要广告有一定的频率反复提醒和巩固，只有持续、稳定的投放，才能够细水长流般地将产品和品牌渗透进消费者脑海中，使他们对品牌的印象与好感持续增加；二来可以预防后进的竞争对手以高强度的广告投放进行包围及拦截。在广告的持续投放中，不仅仅要有量的保证，更重要的是要有针对性的投放，要选择跟目标消费群体最大重合的媒体在合适的时段进行广告投放。除了在电视媒体投放广告之外，还可以整合多种媒体投放，比如手机、互联网等。

结束语

一方水土养育一方百姓。在华夏大地的不同地区，由于自然地理、文化传统的不同，必然地熏陶造就出这些地区的人们相互间迥然相异的性格特点。山东的山山水水、经济社会发展环境，尤其是博大精深的齐鲁文化，造就了山东人鲜明的性格特点——诚实、尚义、粗犷、质朴。而生于此、长于此的张裕和张裕人同样带着齐鲁大地的淳厚和稳健。

“爱国、敬业、优质、争雄”的企业精神是张裕人的立业之本。随着中国葡萄酒市场的急速膨胀，许多民族品牌愈发的浮躁与盲目，中国葡萄酒行业需要张裕这样一个拥有百年积淀、步履沉稳的领导者。从创建伊始的“实业兴邦”到“国家名片”，从葡萄品种的引进到行业标准的建立，张裕也一直用其最稳健的步伐践行着行业领袖的使命和义务。但面对国际酒业巨擘的强力攻势、国内葡萄酒品牌的混战以及中国消费者仍未成型的葡萄酒消费文化，张裕这个搏在风口浪尖的陈酿，仍面临太多的挑战与抉择。

“求木之长者，必固其根本；欲流之远者，必浚其泉源。”张裕百余年积累起来的历史文化以及打下的根基，就是张裕的“根本”，就是张裕的“泉源”。张裕要想发展得更好，走得更远，必不能把自己的百年积淀忘记或置之不理。这百余年中，张裕人奋斗的精神，张裕的企业文化，张裕丰富的品牌故事，形成了张裕稳固而坚实的根基，都是张裕必须继续发展和传承下去的。

因此，张裕应该通过不断创新，对其百年历史文化不断地进行深度的挖掘和利用，运用新的营销手段和传播方式将其传播出去，从而对张裕的品牌起到更大的推动作用。例如，张裕可以考虑将其历史文化做电视剧植入，或者将发展中的品牌故事提炼，并通过口碑传播和病毒式传播出去。此外，张裕在品牌传播的过程中，要竭力避免消费者将其百年历史和品牌老化联系起来。

▼ 案例组走访张裕
（发言者为谷德周，右五为张树庭）

未来，张裕应在坚持已有的传播方式的基础之上，尽量尝试和利用更多的手段和载体，比如公共传播、事件传播、植入传播以及赞助传播等传播工具对产品和品牌进行传播。在品牌传播过程中，不能仅仅执着于品牌知名度的提升，更需下工夫对品牌美誉度、品牌忠诚度进行深耕细作。

除此之外，张裕要在对销售渠道进行深耕细作的基础上，根据消费者不同的收入水平、不同的文化背景、不同的爱好，张裕确立不同的产品和品牌定位，并进一步细分高端葡萄酒市场，通过对不同的细分消费群，采取不同的营销和传播模式。

而张裕在向低端市场扩张时，也要注意低价格品牌带来的联想可能损害母品牌的形象，造成母品牌的顾客流失。因为，品牌垂直延伸背后的中心逻辑在于：母品牌的品牌资产也可以按方向进行转移，从而吸引消费者。因此，在品牌延伸时，要围绕着母品牌的核心价值，使品牌之间存在明显的区隔，使品牌重叠、顾客混淆以及品牌之间顾客转移的可能性降到最低。

中国传媒大学BBI商务品牌战略研究所：张树庭　孔清溪
吴剑秋　张丽丽
《销售与管理》杂志社：谢海峰
中央电视台广告经营管理中心：佘贤君　曹丽娜
赵忠仁　杨　斌
田　宁　张　超

采访手记

勇敢的前行者

摆在我们面前的道路千千万万，可是到底选择哪一条前行，需要智慧和勇气的抉择。每一次的抉择或许能带来生机与希望，也或许将我们带向万劫不复之境，但无论怎样，前行是勇者唯一不变的选择。人生如此，品牌亦复如此。这是此次张裕访谈留给我们最深的感受。

在对张裕的参观访问中，不断地感受着张裕在百年历史中的命运多舛和坚强不屈，感受着这一民族品牌的坚持与梦想。漫步在张裕葡萄酒博物馆中，惊羡于张裕获得的一项又一项的殊荣，敬佩于张裕人一次又一次的创新，赞叹于张裕创造的一个又一个辉煌。对张裕葡萄酒博物馆的参观，无异于接受了一次中国葡萄酒起源与发展的历史教育；无异于回顾与体验了一次中国民族品牌的艰辛历程。面对这样一个有历史积淀与沿革，又一直走于时代前沿、活跃于世界葡萄酒行业之林的民族品牌，我们不禁思考：这样一个老字号的品牌，如何在历史的洗礼中历久弥新？又如何在激烈的商战中屡战屡胜？

张裕高层管理者向我们揭示了张裕品牌发展过程中的艰难抉择与坚持，正是其间关键性的正确抉择与不懈的坚持，才将张裕引向了今天的成功与辉煌。张裕对葡萄酒品质的坚持使得他们放弃眼前利益而选择对葡萄种植农户的培育；张裕对技术创新的坚持使得他们放弃固步自封而选择与国外先进酒庄的合作与交流；张裕对管理效益的坚持使得他们选择资本引进而忍受着一次次改革带来的阵痛；张裕对品牌形象的坚持使得他们选择在中央电视台大举投放广告而不轻易涉足新、奇、特的取巧行为……一个品牌之所以能历经百年而重新焕发活力，成为消费者心目中的理想之选，其实是品牌管理者保持信念，紧要关头做出正确抉择的结果，是智慧与勇气的结晶。

然而，百年历史给张裕带来了巨大品牌财富的同时，也给这个老字号带来了一些不可避免的陈规，张裕在品牌营销的理念和品牌传传播方法上还有改进的空间。张裕需要有解剖自己的勇气和当机立断的魄力，正视问题，破解难题。

愿张裕愈行愈远，真正地成为世界级的葡萄酒品牌。

张树庭

▼ 案例组走访张裕
（左为周洪江，右为张树庭）

张树庭

教授、博士、博士生导师。现任中国传媒大学MBA学院院长，兼任中国传媒大学BBI商务品牌战略研究所所长、IRI网络舆情（口碑）研究所所长、IAI国际广告研究所副所长。主要学术兼职有：中国高等教育学会广告教育专业委员会副秘书长、中国商务广告协会品牌工作委员会副主任、中国广告协会学术委员会委员、全国大学生广告艺术大赛组委会副秘书长、中央电视台广告中心策略顾问。

主要研究领域为品牌营销、广告业发展、网络舆情、广告教育等。先后主持教育部人文社科专项任务项目、国家广电总局部级社科重点研究项目、北京市“十一·五”哲学社会科学重点项目等课题。“中国消费者理想品牌大调查”、《IAI中国广告作品年鉴》等长线项目负责人。主持完成的主要成果有《有效的品牌传播》《品牌蓝皮书》《有效的广告创意》《广告教育定位与品牌塑造》等。

2004年获霍英东教育基金会高等院校青年教师奖三等奖（教学类），2010年入选教育部“新世纪优秀人才支持计划”。

后　记

什么样的攻略可以描述始终处于变化的市场？

答案只有一个：一部伴随市场变化，同时更新着内容，发生着变化的攻略——这就是我们现在正在做的事情。

摆在大家面前的是《中国市场品牌成长攻略》的第二辑，它与第一辑的关系绝不是为了简单地迎合市场的好评。其作为系列的编纂，实则在第一辑构思之初就已经拟定完成。

和第一辑媒体观点加学术观点的创新举措相比较，第二辑又有创新之举。

此次的品牌观察团队中，不仅延续了市场人员与高校专家的组合，更邀请了一批优秀的财经记者随行。他们是《国际品牌观察》社长助理王纪辛、《新营销》杂志副主编闫芬、《销售与管理》副主编谢海峰和《经济观察报》资深记者朱熹妍。在媒体与专家之外，财经视角成为本辑攻略的第三只眼睛。要感谢他们的辛勤工作，赋予了本书更加开阔的视野。

《中国市场品牌成长攻略》的专家团队，在与第一辑同等豪华的阵容基础上，又有新锐力量的加盟，读者能在案例中尽情领略他们的风采。而攻略第一辑的付梓与在市场上取得的成功，事实上就已经是对于我们的专家团队最诚恳的致谢和最殷切的期待。

除了创作阵容有所变化，本辑在创造流程上变化也很多。对于我们来说最直观而对于读者来说看不见的一点，就是创作所付出的时间和精力，比第一辑又大了很多。

全书从策划到完稿，前前后后开了50多场专家研讨会。观察团在访问过程中也比去年更加深入细致。仅对腾讯一家的沟通就进行了5次。在对波司登进行访问时，观察团甚至找到了当年帮助波司登创业的老支书了解企业故事。对山东旅游局的采访，更是从旅游局高层领导，到地方景区负责人、景点总经理、导游、游客……都访问个遍。

企业在我们走访的过程中所给予的大力支持，在交流过程中所体现出坦荡无私的情怀，同样令我们难忘。每到一处，受访企业总是尽可能地给予我们访问的便利，其中一些甚至与我们的观察团共同研究访问大纲，设计采访工作。我想，这其中不仅折射着中央电视台广告经营管理中心在日常工作中与企业所建立的默契与友谊，也是企业对于央视的一种信任和肯定。

相信本辑，能为大家贡献更多的精彩内容！

《攻略》的第一辑的编纂，恰逢改革开放30年的总结，这让第一辑的评传也或多或少侧重于从历史中获取的经验和反思。本辑则不然。我认为这是一个新的起点，不仅是中国经济转型升级的关键期，更是中国品牌与传播，从探路、摸索，走向性格塑造的起点。在这个新的起点上，我们所应做好的准备当然不一样。

这是怎样的准备呢？

从品牌人格化的视角来看，现在市场上还有很多企业、品牌，其品牌人格是不健全的。如果说企业在过去的二三十年里所有的激进或冒失都可以归咎于市场无序的话，那么伴随着市场理性的重塑，企业显然已经不再适宜幼稚与盲从。

这就是说，我们的企业要准备好像一个负责任的成年人那样去负责任地面对市场，面对公众。或者说，不管有没有准备好，你都必须这样做。在未来的竞争中，拒绝成长的企业将难以生存，那些因无法完成社会化而难以承担责任的品牌将在市场的浪涛中被淘汰。

企业的品牌建设与传播，必须做好准备，走向成熟，走向理性与稳定。未来的角力将是个性与智慧的较量，而不再像年轻人火并那样，比的是气力。这个准备怎么去做？企业的过去与现在如何衔接？怎样传承？这就是本辑攻略的十家企业将要分享给各位读者的智慧。

十年一个起点，新长征的路才刚刚开始。我衷心地希望本辑攻略能为各位读者在带来些许不一样的思考。

陈荣勇

编委会介绍

《国际品牌观察》社长助理　王纪辛

《广告导报》总策划　朱磊

《销售与管理》副主编　谢海峰

《新营销》副主编　闫芬

《经济观察报》资深记者　朱熹妍